Isabel de Solís. Soraya

La cautiva que reinó en la Alhambra

BRÍGIDA GALLEGO-COIN

al
m
ED

Primera edición: junio de 2010
Segunda edición: abril de 2011
Tercera edición: abril de 2012
Cuarta edición: octubre de 2013
Quinta edición: marzo de 2016

Isabel de Solís. Soraya.
La cautiva que reinó en la Alhambra

Editorial Almed
Avenida Divina Pastora, 7; local 18. 18012 Granada
Tel. 958 291 306
www.almed.net
almed@almed.net
www.facebook.com/editorialalmed
editorialalmed.blogspot.com

Diseño de portada: Gestión de Diseño
Edición: José Manuel Vargas Diosayuda

ISBN: 978-84-15063-06-3
Depósito legal: GR-387-2016
Impreso en España.

A Carla Royo-Villanova que viajó a
Granada con su hijo Lucas para presentar
esta novela el día 11 de noviembre de 2010,
en el Hotel Ladrón del Agua de la Carrera
del Darro, donde también me acompañó
con sus brillantes palabras
José Miguel Castillo Higueras.

Una tarde inolvidable que guardaré
siempre en mi corazón.

Estos cipreses que me parecen escalas
o estrechos senderos hacia el cielo
me recuerdan aquellos otros que tanto amé,
los de mi Granada. El día que yo muera, mi alma
ascenderá hacia el cielo por alguno de ellos.
Será entonces cuando me reuniré con él

Isabel de Solís. Soraya

UNO

Yo sabía que a *Nicolás* le hacía ilusión despertarme con su canto el día de mi boda. Y así habría sido, si no me hubiera despertado sola, flotando en la dulzura del sueño que me ha acompañado desde que cerré los ojos y me tapé con esta delicada y fresca sábana de hilo que lleva mi nombre bordado por las manos exquisitas de las monjas de Burgos. Isabel. Isabel como mi madre, Isabel como mi reina.

Hoy, día de mi boda, he soñado que vivía en la Alhambra. Por sus patios y jardines paseaba con la familiaridad de quien se siente como en su propia casa.

Había riachuelos, estanques y cascadas, arbustos con flores intensamente perfumadas en pleno invierno, pájaros de colores y pavos reales abriendo sus magníficas colas. Yo me entretenía echando jazmines al agua que se marchaban con la corriente como pequeñas estrellas fugaces.

Alguien muy importante para mí iba a aparecer de un momento a otro y lo esperaba, soñadora, tranquila y confiada, sentada junto a una fuente y bajo un ciprés, mientras el cielo se volvía morado y rosa y Venus empezaba a brillar sobre la Sierra cubierta de un grueso manto de nieve.

He abierto los ojos sonriendo. No quería ni moverme para que no desapareciera esa sensación a medio camino entre la libertad y el placer de haber pertenecido, por un rato, a un mundo misterioso e inalcanzable. A un mundo que no es el mío y qué quizás, precisamente por eso, está cargado de fascinación.

Hoy es el día de mi boda y las campanas tocarán para mí. El cielo será de un azul imposible y el aire, limpio y perfumado. Desperté con las luces del alba, a causa de este sueño que me ha mecido y que de alguna manera me distancia de lo que debo hacer hoy: casarme.

Nunca antes esa palabra me había parecido tan extraña, ni me había hecho reflexionar. Siempre eran las demás quienes se casaban pero casarme yo... En la calma del amanecer repaso mi vida. Mis escapadas, mis excursiones, mis travesuras, mi costumbre de poner nombre a los animales: gallinas, cerditos, patos y, por supuesto, perros y caballos. ¡Todos se han sometido a mis ocurrencias!

Recuerdo, divertida, las veces que he ido de visita a casa de los campesinos. Siempre están deseando verme aparecer, también porque les llevo alimentos que rara vez disfrutan como licores, confituras y jaleas. Lo meto todo en una cesta de mimbre y me marcho, a ser posible, sin que nadie me vea, porque me aburren las explicaciones y que luego vayan a mi padre con el cuento de lo que he hecho o dejado de hacer.

Todavía, a mis dieciocho años, los campesinos de la villa de Martos me avisan cuando sus animales se ponen de parto porque saben cuánto disfruto viendo a unos gatitos recién nacidos, pequeños ovillitos desprotegidos o a un grácil potrillo. Espero que ser una mujer casada no cambie demasiado estas costumbres.

Luna, *Celeste* y *Miel* son las tres últimas cabras que han nacido en el castillo. *Lucero*, la vaca más joven y *Tesoro,* el corderito al que alimento con flores tiernas. A veces, me lo llevo a dormir conmigo, lo baño, lo perfumo, le doy leche calentita y así nos quedamos dormidos. *Lucero*, acurrucado, me regala su calor tan agradable.

Desde que aprendí a leer paso mucho tiempo entretenida con libros de aventuras que cojo de la biblioteca de mi padre sin que se dé cuenta, porque los guarda en la segunda fila, pegando a la pared. Las historias de santas me encantan, ¡son tan valientes! Mi favorita es Santa Marta, que fue capaz de dominar en Francia a una bestia salvaje parecida a un dragón. Es ella, además, quien guarda la villa de Martos. Y adoro jugar a los disfraces. Si Remeditos y Sancha me lo permiten, las transformo de pies a cabeza. Si están demasiado ocupadas me disfrazo yo misma o a *Lucero*, que se deja dócilmente. Luego lo bajo por las escaleras para que los criados se mueran de risa o, a veces, chillen de miedo.

–¿Qué le has hecho al pobre corderito? ¡Pero si parece el mismísimo demonio!

Imagino que este tipo de cosas son las que hace una niña sola, en un castillo perdido. Sin madre ni hermanos, rodeada de criados y con un padre que me consiente todo y que, normalmente, está ocupado con asuntos de Estado y de guerras, viajando a la corte de Castilla y resolviendo problemas.

Nicolás tenía cara de *Nicolás*. No podía llamarse de otra manera con su reluciente cresta roja, su pico poderoso. Cuando pronuncié *Nicolás* por primera vez, movió levemente la cabeza, como si estuviera orgulloso de esa palabra con tres sílabas.

–Sí, es mi nombre y me gusta –parecía pensar.

–A mí también me gusta llamarte *Nicolás*, es un nombre tan magnífico como tú, un nombre importante. Y tú eres el gallo del señor alcaide de la Villa de Martos, Sancho Jiménez de Solís y de su hija Isabel y has sido capaz, a pesar de tus años, de anunciar a toda la villa, como un campeón, que un nuevo día, el día de mi boda, está comenzando.

Dos

Diez de agosto de 1479. Las cocinas de Martos ya han empezado a trabajar. El pueblo va a oler hoy a roscos, natillas, bizcochos, mazapán y cosas riquísimas. Padre quiere que sea una fecha de la que se hable durante mucho tiempo, y así lo ha preparado, con todo el mimo del mundo.

Confieso que me apetece más la fiesta que la boda en sí. ¿Casarme? Bueno, es mi obligación. ¿Cómo habría sido mi boda si madre hubiera estado aquí? No la conocí, pero sé muchas cosas de la duquesa de Fontes. Madre estaría hoy orgullosa de mí, seguro. Aunque no me habría permitido ni la mitad de los caprichos que padre me ha consentido desde que nací.

Quizás le he dado demasiados disgustos, como la noche de marzo que me perdí en el campo. Se acercaba el aniversario de la muerte de madre y, por tanto, mi cumpleaños.

Salí del castillo por la ventana de la cocina. El corazón me pesaba de la pena inmensa que sentía. Era una de esas noches en las que lo habría dado todo por tener madre, por saber cómo es la sensación de que te coja entre sus brazos, te acaricie, te cuente cuentos y te cante canciones. Incluso, ¿por qué no? conocer el sabor de una regañina.

En ocasiones he sentido celos de los niños con madre. Pero hoy es el día de mi boda y sólo quiero pensar cosas buenas como que la duquesa de Fontes, en el cielo, vela por mí. Tantas y tantas veces me lo han explicado de esta manera cuando yo desesperaba, por la injusticia de ser pequeña y que la vida me hubiera dejado sin ella. «Está con Dios, desde allí te está mirando», era la eterna canción. Y yo ¿dónde la podía ver yo? ¿cómo sentirla? «Rezando mucho, estando en silencio, mirando en el fondo de tu alma, siendo muy buena».

Cuando he visto a las madres pegar un cachete a sus hijos, después de una travesura, me preguntaba si madre me hubiera pegado a mí y tenía la certeza de que no habría llorado tanto como esos críos exagerados. También estaba convencida de que nunca se me habría ocurrido hacer nada para enfadarla, preocuparla o ponerla de mal humor. Sin embargo, a veces no me importa enfadar a padre escapando por la noche.

Padre puso rejas a todas las ventanas del castillo. Yo observaba al herrero encajarlas, sentada en una piedra y con cara de resignación. El pobre hombre me miraba de reojo, sin saber si le convendría o no hacerse mi cómplice, dejándome alguna trampilla por la que pudiera escabullirme. No lo hizo, finalmente.

Recuerdo cuando padre, con el pulso tembloroso, me pidió que no volviera a irme del castillo sin permiso. Aquella noche toda la servidumbre salió con antorchas a buscarme. Yo estaba en el lago de Los Enamorados con mi perro *Jacobo*, ajena y a la vez consciente de que podían estar preocupados por mi ausencia, haciendo equilibrios en la cuerda floja de la transgresión. Sí, quizás ese haya sido el gran error de mi vida, transgredir y querer ser diferente, pero no me arrepiento de nada.

Jacobo empezó a ladrar cuando la comitiva estaba a mucha distancia. Se abalanzó sobre padre en cuanto lo vio, casi lo derriba a lametones, es su perro de caza favorito. Hasta *Jacobo* se había dado cuenta de que esa escapada no estaba bien. Si hablo honestamente, casi tuve que obligarlo a que me acompañara. Adormilado junto a la chimenea, no había quien lo moviera, salió refunfuñando, harto de la fidelidad que los perros deben profesar a sus amos y mirándome de reojo con un gesto de hastío.

Inteligente, fiel, fuerte y leal *Jacobo*.

–¿Y si te secuestran los moros? –me decía padre durante el camino de vuelta.

–Ahora estamos en tregua –trataba de justificarme.

–¡Qué hablas de tregua, no tienes ni idea! Ayer hubo una algarada en Villacarrillo y se llevaron un buen botín de joyas y dinero, ganado, ropa y a diez cautivas entre mujeres y niñas.

–¡No lo sabía, padre!

–Quise decírtelo, pero no te encontré por ninguna parte. Me atormenta que te vayas así, podrás hacerlo cuando toda esta tierra que pisamos pertenezca, por fin, al reino de Castilla. Cuando hayamos conseguido echar a los que rezan a Alá, algo que no es fácil, porque son buenos guerreros e inteligentes estrategas, aman esta tierra casi más que nosotros y la han trabajado no sólo con la cabeza, también con el corazón.

El campo estaba helado, los árboles sombríos, las estrellas apagadas por unas nubes negras que amenazaban tormenta, quizás nieve. Padre lo había pasado tan mal imaginando que yo pudiera estar en manos moras que hasta tenía la respiración entrecortada.

–¡Quién sabe lo que ocurriría si tú, mi hija Isabel, fueras capturada, qué harían contigo, cómo comerciarían contigo, en qué punto del Mediterráneo o del desierto podrías acabar, con tu preciosa y dulce cara, tu pelo rubio y esos ojos como el mar!

Arlaja me cogió del brazo, fuerte, a propósito para hacerme daño. Había salido de la cama muy rápido, alarmada como los demás y estaba extrañísima con su saya blanca hasta los pies con capucha llena de borlas, el cabello suelto y una pelliza sobre los hombros. En aquella época, Arlaja nunca se mostraba ante nosotros sin su velo cubriéndole el rostro y verla así, con esa abundante mata de pelo suelto resultaba mágico, creo que todo el castillo estaba tan fascinado como yo por su extraño atractivo.

A Arlaja la habían raptado los cristianos en una algarada, exactamente igual a las que hacen los moros en nuestras tierras, pero cerca de la Alhambra. Mi padre tenía miedo de que a mí me capturaran y con toda la razón, nuestra vida es así, siempre temerosos en un castillo situado en medio de dos mundos en lucha. Después de esa escapada, Arlaja estuvo tres días sin hablarme, del enfado.

–Tú no volver a hacerlo, nunca más. ¿Entiendes? ¡Nunca más!

Arla, diminutivo con el que empecé a llamarla al poco tiempo de conocerla, aún no hablaba castellano correctamente, por eso resultaba todavía más peculiar escuchar su voz y su forma de expresarse.

–Te prometo que nunca más lo haré.

–Cuando aburrir o sentir desesperada, venir y hablar conmigo, desahogar conmigo, despertar a mí pero nunca, ¡nunca!, tú volver a escapar. ¡Muy peligroso escapar para ti!

Arlaja y mi padre llevaban razón. Muchas noches, sobre todo las de verano en las que da tanta pena acostarse porque los grillos cantan y es entretenido pedir deseos a las estrellas fugaces que cruzan el cielo, me he ido con ella a su habitación. ¡Qué placer curiosear entre sus cosas! Arlaja seca hierbas en el alféizar, elabora perfumes y ungüentos, consulta el tarot y tiene cientos de papiros ininteligibles guardados en un arcón. Pero lo hace todo en secreto, rodeada de misterio. Yo soy la única que entra a ese santuario de la magia, como lo llaman los criados. Ni siquiera permite a Rafaela que limpie su estancia, lo hace ella sin que nadie, por mucho que insista, le sonsaque nada de lo que no está dispuesta a contar.

Sólo intenta recrear su mundo. De musulmana granadina, tan diferente al nuestro, cristiano. Sobre el suelo hay alfombras y muchos cojines; en una esquina descansa un laúd con el que Arlaja se acompaña cuando canta o recita algún verso. Un pebetero cercano lo impregna todo de un aroma dulce y delicioso.

–Si tú hacer escándalo, a espíritus que viven aquí no gustar y yo no dejar que vengas más. Tú ser dama, Isabel, no olvidar que ser dama.

Desde que Arlaja llegó ha moldeado mis modales, asilvestrados debido a mi vida en el campo, a las largas ausencias de mi padre y, sobre todo, a la falta de madre. Me ha obligado a hacerlo todo con una exquisita delicadeza. No me deja pasar ni media.

Un cofre de marfil hecho con los colmillos de un elefante que Arla asegura perteneció a sus antepasados, es otro de los misterios que más me atraen de su habitación secreta. Siempre permanece cerrado con una llave que lleva colgada al cuello y jamás descuida.

–¿Qué guardas ahí dentro?

–Curiosidad no ser propio de dama –contesta con firmeza.

Colores alegres, mezclas completamente inconcebibles para nuestro gusto de cristianos, verdes y rosas muy vivos, amarillos y dorados; la habitación de Arla es otro universo. Padre le ha hecho traer, de la casa de su anterior amo, todo lo que Arlaja ha deseado, excepto su libertad.

Una vez entré sin llamar, verdadera imprudencia si no se hubiera tratado de mí. Arlaja estaba medio tendida sobre la alfombra, absorta, parecía rezar; entonces me di cuenta de que no había abandonado su religión aunque prometió a padre que lo haría y sonreí, adoro su forma de ser. Y jamás revelé su secreto. También sé que a padre no le importa que Arlaja la granadina rece a Alá entre los muros del castillo de Martos. A quienes sí molestaría, y mucho, es a los criados, que al principio la acogieron con recelo, incluso la insultaban entre dientes. «Mora infiel, perra infiel», murmuraban. Y aunque la reputación de Arlaja mejoró tras salvarme la vida gracias a su enorme sabiduría sobre plantas y a sus cuidados, todavía, a veces, la miran mal. Seguramente, tienen algo de envidia de que se haya convertido en mi cuidadora, en mi inseparable amiga, en una especie de madre y hermana a la vez. Aunque también la quieren y confían en ella, porque Rafaela y las demás criadas suelen pedirle remedios para una quemadura provocada al cocer pan en el horno, para una tos que no termina de curarse, para una insolación e incluso para que los maridos, y de eso me enteré hace poco, recuperen el interés en ellas.

–¡Todo lo consigues con tus brebajes! –le dicen cuando están de buen humor.

Las mujeres de este castillo han pasado ratos maravillosos con Arlaja hablando de amor, contándose experiencias, riendo. Y aunque da la sensación de que el estado natural de Arla es la soledad, también disfruta con estos momentos de charla junto a mujeres hechas y derechas, tan distintas a una niña mimada y soñadora como soy yo. Cuando la miro o pienso en ella, algo vibra dentro de mi corazón. Mi amiga, mi compañera ¡Toda una suerte que Arlaja esté en mi vida!

Los regalos empezaron a llegar hace días. Tengo algunos repartidos por mi habitación, pero otros aún ni siquiera los he abierto.

La reina Isabel me ha enviado una cruz. Es la que según mi padre debe rodear hoy mi cuello por respeto a la reina de Castilla, aunque me apetece mucho más ponerme la delicada y coqueta cruz de la que mi madre jamás se separó. Siempre me ha proporcionado un dulce sosiego al mirarla. Me gustan los destellos del oro, las siete piezas de cristal de roca que adornan los brazos y la pequeña aguamarina en el centro, del color exacto de mis ojos.

Padre no me ha permitido lucirla hasta que no tuviera dieciocho años, por si la perdía en mis correrías o en mis juegos. La ha guardado todo este tiempo en un cofre de bronce y cuero, con los nombres de Isabel y Sancho grabados en plata, y el interior forrado de terciopelo granate, que tiene sobre la cómoda de su enorme habitación.

Hoy, no solamente tengo dieciocho años, sino que es el día de mi boda. Llevo despierta desde que amaneció y todavía estoy flotando porque el sueño que he tenido, ese sueño que me ha transportado a la magia de la Alhambra me ha afectado. Estoy inquieta y no quiero evitarlo. Era todo tan especial que me voy a permitir el lujo de desobedecer. Luciré la cruz de mi madre.

La de la reina es tan austera como la de una monja y yo quiero tener el aspecto de una mujer. Que me admiren, piropeen. Divertirme, pasarlo bien.

No creo que la reina llegue a enterarse de que no he llevado su cruz. A mi boda no van a venir representantes de la corte, que yo sepa sólo estaremos mi familia, la de mi esposo y la gente del pueblo que desee verme entrar a la iglesia. Es un momento demasiado difícil como para que nadie se desplace hasta nuestro pequeño pero conflictivo Martos. Estamos en guerra, ¡qué hastío me causa esta palabra! Llevamos en guerra desde que nací.

No entiendo que a la reina Isabel, siendo mujer, le guste tanto la guerra. Ella es guapa, pero elige ropas y peinados que disminuyen su atractivo, el ansia de conquista domina su vida, el sueño de que todo el mundo sea cristiano.

Mi cama me parece hoy más apetecible que nunca, las almohadas de plumas tan mullidas… ¡qué pereza salir de este refugio, a pesar de que llevo un buen rato dándole vueltas a la cabeza, escudriñando los detalles de este lugar que me ha visto llorar y reír, estar triste y alegre, melancólica y soñadora! Esta habitación donde dicen que me he hecho una mujer bellísima y deseada, importante por ser hija del alcaide de Martos y de la duquesa de Fontes y poseer propiedades regaladas por la reina como pago al trabajo, inteligencia y fidelidad de mi padre. También aseguran que soy simpática y generosa. ¿Habrá quién me odie o envidie hasta el punto de desearme algo malo? Espero que no.

Sigo en mi lecho, Arlaja me advirtió anoche que no se me ocurriera levantarme antes de que ella viniera, que hoy debía lucir especialmente descansada.

–Si entrar ganas de levantar, te aguantar– dijo muy autoritaria.

Tendré que hacerme la dormida, no quiero enojar a Arlaja ni privarla de su singular manera de despertarme en mi última mañana de doncella. Además, si me ve despierta cuando entre a la habitación se pondrá pesadísima, como siempre que se la contradice.

–¿Tú no dormir? ¿Por qué tú no dormir? ¿Tener ojeras? Tú dejar que te mire bien. ¿Precisamente el día de tu boda a ti ocurrirse no dormir? ¡Qué desgracia! ¿Tú haber llorado esta noche?

Me escudriñará la cara mil veces, para arriba y para abajo, me pondrá sobre los ojos un pañito impregnado en infusión de manzanilla, luego me untará con una pasta hecha de flores de jacintos azules y blancos y me obligará a estar tumbada, sin moverme, y todas esas cosas aburridas que las mujeres tenemos que hacer para gustar a los hombres.

¿Hombres? Nunca encontré ninguno que me hiciera preferirlo a mis travesuras, mis escapadas y cuentos. No me han robado el corazón aunque me consta que ocurre, porque mis dos primas de Castilla se enamoraron a los quince años.

Marisel, de su profesor de música, realmente guapo y simpático, que le enseñó a tocar el clave. ¡Qué graciosos eran, los dos ruborizándose durante las lecciones e intentando no quedarse embobados mirándose entre los pentagramas! No podía ser perfecto y la madre de Marisel descubrió el romance, despidió al profesor y mandó a mi prima, un año entero, al monasterio de Santa María Real de las Huelgas, donde bordó junto a sus compañeras la colcha que me tapa hoy.

¡Pobre Marisel, cómo lloraba! Allí dicen que estuvo incluso enferma de amor, pero las madres cistercienses fueron tan pacientes que, poco a poco, fue olvidando al gallardo profesor hasta que se curó del todo y salió del convento dispuesta a cumplir la voluntad de sus padres.

Su hermana gemela, Gloria, se enamoró del hijo de un noble de Valladolid. Tampoco pudo casarse, porque su matrimonio, como el mío, estaba concertado.

Mi futuro marido parece gentil, cordial ¡sólo lo he visto una vez! Es caballero de Calatrava. Me agrada pero no me abordó ese torrente de emociones que mis primas me contaron que llega cuando te enamoras. Pálpitos en el corazón que se acelera por la alegría y se paraliza por la tristeza. Ganas de reír, saltar y bailar repentinas o directamente de morir, si las cosas no salen como esperas, si no te mira con el cariño y la atención que exiges. Desconozco todo eso. Sé que no estoy enamorada de Hernando porque hoy es el día de mi boda con él, y siento más pena que dicha por dejar mi vida de niña.

Una vez que el sol ha salido tras los montes, mientras espero a que Arlaja entre, por fin, a despertarme, repaso los momentos que hemos pasado juntas. Han sido muchos, inolvidables. Me resisto a que casarme pueda alterar mi vida libre, haciendo siempre lo que quiero, a mi manera. Sí me hace ilusión traer niños al mundo. Padre se sentirá muy feliz enseñando a sus nietos a cabalgar. Las niñas y yo llevaremos vestidos bordados en mil colores como las telas que tanto me fascinan de la habitación de Arlaja. Haremos todo lo que a mí me hubiera gustado vivir con mi madre: pasear por el campo, recoger flores en primavera, cantar y bailar. A mis hijos nunca les faltará mi abrazo en las oscuras noches de tormenta.

Tres

La manera como Arlaja me despierta es siempre la misma. ¡Un verdadero ritual! Me pellizca el pie derecho, suavemente. Descorre las pesadas cortinas blancas y granates despacio, para que la luz no me sobresalte de golpe y susurra: «Lo mejor para la felicidad es que la luz se adueñe de ti, poco a poco. Todas las cosas buenas del mundo tienen luz».

Al espiarla haciéndome la dormida, si es invierno, observo cómo se calienta las manos poniéndoselas bajo las axilas. El frío es terrible en el castillo. Luego, se acerca hasta mi cama y canta una canción en árabe, mientras me acaricia la cara con sus manos tibias y perfumadas. Al acabar nunca olvida decir:

–Así se canta en Granada, ¿has escuchado algo más bello en tu vida?

No, no he escuchado nunca un canto tan tierno y a la vez misterioso. De la garganta de Arlaja salen sonidos en un idioma que me fascina por su extrema dificultad, me suena a jeroglífico más que el franco o el sajón. Me gusta pero no me debe gustar, porque es el idioma de los infieles y de ellos no tiene que gustarnos nada. ¿Quién se ha empeñado en que seamos enemigos? ¿No podemos vivir en paz y armonía? Llevan aquí muchos siglos, esta también es su casa y yo estoy harta de que siempre haya guerra, de no poder ir tranquilamente a conocer las bellezas que Arla dice que hay en Granada, que está tan cerca, a sólo dos días de viaje. Podríamos hacer noche en el espléndido Castillo de la Mota de Alcalá la Real. ¡Pero nada! A las tierras de los moros no se puede pasar. Y, sin embargo, a pesar de lo mal que en Castilla suele hablarse de los infieles, a mí me gusta mucho todo lo que hace Arlaja, su manera de llevar a cabo cualquier tarea, con una delicadeza y detalle que nunca observé en ninguna de las amas que tuve.

Sus descripciones de los paisajes de Granada y de la Alhambra son como leyendas que seducen a quien la escucha. En su boca, Granada es una ciudad mágica de inigualable hermosura, donde ocurren cosas extraordinarias.

–Cuando el sultán está de buen humor arroja piedras preciosas a las fuentes. Sólo hay que alargar el brazo para conseguir un rubí, una esmeralda o perlas de todos los colores.

Esa fue la primera anécdota que me dejó admirada y me hizo soñar.

–Las paredes de la Alhambra son de oro. Cada día, los criados les sacan brillo con enormes plumeros de marabú. Deben hacerlo muy temprano, acompasados con el amanecer.

–En Granada, los pájaros son sabios y saben hablar. Cuando alguien tiene algún problema, consulta a los pájaros, y ellos le dan la solución perfecta.

–¿De verdad, Arlaja?– preguntan los criados con los ojos como platos.

–De verdad de la buena. Una vez, un mercader prestó a otro un maravedí de plata. Pasaba el tiempo y no se lo devolvía. El hombre no sabía qué hacer para recuperar su dinero. Convocó a los pájaros, un atardecer.

–La solución es fácil –dijo un pequeño gorrión. –Debes ir a verlo, acompañado de cinco amigos. Y decirle: ¡devuélveme los dieciocho maravedíes de plata que te presté!

–¿Dieciocho? ¡Si sólo era uno!– comentó el comerciante.

–Sólo así conseguirás que te devuelva uno, ¡justo el que le prestaste!– respondió el gorrión picoteando la miga de pan que el comerciante le ofrecía como pago a sus consejos.

–¡Cuánta sabiduría!– exclamamos todos.

Lo que Arlaja describe a mí se me traduce en sensaciones, se explica de una manera muy sensual. Si Arlaja habla de dulces como esos que se llaman *cuernos de gacela*, se me llena la boca de almendras, canela y azúcar de caña. Si me habla de infusiones, siento un golpe de sabor a hierbabuena, a limón. Si Arlaja habla del agua de Granada, yo estoy convencida de que es más fresca, ligera y dulce que la de ningún lugar del mundo.

–Un agua tan deliciosa sólo es posible en Granada –es una de las frases que más repite Arlaja.

–El agua de Granada baja de la Sierra, se esconde, desaparece, se esconde, vuelve a aparecer y hay un tramo en que el río se vuelve de oro y el agua coge sus propiedades. Y el oro, Isabel, es como el sol, una bendición para la salud y la belleza. Cuando cada mañana yo iba al aljibe del Albaicín a llenar mi ánfora me parecía que el agua cantaba, era maravilloso ese momento del día, despertar con un beso de Almuet y empezar a hacer las tareas de mi casa.

Arlaja tiene mucha fantasía, siempre hay un cuento, un refrán o un dicho en su boca. Ya casi habla nuestra lengua como uno de nosotros. Es medio maga.

–Nunca olvido desear algo cuando miro el agua. Una mañana pedí encontrar marido. Pues al rato, en el mercado de Puerta Elvira, mientras compraba sandías recién abiertas, rojas y sabrosas, Almuet se me acercó. Yo no sé de dónde salió porque si lo hubiera visto antes en alguna parte, jamás habría olvidado su sonrisa alegre, sus dientes de perlas, su pelo ensortijado.

Así fue como Arlaja se casó, pidiendo a la profundidad del aljibe que le hiciera la vida más dulce junto a un marido que la amara. Pero una sombra de dolor cruza el rostro de Arlaja cuando recuerda a Almuet.

–Estoy separada de mi esposo en la flor de la vida. ¡Siento una gran pena!– se queja en ocasiones. Entonces, intervengo para que su tristeza sea más breve.

–Me tienes a mí. Yo siempre te querré.

¡Ella sí que está enamorada! Sus sensaciones son idénticas a las que contaron mis primas. ¿Cuándo las tendré yo? Quizás a partir de esta noche, cuando mi marido me haga suya, Arlaja me ha contado cómo es. Estoy preparada. No será extraño ni difícil cuando todo el mundo lo hace, no me preocupa. Incluso, deseo saber lo que es en realidad, de alguna manera me cansa el misterio en torno a este tema, que las cocineras se callen cuando me acerco y empiecen a hablar repentinamente de tonterías: si hay nubes o ya no, si hace frío o calor, con ese tono de voz absurdo que me enfada tanto.

–Arlajita mía, ¿al agua de Martos no le pides deseos? Te veo muchas veces coger el cántaro de Rafaela para tú misma ir a buscar agua. Es una tarea que no te corresponde, tu única obligación es cuidarme y quererme. Cuando vamos de excursión al lago de los Enamorados te quedas mirando el riachuelo y pareces hipnotizada. ¿Le pides deseos al agua de Martos? Dímelo, yo creo que sí lo haces. Y más de uno te concederá tu amiga el agua.

–Estoy segura de que el agua de esta villa cristiana no tiene las mismas propiedades mágicas que el agua de Granada, tocada por la gracia de Alá.

Arlaja adopta un tono de voz muy solemne cuando trata los temas de la naturaleza. Su mundo es el de las flores y hierbas, el agua, el sol, la luna y, por supuesto, el amor.

–A veces, imagino que un viajero camino de Granada se detiene en la Fuente de los Enamorados, donde tantas veces me miro, y llena sus vasijas. Una vez allí, tira a la tierra el agua de Martos, donde yo me he reflejado, deseoso de rellenar sus cántaros con el agua de los cristalinos surtidores de mi ciudad. Sería una forma de que mi espíritu viajara hasta Granada, una manera invisible de estar presente.

Oigo la puerta, me hago la dormida. Arlaja repite lo de siempre, abre cortinas, un leve pellizco en el pie, más que pellizco, caricia. Le cojo la mano.

–¡Me has asustado! –exclama.

–Arlajita, dame un beso.

Se acerca y me roza con sus labios. Huele a rosas.

–¿Qué escondes?

–Para ti –dice entregándome un frasquito de perfume envuelto en una seda azul. –Llevo meses elaborándolo, rosas para una rosa que eres tú.

Sonríe, pero encogiendo los ojos y la nariz, como cuando se siente abatida y quiere disimularlo.

–El olor es delicado y me encanta. Ponte tú también.

–No puede ser. La única que llevar este perfume hoy, ser tú. Pon después de baño.

–¡Sólo unas gotas ahora!

–¡Te he dicho poner después del baño!

Las dos estamos tristes y ninguna dice nada. También le da pena que me case. Tener marido, obligaciones, dejar de lado nuestros juegos y cantos, que Arlaja no entre a despertarme porque Hernando dormirá conmigo. ¡No me apetece! Quizás dentro de un año o dos, o tres, ¡ahora es muy pronto! me siento una niña y quiero continuar con mis diversiones de niña.

–¡Adivina con qué he soñado esta noche!

Arlaja pone cara de fastidio, es una de sus bromas favoritas.

–Con futuro marido.

–No has acertado.

–¿Con madre?

–No, hoy no.

–¿Con padre, con Arlaja, con criados?

–Te doy una pista. ¡Con el sitio que más te gusta a ti del mundo!

Mi amiga ladea la cabeza hacia la derecha, parpadea, sus largas pestañas rizadas abanican el aire.

–He soñado que estaba en la Alhambra.

Se pone seria. Está muy guapa cuando mira así.

–¿Día de tu boda, sueñas que estar en Alhambra?

–He despertado con una sensación de placer y libertad. Hablas tanto de la Alhambra que me parece que la conozco como la palma de mi mano. Deseo ir allí.

–Es imposible conocer la Alhambra como palma de la mano, siempre hay algo nuevo que sorprende, algo en lo que no te habías fijado antes.

–¿Es feo mi castillo comparado con la Alhambra?

–¡No hay comparación posible!

–Arlaja, háblame.

–¿De qué?

–Pues de Granada y de la Alhambra, de lo de siempre, me gusta escucharte. Aunque te pones triste hablando del pasado y de la querida tierra donde naciste.

–Exactamente, y hoy no es día de tristezas.

Arlaja se sienta en el borde de la cama, coge mi mano entre las suyas.

–Te casas, tendrás marido y yo paso a un plano menos importante. Ahora estamos tú y yo, siempre tú y yo, unidas. Pero verás que cuando el amor de un hombre irrumpe en tu vida, toda tu existencia se consagra a él en una entrega total.

De repente, la mirada se le ilumina. Creo que se le ha ocurrido alguna de sus ideas extraordinarias.

–Voy a contarte cómo sería tu boda si te casaras en la Alhambra, en vez de en esta capillita de Martos.

–La reina aún no ha conquistado Granada. No puedo casarme en la Alhambra sino aquí, donde he nacido.

–Nuestras bodas son muy hermosas. Varios días de fiesta y de felicidad.

–Hoy todo está preparado por mi padre para que también sea un día inolvidable.

–Si te casaras según nuestra costumbre, llegarías a la ceremonia transportada por los hombres en un palanquín blanco para festejar tu pureza y dorado para celebrar la alegría. Un trono hecho a tu medida donde brillarías como brilla una perla en su cofre.

–Me agrada entrar a la iglesia del brazo de mi padre y no transportada por desconocidos.

–Déjame que siga contando. Te bañarías, la noche antes, a la luz de la luna. Por la mañana, las mujeres y yo te masajearíamos la cara y el cuerpo con aceites perfumados que dejaran una deliciosa estela a tu paso y despertaran el deseo de tu esposo. Para ti escogería esencia de sándalo o mejor de lirios, que son más suaves y corresponden mejor a tu pálido tono de piel.

Cuando Arla llega a este punto de la conversación, mi imaginación se dispara. Sólo quiero saber más y más.

–¿Cómo iría vestida?– pregunto sintiéndome ya la protagonista del relato.

–A lo largo de los esponsales las mujeres deben cambiarse varias veces para deleitar a los invitados con su elegancia y porte. Te imagino apareciendo, entre las finas columnas del Patio de los Leones, con unos pendientes en forma de lágrima, a juego con las lágrimas bordadas en tu vestido y en la punta de tus chapines. Tocada con una delicada corona de oro y un velo transparente, verde muy pálido, que permitiera intuir tu rostro. En tu trono, sin tocar el suelo, serías depositada por los palafreneros en un enorme diván de cojines, el lugar donde se recibe al esposo y se hacen los votos en voz alta. Es un ceremonial largo y bellísimo.

–¿Y luego?

–Una vez que ya estás casada, comienza la fiesta. Mientras el esposo recibe las felicitaciones, la esposa vuelve a cambiar de aspecto. Te imagino con un vestido blanco como la nieve, de seda natural, cenefas en azul cielo y dibujos de cristal sobre los hombros. El pelo, en una larga trenza adornada de brillantes y azabaches. Tras las orejas, esencia de jazmín, que potencia tu sensualidad y atractivo de mujer. No podemos olvidar pájaros de colores domesticados y blancas palomas volando a tu alrededor. ¡Qué espléndido cortejo digno de ti!

–¡Tan hermoso que no parece real!

–Pero no hemos terminado. Falta un tercer vestido, de seda en cinco colores. Con cintas cosidas a la tela que, al danzar, se movieran aportando gracia a tus movimientos.

–Qué extraño me parece todo. ¿Por qué no puedo pisar el suelo?

–Es nuestra costumbre. Los hombres te llevarían en volandas, paseándote para que nadie pierda ni un detalle de tu hermosura, gracia y candor. En todo momento estarías envuelta en una baraúnda de gritos, palmas y cantos de felicidad por tu matrimonio. Te pintaríamos las manos con *henna* para que todos sepan que ya eres una mujer casada y nadie se atreva a cortejarte.

Lo que Arla cuenta me parece un sueño, pero como soy caprichosa la interrumpo, quizás incluso enojada por no poder tener yo la oportunidad de una boda tan diferente, exótica y deslumbrantemente lujosa.

–¡Basta de pensar cosas sin sentido! Me caso hoy con un noble castellano. Es el deseo de mi padre.

–Déjame, Isabel, que continúe. Avanzando bajo una lluvia de pétalos de rosa recorrerías los patios y jardines de la Alhambra. Con las fuentes arrojando agua de colores a tu paso y antorchas iluminando tu camino. Las mujeres casadas quemarían hierbas aromáticas para propiciar tu felicidad.

–¡La Alhambra está en tierra de infieles, una boda tan espectacular no es posible para mí! Y qué tristeza para mi pobre padre verme en la tierra de los moros, aunque me casara con el rey en persona sería terrible, tú misma me has contado que puede tener todas las mujeres que desee, Alá se lo permite. ¿Cómo si me quieres, Arlaja, puedes desear verme en la Alhambra? Allí, una más entre tantas mujeres, lejos de mi Dios y del retrato de mi madre, lejos de la Virgen de la capilla a la que rezo desde niña y de la protección de Santa Marta ¡sufriría tanto!

–Cualquier rey del mundo se rendiría a todos tus deseos. Ningún hombre de la tierra tendría el mal corazón de hacerte sufrir. Serías feliz en el marco que merecen tu gracia, belleza, modales e inteligencia. Entre estas paredes austeras y tristes no debes vivir tú, mi pequeña, desperdiciando tu existencia, no corresponde a una perla estar entre basuras.

–¡Vas a conseguir ponerme triste! ¡No llames basura a las propiedades de mi familia! Si padre te escuchara... Granada es tierra de infieles y un día la reina Isabel de Castilla será reina de

Granada. Por eso tenemos que soportar ver pasar a los soldados desde estas almenas, algunos heridos, otros ya muertos, tantas esposas, madres e hijos rotos de dolor. Muy pronto, la reina Isabel dominará Granada y será entonces cuando yo pueda visitar todas las bellezas y prodigios que cuentas, junto a ti, junto a mi padre, mi esposo y mis hijos. Y tú te reunirás, por fin, con tu familia. Y vendrás a Martos siempre que quieras, para que nuestra amistad y nuestra unión perduren hasta el final de nuestros días. Así debe ser. ¡No deseo escuchar ni una palabra sobre bodas imaginarias en la Alhambra! ¡Cállate!

Tengo que coger aire para no desfallecer. No quiero enojarme más. Primero animo a Arla a que me cuente cosas de su mundo y ahora me sale, de repente, todo el orgullo de castellana, olvidando que Arlaja es mora y granadina.

–Me encanta esa tierra mágica, tu Granada, sabes que me encanta, pero ¡ya es suficiente! no es mi lugar y no lo será hasta que la reina Isabel triunfe sobre los moros. Mi mundo está aquí, en la otra parte, en este pueblo rodeado de olivos desde el que viajaré, con frecuencia, a Castilla y allí donde mis Reyes Católicos ordenen que mi marido y yo nos dirijamos.

Arlaja mira al suelo y me da la sensación de que se siente culpable por meterme todas esas historias de Granada y de la Alhambra en la cabeza. Tiene los ojos nublados de lágrimas, quizás me he enfadado demasiado y me duele haberla herido. La quiero tanto...

Comprendo muy bien que le asalte la nostalgia de su tierra. Debe ser muy duro que te arrebaten de tu familia, de tu ciudad. Ella lo echa todo de menos y, quizás, incluso a causa de la lejanía y la imposibilidad de volver, lo mitifica. Porque, me pregunto, ¿es posible tanta maravilla junta?

Lo cierto es que los rumores sobre la belleza de la Alhambra existen. Techos tan bellos que recuerdan el firmamento, jardines paradisíacos, música y poesía cuando aquí reinan la muerte, la desolación, el aburrimiento, la austeridad. Y todo es pecado.

Debo confesarlo. Muchas veces me han oprimido los muros de Martos y he deseado volar a un lugar sofisticado, donde los criados no se traten a golpes ni a gritos. Donde nadie pegue y persiga a los animales, donde no se celebren las fiestas con lucha y torneos sino con música, baile, juegos y poesía. Así imagino la Alhambra, como un mundo de delicadeza.

Arlaja me ha contado que el islam prohíbe maltratar a los animales y que el Corán dice que suben al Paraíso igual que nosotros. Quien maltrata a un animal va contra la ley de Alá y las enseñanzas del Profeta. Nunca tengo claro quién es quién o si son la misma persona pero me da igual, ¡tampoco consigo entender qué es el Espíritu Santo, por mucho que sea mi religión! Yo creo que ni el padre Celso lo entiende. Quizás la única que lo entiende es la reina Isabel, por eso está tan empeñada en que el Espíritu Santo triunfe sobre Alá.

Lo importante es que es una religión donde tratar mal es pecado, aunque seguramente pasará como en la nuestra, se supone que el mal es pecado, pero el mal está por todas partes.

Los moros también atacan, saquean, luchan y combaten a los nuestros sin piedad, se escuchan historias espeluznantes de torturas. En todos lados se celebra la muerte y el cautiverio ¿Por qué habré nacido en tiempos de guerra? En guerra es complicado incluso casarte, mi padre y la familia de mi futuro esposo han escogido la fecha de nuestra boda con mucho cuidado, para que coincida con una tregua entre moros y cristianos.

Incluso padre acordó con el alcaide moro que hoy, bajo ningún concepto, surgieran complicaciones, que mantuviera a los suyos vigilados muy de cerca. El caso es que Abú Hassid y mi padre se llevan bien, se aprecian, todo el mundo lo sabe, incluso padre ha asistido a algunas celebraciones al otro lado de la frontera y ha llegado fascinado de la hospitalidad de la gente y de las maravillas que han visto sus ojos. Pero a la hora de la guerra también es cierto que la amistad se olvida y se lucha a muerte.

Cuatro

–¡Señora Isabel!

Una voz masculina llama bajo mi ventana. Hago ademán de asomarme pero Arlaja lo impide, más autoritaria que nunca.

–Doña Isabel está ocupada acicalándose para su boda. ¿Qué deseáis? No es momento de molestarla.

–Sólo somos soldados que deseamos regalarle un canto de nuestra tierra, como obsequio en este día tan feliz.

–Por favor, diles que canten –solicito a Arlaja–. Me enternecen las muestras de cariño llenas de sencillez. Y dales las gracias de mi parte por este detalle que guardaré en mi corazón.

Ondas do mar do Vigo
se vistes meu amigo?
E, ai Deus…

Las voces de los soldados casi me hacen llorar, intuyo que añoran a sus madres y esposas, a sus seres queridos, ¿quién les asegura que podrán reencontrarse algún día? La guerra es algo tan cruel… ¡no sé si luchar los unos contra los otros merece la pena!

Desobedeciendo a Arlaja salgo a la ventana para saludarlos con la mejor de mis sonrisas y ellos, galantes, hacen una profunda y larga reverencia. ¡Qué entrañables son los soldados del norte! Llegaron hace unos días para reemplazar a los ya estaban destrozados por el cansancio. Arlaja fue requerida para llevarles la comida. Padre y ella discutieron, Arla quería ir con la cara tapada y padre le dijo que no, que los soldados la tratarían entonces con desprecio murmurando improperios contra Alá y, lo peor, sospecharían que tenemos una mora en el castillo que no es una simple esclava, lo que siempre puede traer problemas.

Finalmente, Rafaela y Amparo llevaron las cestas con bollos recién cocidos, carne de cerdo asada con hierbas aromáticas y Arlaja se quedó en su habitación, algo enfadada. Las criadas la criticaron por cuestionar las órdenes del amo.

Los soldados comieron a la sombra de los olivos. ¿Cómo se puede guerrear con este calor? Antes había un armisticio durante los meses de verano, pero últimamente la situación está tan mal, que ni ahora se baja la guardia.

Hace dos semanas, Ginés, un soldado muy jovencito, más joven que yo, murió. Sus compañeros denunciaron a mi padre que había sido por culpa del sol. Lo obligaron a permanecer en un puesto de vigilancia durante todo el día, sin cubrirse la cabeza porque el capitán se empeñó en que pasaría desapercibido entre las rocas. Es así como lo hace el enemigo.

Ginés, con su piel tan blanca, su pelo rubio y unos ojos claros como los míos no pudo soportar la herida del sol. Decían que había venido a luchar desde Francia, que era un mercenario que no combatía en nombre de Dios ni en contra de los infieles, que lo hacía sólo por dinero.

Cuando lo vi muerto, tapado con una burda manta pardusca, a la sombra de un enorme cañón, lloré. Y Arlaja sollozó conmigo, lo que me hizo comprobar que el dolor es para todos el mismo.

Ginés llevaba una carta en el bolsillo:

> Madre, no quiero más odio entre personas, no quiero matar por dinero, sin fe ni convicción en lo que estoy haciendo, sólo por unas monedas que ni siquiera son de oro. ¡Qué amargo fue despedirnos cuando partí hace un año! Creo que voy a desertar, estoy planeando disfrazarme de mujer, no es difícil con mi físico y volver con usted, al valle que me vio nacer. No tengo valor para la lucha, hace dos días maté a un soldado de mi edad, la sangre chorreaba por sus sienes y la última palabra que dijo fue «madre», en árabe. Yo la recordé y mi corazón gritaba, alto y claro, que lo que yo estaba haciendo no estaba bien. Sus ojos eran oscuros y llenos de pena como una noche de pesadilla.

La carta, manchada de sangre, la guardo en el cajón de un mueble de mi alcoba, esperando un golpe de suerte que me permita localizar a la madre de Ginés, más allá de los Pirineos, y entregársela. Yo perdí a mi madre al nacer y ella ha perdido a su joven hijo en una guerra que lo llevó a tierras lejanas con la esperanza de volver pronto, con dinero suficiente para iniciar una vida tranquila cuidando los campos y el ganado, alejado de la muerte y la guerra.

Muchos días, muchos, he echado de menos un mundo distinto. Que no sea el de Martos, pero tampoco el de la reina Isabel, tan austero, donde apenas se puede disfrutar, porque todo es pecado a ojos de Dios y malo para la pureza de espíritu.

He soñado con el cielo en la tierra. Así describe Arlaja la vida en la Alhambra. ¿Será cierto todo lo que cuenta?

Cinco

Arlaja mira por la ventana, hacia el horizonte. El campo es todo verde de olivos y trigo apilado que reluce al sol como el oro de la tierra. No hay sombra de lucha, no se ven armas ni cañones. Las cabras pastan tranquilas, las golondrinas bajan a picotear del suelo, las campanas doblan, alegres, por mi boda.

–No estés tan callada, te lo suplico.

–Si algún día la reina Isabel llega a la Alhambra, todos nosotros moriremos. No será el mundo de paz y alegría que imaginas.

Arlaja está seria y habla con tanta profundidad quc me asusta, es como si leyera el futuro en el aire transparente. La canción de los soldados del norte, a pesar de su belleza, la ha inquietado.

–En el mejor de los casos nos harán esclavos o nos expulsarán. Tendremos que viajar a tierras que ya no son nuestras y empezar desde el principio. Pasaremos penalidades y miseria. Si los Reyes Católicos permiten que nos quedemos no podremos rezar a Alá, ni festejar el Ramadán. Nos acostumbraremos a beber ese líquido color de la sangre que vuelve a los hombres locos. Cosas espantosas pasarán si la reina Isabel de Castilla y su ejército consiguen triunfar en la batalla más difícil: Granada. Que Alá no lo quiera, ni mis ojos lo vean.

–La reina Isabel es buena y no hará daño a nadie.

Arlaja mira al suelo, envejecida de repente.

–¡Me asustas! ¿Por qué estás tan preocupada? La reina Isabel es respetuosa. Si acaso, prohibirá que vuestros hombres tengan todas las mujeres que quieran ¡y hará muy bien! Padre estuvo enamorado de mi madre y no puso sus ojos en ninguna otra mujer. Y cuando madre murió ¿acaso dudas que podría haberse vuelto a casar? Hasta la reina en persona le recomendó a algunas damas que estaban enamoradas de él y conmigo eran dulces y generosas. Sin embargo, padre se alejó de todas las mujeres y dejó la corte para venir a Martos conmigo.

–Isabel, eres muy niña, crees que el mundo es perfecto y todos los hombres tan fieles y honrados como tu padre.

–Yo no podría soportar que mi esposo me compartiera. La reina hará bien en prohibiros esas costumbres pecaminosas. Sin saber lo que es de verdad estar enamorada, la idea de que Hernando besara a otras es dolorosa y hiere mi orgullo. ¿Qué haría yo mientras, mirar por la ventana, bordar como si no pasara nada? Ninguna de las cosas que existen en la tierra puede consolar de ese dolor. ¡Estoy segura!

–No debes preocuparte por esas cuestiones. Se nos hace tarde con tanta charla ¡y hoy es el día de tu boda!

–Cuando me hablas de Granada y de la Alhambra te confieso...–comienzo de nuevo. No puedo esconder nada a Arlaja, tengo que contarle mis pensamientos, todo lo que se me pasa por la cabeza–. Me gusta tanto lo que me cuentas que incluso me da miedo. Por favor, ¡enséñame la pintura de la Alhambra! Será la última vez que la mire antes de convertirme en una mujer casada.

Arlaja va a su estancia y vuelve con un lienzo enrollado. Lo despliega cuidadosamente. Ahí está la imagen del palacio rojo que tanto me gusta.

–No olvides que la hizo un cristiano. Nuestra religión no nos permite este tipo de obras de arte. Nosotros hacemos dibujos geométricos, en los que no se sabe dónde comienza la línea ni dónde acaba. Es nuestra manera de decir que Alá es eterno e infinita su misericordia.

–Arla, no me cuentes historias de Alá, siempre haces lo mismo. ¡Háblame del cristiano!

–Debía ser muy importante. El rey en persona, durante siete días, estuvo citándolo en el Salón de Embajadores. Lo subían sin grilletes, tan sólo acompañado de dos guardias y, tras la entrevista, lo paseaban por el Patio de los Leones y el de los Arrayanes. Lo observaba todo completamente concentrado, daba la impresión de que quería fijar en su mente hasta el detalle más insignificante. Cuando lo devolvían a su celda no dejaba de mirar hacia atrás. Un día me ordenaron que bajara a verlo. Su semblante despertaba la compasión y la mirada se le apagaba por momentos. «Voy a morir, no tengo cura» susurró.

–Traté de hacerle más llevaderas sus últimas horas poniéndole un paño fresco sobre la frente pero, efectivamente, estaba muy grave. Quise ir en busca de una hierba muy eficaz para estos casos a la Sierra del Sol, pero mi rey me lo negó.

–¿Cómo se llamaba?

–Lo sabes de sobra, te he contado mil veces esta historia, se llamaba Serafín.

Los ojos de Arlaja y los míos recorren la pintura que el cristiano de mirada inteligente regaló a mi amiga.

–Merece la pena... –me dijo Serafín – haber tenido la dicha de contemplar la Alhambra antes de morir. Este lugar es único... las paredes son de encaje y las luces juegan a enredarse en ellos. He intentado atrapar esta increíble belleza y esta perfecta armonía pero es demasiada hermosura para un pintor mediocre como yo.

–No –contesté dulcemente. Lo has hecho muy bien, ¡eres buen artista! Prometo guardarla toda mi vida y hablar de tu maestría siempre que pueda.

–¿Me permites? –dijo besándome la mano con mucha delicadeza–. Es mi último deseo antes de morir.

Arlaja se pone en pie, despacio.

–Te gustaba Serafín, ¿verdad? –pregunto con voz bajita.

–Reconozco que algo sentía yo por ese cristiano, y él también por mí, desde que nos cruzamos en la Plaza del Aljibe. El iba con grilletes, yo venía cargada de hierbas después de un viaje de tres días por la Sierra del Sol.

–Roza tus labios con los míos hasta que la vida me abandone –suplicó–. No soltaba mi mano. Era valiente pero, la muerte, da miedo siempre. Leí, a su cabecera, la sura treinta y seis del Corán, que según nuestra costumbre se recita a los agonizantes porque redime de las faltas y errores cometidos en vida.

–Me gustaría raptarte, llevarte a mi tierra, en el norte los prados son verdes y el cielo gris. ¡Te gustaría! Es todo dulce y suave –decía en ese estado de calma que precede a la muerte–. ¿Cuál es tu nombre? –le pregunté.

–Ahí está mi firma –dijo señalando la pintura.

Por un momento, imaginé que se recuperaba y pasaba con él toda mi vida. Sí, estaría enamorada cuando ante mí tuviera a un hombre que me provocara las mismas sensaciones.

–Y lo encontraste en Almuet.

Arla asiente levemente con la cabeza.

–El mundo, bella mora, es igual en todos los países, bajo todos los soles y bajo todas las lunas –me dijo Serafín con voz muy bajita pero sincera. –Sólo el amor, cuando irrumpe, cambia las cosas. Gracias a su magia vemos bello y justo a quien no lo es y somos capaces de fidelidad y sacrificio por la persona amada. Te entrego el único tesoro que me queda porque, apenas sin conocerte, siento amor y con esa sensación, la única que merece la pena, es con la que quiero marcharme de este mundo.

–¡Qué emocionante, Arlaja!

–Guarda este lienzo hasta el final de tus días y que tus hijos y tus nietos lo conserven en tu nombre –me pidió Serafín.

Arlaja hace una pausa. ¡Siempre se conmueve con esta historia!

–Te contaré un secreto: la Alhambra, habla. A mí me ha hablado mientras la pintaba –susurró antes de sumirse en el sueño eterno.

Mi amiga acerca la pintura a su cara.

–Nunca supe el nombre completo de aquel cristiano que tanto me atrajo, pero mira Isabel, en esta esquina hay una firma, aunque nadie entiende qué palabra viene después de Serafín. Algunas noches lo recuerdo. Su mano apretando la mía. El perfume de su piel. Fue el primer hombre que me impresionó.

–Vamos a ver si el lienzo nos habla hoy a nosotras.

Miramos con arrobo el regalo de Serafín.

–Arla, ¿no escuchas? Está diciendo: ¡Ven Isabel, ven a gozar de mi belleza! ¡Ven a la Alhambra, Isabel!

La voz de Arlaja se quiebra.

–Echo de menos Granada. Añoro la silueta de la Alhambra desde el Albaicín, la pureza de la sierra llena de nieve, respirar el perfume de sus patios, perderme en sus jardines. Por la mañana llegan carros y carros llenos de frutas directamente de la Vega y del Generalife, granadas rojas, jugosas y refrescantes; berenjenas moradas de piel tersa; hielo de la sierra en enormes capachos cubiertos de paja. Embajadores de remotos y extraños lugares piden audiencia al rey y traen regalos fascinantes para agradarlo. Las mujeres del Palacio se bañan y juegan entre ellas, riendo y haciéndose confidencias. Luego se arreglan, pasean o tocan instrumentos, leen y recitan poesía. Desde fuera, las líneas de la Alhambra son sencillas, pero dentro de sus paredes la Alhambra esconde el paraíso.

–Desde este castillo de Martos he viajado muchas veces, con mi imaginación, hasta Granada y hasta la Alhambra. Hoy mismo he soñado que estaba allí ¿por qué me ocurrirá tan a menudo? Es extraño.

Seis

Atardecía, la hora favorita de Abu-I-Hasan Ali, conocido por los cristianos como Mulay Hacen. En la Alhambra la puesta de sol es sublime y el rey siempre trata de no perdérsela. Un día duro, por fin terminaba.

Aixa, una vez más, se había puesto en contra de él y el consejo la apoyó, como ocurría siempre últimamente. La cabeza le iba a estallar si recordaba a Aixa y sus comentarios.

Aixa *la honrada*, Aixa *la justa*, Aixa *la honesta*... Aixa *la cabal*. El pueblo la adoraba pero al sultán le parecía la mujer más fea de todas, la más desagradable. Le provocaba verdadero horror.

Los buenos augurios que se suponía iba a traer al reino de Granada el matrimonio con su prima se esfumaban, poco a poco, como por arte de magia. Es cierto que al principio todo fue floreciente, juntos consiguieron el bienestar para el pueblo y reinaba la felicidad, entre otras cosas, porque bajaron los impuestos, que el anterior sultán, Sidi Sad, padre de Mulay, mantenía muy altos debido a las luchas y la presión del rey castellano Enrique IV.

Aquella era la época en que Mulay llamaba a Aixa por su verdadero nombre, Fátima. Aunque su esposa era fea, su fealdad la consideraba de alguna manera atractiva. Y aunque Mulay necesitaba mujeres hermosas para satisfacerse, también acudía al lecho de Aixa porque en esa intimidad era cuando más ideas se les ocurrían para incrementar la riqueza del reino y plantar mayor dureza al avance cristiano.

Aixa pensaba como un hombre, hablaba como un hombre, casi se comportaba como un hombre. Ahora que ya no había ni el menor cariño –jamás existió pasión– por esa mujer en su corazón, Mulay la detestaba.

Cuando se casaron, el rey de Granada se compadecía de esas características tan viriles de Aixa, debidas a una grave enfermedad que contrajo en la adolescencia, de ahí su abundancia de vello en todo el cuerpo incluida la cara, la voz grave, los movimientos bruscos…

Hacía años que Aixa y él se habían distanciado por completo.

Cómo odiaba a esa mujer que constantemente le recriminaba sus excesos, su pasión por la poesía, la música y la danza. ¡Su pasión por el amor! Odiaba verla entrar y salir a su antojo por todos lados, observando cómo cada palabra suya era acatada por la servidumbre con el mayor de los respetos y admiración.

Le constaba que en el largo tiempo que no visitaba su lecho, Aixa no había estado con ningún hombre, sólo vivía para los asuntos de Estado y para sus hijos, Boabdil y las dos princesas.

Aixa era temida y respetada, mientras que de él, se reían a sus espaldas. Si Aixa no estuviera podría reinar mejor, pero su presencia lo alteraba hasta el punto de que se le nublaba la razón. Entonces sólo le apetecía hacer el amor con mujeres bellas y dejarse arrastrar por los placeres, la lujuria y los excesos.

Alguna vez pensó en matarla. Entrar de noche a su habitación con un enorme puñal y clavárselo en el corazón. Pero, por otra parte, ¿qué iba a hacer sin ella? ¿Sin su capacidad para gestionar el reino? Matar a Aixa supondría la guerra civil, nada recomendable con los cristianos acechando y acercándose cada vez más.

Sí, que gobierne Aixa, con su prodigiosa inteligencia para los asuntos de Estado, su extraordinaria capacidad para mantener la cabeza fría y su desprecio por el amor.

SIETE

Me da la sensación de que trama algo tras sus ojos oscuros. Algo que jamás descubriré, porque cuando Arlaja no quiere hablar, ni las mayores torturas del infierno la harían decir lo que no está dispuesta. Me siento una tonta a su lado, es tan sabia que... ¡Arlaja lo sabe todo! Si una paloma pasa volando bajo y mueve las alas tres veces sobre nuestras cabezas, es porque alguien del grupo se va a quedar pronto embarazada. ¡Y ha ocurrido! El año pasado, a Jimena, ¡tuvo que casarse rápidamente! Si una abeja revolotea sobre una persona sin picarle, quiere decir que su alma es de confianza, pura, dulce y tierna como la miel.

Arlaja contó una vez que hubo en Damasco una muchacha muy buena. Cuando era bebé, un enjambre se acercó a su rostro y cientos de esos bichitos que pueden ser tan dañinos se posaron en sus labios y sus mejillas tiernas. Dicen que un abuelo que cuidaba de la niña, muy asustado, intentó apartarlas con su brazo leproso. Al instante, sólo con mover los brazos, la lepra desapareció de todo su cuerpo. Las abejas siguieron un momento más bailando sobre la piel de la niña, que sonreía, y el hombre gritaba: ¡Alá todopoderoso, gracias por sanarme, Dios mío, alabado seas!

Tras el enjambre quedó en el aire un delicioso perfume a nardos recién cortados. El abuelo estaba feliz, curado de su enfermedad y la niña riendo y moviendo las manos como despidiéndose de las abejas. Todas esas cosas y muchas más, cuenta Arlaja, siempre misteriosa y exótica.

–¿No eres feliz entre nosotros? Hoy, que mi vida cambia radicalmente, me gustaría saberlo, compensarte.

La cara morena de Arlaja se dulcifica. Deposita, en mi frente, un beso diminuto. Cuando ella tenía dieciocho años había perdido su inocencia, sabía prácticamente todo lo que hay que saber en la vida, pero a mí me trataron de forma distinta. Yo soy noble, hija de un gran señor y protegida de la reina Isabel. He permanecido alejada de todo lo malo y lo feo de la vida.

–Cuando me trajeron hasta este castillo, te vi tan enferma, metida en esta cama, con tu padre junto a ti, día y noche. ¡Sólo pensé en salvarte! Tu salud estaba muy quebrantada por todos esos remedios absurdos y tratamientos castellanos que sólo empeoraron tu estado. Tu padre, esperanzado, depositó toda su confianza en mí.

No había tiempo que perder, acompañada de dos criados y montada en tu veloz caballo *Doménico* me encaminé a lo más profundo de los montes recordando cuántas veces había hecho lo mismo en mi amada Sierra del Sol. Sí, esas montañas son una enorme botica natural, siempre hay una hierba perfecta para curar un mal pero no estábamos en la Sierra del Sol, sino en unos montes de Jaén.

Mientras elegía las hierbas adecuadas para tu dolencia, sólo una cosa pasaba por mi cabeza: curarte. Y, como pago a mis servicios, que tu padre consiguiera devolverme a mi ciudad utilizando sus influencias. Pero también confieso que al conocerte, un cariño inmenso se apoderó de mí. Me recordabas a las dos hijas de las que me separaron y a las que tanto echo de menos.

Arla hace una pausa, encierra mi cara entre sus manos.

–Siento pena al imaginarte en este triste castillo de Martos, toda tu vida en este solitario paisaje, junto a estas gentes rudas, aislada del mundo, convencida de que todo ese aburrimiento es un sacrificio que satisfará a tu Reina.

Como todas las mañanas, Arlaja peina y perfuma mis largos cabellos. Sobre el galán de noche mi vestido de novia espera que llegue la hora de lucirlo. ¡Ya queda muy poco!

Observo mi imagen reflejada en el espejo.

–¿Soy hermosa?

–Muy hermosa. Tu piel es blanca y perfecta. Tus ojos enormes, llenos de vida y de sueños.

Aunque me han educado para ser muy humilde, me veo agraciada, pero también me admiran los rasgos de Arlaja, tan distintos a los míos y a la vez atractivos.

Estoy pensando, mientras me contemplo, cómo serán las mujeres que viven en la Alhambra en esos lugares de pecado llamados harenes. ¿Habrá rubias y pelirrojas como lady Jane, que llegó desde Inglaterra a la corte de la reina sin conocer ni una palabra de nuestra lengua?

¡Qué simpática era lady Jane! Comencé a tomar lecciones de su idioma para tratar de comprenderla y creo que si ahora volviéramos a vernos podríamos comunicarnos de maravilla. ¡Aunque seguro que no sería tan divertido como por señas! Con la reina Isabel, lady Jane hablaba en su idioma. Es tan culta la reina... y quiere que todo el que esté a su alrededor también lo sea.

Lady Jane ponía las manos juntas, como rezando, cada vez que se refería a la reina, imitándola con mucha gracia pero sin faltarle, jamás, el respeto. Y todos nos reíamos, como cuando escenificaba historias extraordinarias de las cruzadas dirigidas por su país, la grandiosa Inglaterra.

–Pero, ¿estás descalza, Isabel? –se escandaliza Arlaja.

–Sí –susurro disimulando. Arlaja no soporta esa costumbre mía. Rauda, busca mis zuecos.

–Si no te calzas al bajar del lecho, cuando seas anciana, te atormentarán terribles dolores de huesos.

–¡Ay Arlaja, qué bien me cuidas! ¡Cuánto deben echarte de menos tu marido y tus hijas!

–¡Y yo a ellos! Los castellanos me separaron de mi familia, de mi mundo, pero te quiero, y a tu padre también. No he sido tratada como una esclava aquí. La bondad de don Sancho de Solís y su generosidad tienen fama desde Castilla a Granada, su honradez ha ganado el corazón y la confianza de todos, es un gran hombre que sufrió mucho con la muerte de su esposa. Estoy segura de que cada vez que te mira ve en ti a tu madre.

–No nos pongamos tristes, Arlaja, que estar triste es el principal enemigo de la belleza junto con la falta de sueño, de flores, de amor, de miel y de agua, como dices tú siempre.

–Espero que nunca olvides mis lecciones. Si me haces caso, tu belleza tardará en marchitarse. Tu padre nos espera, ¡debemos apresurarnos! ¡Aún hay mucho que hacer!

–Todavía no puedo creer que me casen. Estoy nerviosa, nunca pensé que el momento llegaría tan pronto. Se me ha hecho corto, me siento una niña.

–Vamos inmediatamente al baño, ya tienes dieciocho primaveras, no eres una niña.

–¿Te bañas conmigo como dices que se hace en la Alhambra?

–Parece que hoy te apetecen todas las cosas absurdas del mundo, estás más caprichosa que nunca y obsesionada con la Alhambra. ¡Déjalo ya, Isabel! Te estás poniendo pesada.

–Te ordeno que nos bañemos juntas y sigamos charlando.

–Y yo te ordeno a ti que te calles. Estoy cansada de tanto hablar. A este paso, me quedo sin energía para la boda, nos espera un día complicado.

–La Alhambra, ¡quiero ir a la Alhambra! En vez de casarme, quiero ir a la Alhambra y vivir mágicas aventuras en Granada.

–Por Alá, Isabel, cállate ¡Cállate de una vez!

OCHO

Mulay Hacen mandó llamar a Munhya. Aixa la odiaba por su sensualidad. La hizo desgranar versos apasionados bajo la ventana donde Aixa estudiaba planes de defensa contra los cristianos. Quería molestarla, hacerla rabiar.

Por muy hombre que pareciera físicamente, en el fondo de su alma y a pesar de tanto como se había endurecido, aún latía un corazón de mujer, y esas cosas hieren profundamente a las mujeres.

Munhya empezó a recitar. Cada verso más lujurioso que el anterior, pero no era suficiente. El rey hizo un gesto con la mano, pidió a su criado que acudieran cinco jóvenes del harén cuyo nombre empezara por «A». Preciosas y perfumadas llegaron Afsana, Amira, Anjum, Aquila y Asmina. El maquillaje de los ojos fascinaba al sultán, por eso siempre les pedía que exageraran con el *khol* que marca tanto la mirada. La de Asmina le gustaba especialmente, esa mirada verde y el resto de su hermoso cuerpo que tantas veces lo había hecho vibrar. Se preguntó cuál era su favorita entre esas cinco odaliscas y no encontró la respuesta, porque le gustaban todas y ninguna.

Las jóvenes no podían contradecir a su rey, pero no les apetecía hacer sufrir a Aixa porque de ella dependía el futuro de todos.

Aunque la Alhambra era un mundo capaz de aislar a sus habitantes de la realidad, las noticias se sucedían y se había generalizado el terror por el avance de los cristianos, imparable. El rey pidió a sus huríes que acompañaran a Munhya con sus cantos. Le parecía extraño que la sultana no hubiera protestado ya.

En su habitación, Aixa tenía el corazón lleno de furia. Aunque había conseguido hacerse prácticamente inmune al desprecio amoroso de su marido, le dolía sobremanera que la hiciera sufrir. ¿Por qué tenía que ponerse a hacer ridiculeces con esas mujeres justo bajo su ventana? ¿Por qué no las llevaba a sus aposentos? El harén del rey cada vez era mayor y costaba mucho mantenerlo.

La reina de Granada cayó en la tentación de escuchar los versos que brotaban de los atrevidos labios de Munhya:

Le di aquello que me pedía, le hice mi señor...
El amor ha puesto bridas en mi corazón
como un camellero pone bridas en su camello.

Nueve

Avanzo por las escaleras hasta el gran salón donde espera mi padre. ¡Lo conozco tan bien! La emoción y los nervios por los preparativos de la boda no lo han dejado dormir. Grandes ojeras, más oscuras y profundas que de costumbre, enmarcan sus ojos bondadosos.

Dos libros del Marqués de Santillana, *La Comedieta de Ponza* y el *Doctrinal de Privados* todavía permanecen abiertos sobre la mesa. Un enorme pote lleno de hierbas relajantes que Arlaja sirve al comendador, cada vez que el sueño lo abandona, es testigo de los desvelos de mi padre, alcaide de la villa de Martos y, más que amo, amigo y protector de todos sus vasallos.

Efectivamente, la noche no ha sido buena. El recuerdo de madre lo ha rondado desde antes de acostarse. La pena de que Dios le arrebatara la posibilidad de verme crecer junto a ella, de educarme juntos y vivir tantos momentos hermosos que se truncaron en solitarios.

Sé que esta noche, una vez más, lo ha visitado el terrible momento de la muerte de su esposa. Los años no han restado dureza a este episodio que ha marcado nuestras vidas. Un bebé rebosante de salud junto a una madre que ya había abandonado este mundo.

Hay una pintura que nos retrata, madre parece viva, está vestida de celeste y blanco, lleva el pelo recogido con su broche favorito y me coge, amorosamente, en sus brazos.

Padre la encargó a las pocas horas de la muerte de la duquesa de Fontes, le aterraba la idea de olvidar sus rasgos tan amados y un prestigioso pintor hizo un esbozo a vuela pluma. Concluyó el cuadro en su taller, cuando madre ya llevaba algunas semanas bajo tierra y yo pesaba el doble que al nacer.

Ni siquiera de bebé me aquejó ninguna dolencia. Sólo una vez he estado enferma, cuando el alcaide de Martos removió cielo y tierra buscando a quien pudiera curarme.

Un mensaje a la reina Isabel fue suficiente para que personalmente, mandara a los mejores médicos de su Corte a que me trataran. Yo soy la niña que lleva su nombre y a la que espera, algún día, incluir entre sus damas de confianza. Me agradará servirla. Ninguno de estos doctores supo averiguar mi mal. Unos decían que era de la mente. Otros lo achacaban a un problema de tipo respiratorio y los más jóvenes estaban convencidos de que, a pesar de mi juventud, me fallaba el corazón.

Entre tanto diagnóstico mis fuerzas se iban debilitando, la vida se me escapaba y yo lo notaba con una tristeza enorme. Sólo tenía ocho años. Pasaba del frío que me helaba todos los músculos al calor sofocante que parecía venir del infierno.

Ni siquiera tenía ganas de curarme. A veces, abría los ojos, miraba a padre y deseaba mejorar para que no se quedara solo en esta vida. Me aterraba verme en el espejo porque mi piel cada vez era más pálida, casi traslúcida, los ojos hundidos y apagados y los dedos, finos como palillos.

La sortija con amatistas que siempre llevo en el dedo corazón de mi mano izquierda, se me caía perdiéndose entre las sábanas. Padre la puso en la mesita de noche.

–Desde aquí podrás verla. Se la regalé a tu madre al prometernos.

Durante aquellos largos días de mi enfermedad, todos en Martos, desde el cura a Ramiro el pastor, se levantaban con idéntica pregunta en los labios: «¿Está mejor Isabel?» Y la respuesta era «está igual o peor», porque los médicos de Castilla no encontraban la solución a mi enfermedad.

Fue un campesino, Tomás, quien al ver al alcaide pasear a caballo, tan afligido, le comentó que una esclava mora que servía en la casa de un noble en Jaén tenía fama de curar todas las enfermedades a base de hierbas.

La palabra infiel no se le pasó ni un segundo por la cabeza al alcaide de Martos. Recompensó a Tomás con las monedas que llevaba y, sin ni siquiera volver al castillo, partió a galope a casa de don Pedro Mencía con el convencimiento de que esa mora sería mi salvación.

Padre siempre había admirado el nivel que los musulmanes tenían en medicina. Conocimientos heredados directamente de los grandes doctores de Grecia, Egipto y Mesopotamia.

Pero también sabía muy bien que esa cultura capaz de tantos prodigios estaba llegando a su fin; por eso prefirió alejarse de la Corte, sus complicaciones y luchas de poder y estar al mando de un puesto fronterizo en Martos. Con el fin llegarían las injusticias y él no quería participar de ellas, a ser posible. No como otros, que hubieran matado por ser la mano derecha de la reina Isabel.

Bastante duro es Martos, un enclave entre dos mundos. A un lado, todo de los moros, al otro, de los cristianos, la frontera varía por días, avanza y retrocede, un caos.

Él tenía que estar junto a su reina, bajo sus órdenes. Pero sé que padre no quería echar a nadie de su casa para poner a los nuestros, ni hacer esclavos a personas de gran educación y sabiduría. También le dolía obligarlos a cambiar su fe.

Al-Andalus se desmembraba, fundamentalmente, por sus luchas internas. Esa información privilegiada la devoraba yo en las cartas que padre se cruzaba con la reina Isabel.

El rey de Granada, Mulay Hacen, sólo pensaba en los placeres, así lo contaban las epístolas. Era su esposa Aixa quien gobernaba mientras él se divertía, noche tras noche, entre poetas, músicos y bailarinas.

Mi imaginación se disparaba cuando leía todo aquello de músicos, bailarinas y placeres, porque así pienso yo que debe ser un verdadero palacio, alegre y lleno de lujos.

En la Corte de la reina Isabel y Fernando todo está pensado para la guerra y la oración. Salvo excepciones, no hay placeres, sólo dedicación a la reconquista y muchos e interminables rezos en gélidas capillas al amanecer. Cada vez que vamos a la Corte por los asuntos de mi padre estoy deseando volverme a mi castillo de Martos, donde no tengo más obligaciones que la breve misa de la mañana. ¡El resto del día lo dedico a leer y jugar!

Padre nunca ha exagerado las cuestiones religiosas. Sí me enseñó a rezar un avemaría antes de dormir, tal y como era la costumbre de mi madre. Cuando era pequeña y me llevaba a la cama, en brazos por las sombrías escaleras del castillo, no se marchaba de la habitación hasta que rezábamos juntos. Yo leía en su rostro el amor que aún tenía por su esposa y la nostalgia de ella. Después de rezar me daba un beso y se dirigía a sus estancias repletas de manuscritos.

DIEZ

Aixa, reina de Granada y esposa de Abu-I-Hasan Ali, no pudo contener su ira. Cogió la pluma con la que escribía, con tanta fuerza, que la partió en dos. La tinta le chorreó por la mano. Sin darse cuenta se tocó la cara. Fue a limpiarse al espejo y se vio reflejada. Tan mayor y poco agraciada, con un vello espeso sobre el labio superior que ya ni siquiera se molestaba en depilar. Quiso lanzar el tintero por la ventana para que cayera sobre el rey y esas chicas que tanto placer le daban y tanto parecían divertirle. Así acabaría la fiesta. La música, los versos y las risas la iban a volver loca. Tiró el tintero de un golpe brusco, las jóvenes chillaron.

Una sonrisa de placer se dibujó en la cara de Aixa, pero estaba equivocada. Si ella era la mejor para la guerra, Mulay Hacen era el mejor para el placer.

–Esta tinta derramada por vuestros cuerpos no nos dejan otra opción que tomar un buen baño –le escuchó decir.

Y es que siempre la vencía. Ahora la fiesta iba a continuar en el estanque y ella tendría que soportar el ruido de los cuerpos agitándose dentro del agua y miles de juegos lascivos asaltarían su mente, atormentándola.

En el fondo de su corazón, Aixa continuaba enamorada de su marido, a pesar de lo cruel que a veces era capaz de ser. Y a pesar de haber estado ya casada. Casada por dos veces... de aquel primer matrimonio, es curioso, apenas recordaba nada. Mulay Hacen llegó a su vida como un vendaval. Fue él mismo quien mató a su primer esposo y, a continuación, se casó con ella. Le cortó la cabeza en su presencia, de un tajo, y cuando Aixa miraba el rostro de Abu-I-Hasan Ali, en sus ojos imperturbables le parecía revivir aquella escena. La espada manchada de sangre, la cabeza de su primer marido en el suelo, separada del cuerpo y con esa expresión terrorífica.

Es curioso, al principio, incluso llegó a pensar que era un acto de amor por ella que hubiera matado así a Ismail. ¡Qué equivocación terrible! En sus momentos de máximo enamoramiento trataba de engañarse achacando este comportamiento a los celos, al afán de posesión, y una cierta sombra de orgullo la rondaba.

¡Qué estúpida había sido! A estas alturas de su vida había aprendido a verlo todo claro. Mulay Hacen, el guapo y valeroso Mulay Hacen, era un ser vehemente y cruel que, por supuesto, jamás la había amado. Es dramático cómo las mujeres enamoradas pueden llegar a perder el norte de sus vidas, a malgastar su juventud persiguiendo retos imposibles. ¡Qué terrible desgracia la mujer que debe pasar por eso! ¡Qué afortunada la que no es capaz de amar, sólo de manejar al hombre a su antojo, sin contemplaciones! Si Ismail la quiso, Aixa tampoco lo tenía claro. Con Ismail, al menos, la vida era apacible. Su primer marido era tan poco agraciado comparado con el elegante Abu-I-Hasan Ali...

Muchas noches, Aixa rezaba para que al menos recuperaran su complicidad, para que él visitara su estancia aunque sólo fuera para desearle buenas noches, con esa sonrisa que siempre encontró maravillosa y su voz cálida. Ya no soñaba con amor, tan sólo esperaba amabilidad, cordialidad. Lo imaginaba llamándola *pequeña urraquita negra*, como durante el primer año de su matrimonio. No era el piropo ideal, pero él lo decía con tono cariñoso y a Aixa le resultaba simpático porque sabía y reconocía que nunca había sido hermosa. Pero sí era entregada madre y excelente esposa, buena reina y amante de su pueblo, ¿acaso no son cualidades suficientes como para que el rey, al menos, no la vilipendiara constantemente ni la tratara tan mal?

Cuando se cruzaban en el Salón de Embajadores, Aixa percibía cuánto la odiaba, y ni la belleza de la cúpula de esta sala conseguía tranquilizarla y calmar su dolor. La acusaban de dura, algunos le echaban en cara su poco atractivo físico, su falta absoluta de feminidad. ¡Menos mal que la mayoría la elogiaba! Ella sólo quería el bien para el pueblo. Incluso su madre le escribía cartas criticando su incapacidad para mantener a su marido, al menos, como amigo. Claro, que no sabía cómo se las gastaba Mulay, ella nunca se lo había contado, ni siquiera en los momentos de mayor desesperación y desengaño, esos momentos en que una hija, por muy mayor y experimentada que sea, necesita a su madre para abrirle el corazón y recibir su consejo.

Ojalá fueran, al menos, amigos, ojalá él no la dañara exhibiendo sus proezas sexuales y amorosas con otras. ¿Qué oscuro placer encontraba en eso? Eran enemigos en el gobierno, Aixa y Abu-I-Hasan Ali mantenían una pugna por el poder, mientras que los Reyes Católicos estaban tan unidos que su lema era: «Isabel y Fernando, tanto monta, monta tanto». Sí, sentía envidia de esa alianza, que los hacía tan fuertes. En alguna ocasión pensó infiltrar a alguna bella joven en la corte de los castellanos, con la misión de seducir a Fernando y crear la discordia en el matrimonio de católicos.

Desistió del esfuerzo al saber que la reina en persona elegía a las mujeres que accedían a la corte, y jamás admitía a las jóvenes y atractivas. Al contrario que en la Alhambra, donde entraban en tropel bellezas de todo el Mediterráneo.

¡Qué pesadilla, tantas mujeres de todos los colores, de todas las edades, hablando en lenguas tan distintas! ¡Qué tormento de celos, de ambiciones entre unas y otras, de envidias, favoritismos y lujos que mermaban a diario las arcas del reino! Abu-I-Hasan Ali prefería agasajar a sus concubinas antes que honrar al embajador de turno que llegaba a la Alhambra y con quien debía estrechar relaciones.

Los mejores manjares, las sedas más delicadas, los perfumes y aceites más seductores iban directos a las lujosas habitaciones del harén. La teoría del monarca era que no había mejor manera para agasajar a un hombre que invitándolo a esa zona de amor y placeres. La forma de actuar de Aixa, conversaciones de tú a tú, con planos de por medio, documentos y todo lo necesario para mantener la cabeza fría y definir una estrategia contra los cristianos.

Insultó al rey cuando invitó al harén a cinco enviados de Bagdad que acudían a Granada para ayudarlos contra el ataque cristiano. Los introdujo en el harén y los emborrachó, pensando que así conseguiría amigos. Luego les ofreció un extraño manjar, sin explicarles su procedencia.

–Esto apasiona a los cristianos –les dijo.

Los embajadores, confiados, se comieron una bandeja llena, porque aquello se deshacía deliciosamente en sus bocas y los llevaba al cielo. Al final de la noche, averiguaron que eso que tanto les había gustado era cerdo. Escaparon del palacio dando alaridos.

Mulay Hacen sólo consiguió que regresaran a su país difamando la Alhambra, diciendo que era un reino de pecado donde el vino corría por las noches e incluso se comía cerdo, y el acuerdo que tanto codiciaba Aixa nunca tuvo lugar.

Sí, Abu-I-Hasan Ali a quien los cristianos llamaban Mulay Hacen sólo pensaba en divertirse. De alguna manera parecía que con ese comportamiento nefasto buscaba la autodestrucción del mundo ideal que habitaban.

Bajo su ventana, el rey de Granada se hacía desnudar. En el estanque de los Arrayanes los nenúfares tenían su propio palacio. La tinta se diluía entre las flores acuáticas.

–Venid aquí, cada una de vosotras, con una bandeja de frutas sobre la cabeza. A quien se le caiga tendrá su castigo.

Daba sus excéntricas órdenes bien alto, para que Aixa pudiera escuchar tras la celosía. A veces dudaba si le provocaba más placer el amor con las mujeres de su harén o hacer sufrir a Aixa, aunque siempre llegaba a la conclusión de que era lo segundo.

En el fondo, se sentía incluso hastiado de tantas concubinas, pero no sabía vivir de otra manera, en esos momentos no estaba dotado para gobernar, no estaba dotado para nada, excepto para la diversión.

La luna, reina de las mareas, iluminando la Alhambra. Bajo su mágico hechizo, un hombre y cinco exóticas mujeres se sumergían en el estanque. Aixa planeaba venganza, lágrimas de odio y rabia caían sobre su cara. Todavía podía llorar pero llegaría un día en que ni siquiera tendría capacidad para derramar lágrimas.

Once

–¡Qué rápido has crecido, Isabel!

–Demasiado rápido, padre, desearía tanto prolongar mi vida de soltera…

–He tratado de alargarla al máximo, pero ya tienes dieciocho años aunque, en demasiadas ocasiones, te comportas como si aún fueras pequeña y eso me preocupa. El matrimonio te vendrá bien, dejarás de ser tan fantasiosa y traviesa. Me parece que fue ayer cuando estuviste enferma. Cuando, desesperado, volé sobre mi caballo en busca de la mora Arlaja.

El alcaide de Martos comienza a emocionarse con los recuerdos.

–Ahora vuelvo, Isabel, debo ir a dar unas órdenes.

Mientras mi padre sale del salón y me deja a solas con Rafaela, que no para de darme besos, imagino al alcaide de Martos, don Sancho Jiménez de Solís, repasar su vida mientras los músculos de su potente caballo, *Pastor*, se tensaban bajo su cuerpo camino de Jaén, en busca de la mora curandera. También hoy yo estoy repasando la mía con sus errores y sus aciertos. Fue lo que me recomendó ayer Don Celso, cuando me confesé con él. Mi padre había descrito ese viaje en su diario, de principio a fin. Y yo, como siempre en secreto, lo leía cuando él tenía que partir de Martos. Me conocía los secretos ocultos y no tan ocultos de su corazón, sus contradicciones, miedos y esperanzas. Algunos trozos de su diario llegué a aprenderlos de memoria.

Con letra de trazo elegante, dejó escrito.

> Desde el trágico amanecer en que perdí a mi amada esposa no galopaba tan rápido.

Las páginas donde mi padre narra cómo murió madre están llenas de borrones, son casi ilegibles. Claramente, las escribió llorando.

> Todo iba bien pero, de repente, la naturaleza erró. La destreza de la comadrona fue tal que consiguió sacar a mi hija del vientre, mientras la duquesa de Fontes empezaba a amoratarse.

Cuando leo este fragmento también sollozo desconsoladamente. Las emociones me turban, sobre todo me ocurría cuando era más pequeña, y quizás por eso enfermé. Nunca se lo he confesado a padre, pero conozco cada día de su vida, incluso los detalles románticos de sus noches de amor. En su diario, todo está escrito con el corazón.

El cuerpo de madre yacía rígido, su espíritu ya había volado a la dimensión de Dios, la mueca de dolor que permaneció en su cara, durante el parto, desapareció para dar lugar a una expresión dulce.

> Gracias a Dios, la niña está perfecta. Y la comadrona la depositó en mis brazos. ¡Qué dolor inmenso! ¿Es esto irremediable? ¡Estoy viviendo una pesadilla! ¡Deseo despertar y comprobar que mi esposa Isabel está bien y todo ha sido un mal sueño!

Pobre padre, que siempre soñó con llenar su castillo de hijos.

En el camino hacia Jaén en busca de Arlaja la mora, el alcaide de Martos no se detuvo, ni siquiera, a beber agua fresca. El señor de Solís fue motivo de conversación en muchas de las tabernas y albergues donde pararon a descansar aquellos con quienes se cruzó, asombrados por la velocidad que llevaba ese jinete ya no demasiado joven, pero ágil como un muchacho.

Don Pedro de Mencía recibió a don Sancho vestido con una fresca bata de seda. La visita de su amigo lo sorprendió disfrutando de un masaje para aliviarle el dolor por los golpes recibidos en la última batalla al mando de las tropas de Su Majestad, la reina Isabel.

–Pedro, ayúdame, me han informado que albergas a una mora experta en hierbas.

La casona de don Pedro era impresionante. Decorada con cuadros, tapices, alfombras y colgaduras. Lámparas venecianas junto a faroles granadinos. Una coqueta fuente de mosaico en el centro de un patio de mármol con columnas, entoldado. Macetones de aspidistras y grandes jaulas con pájaros que incluso sabían hablar.

–¡Buenos días nos dé Dios! –gritaban cuando alguien traspasaba el fresco umbral.

–Arlaja salvará a tu hija Isabel, debes confiar, la sabiduría de esta mujer es infinita.

Don Pedro de Mencía mandó traer agua fresca, queso y uvas a su compañero de armas, don Sancho. Las sirvió un criado negro en un cuenco de cerámica.

–Come mientras baja, estás rendido y tienes que recuperar fuerzas.

El queso era suave, se fundía en la boca. Lo acompañó con el pan ácimo, recién horneado y con las uvas de la exuberante parra que trepaba sobre el pórtico.

–Gracias por tu amabilidad, nunca la olvidaré. Si Dios se lleva también a mi hija, nada en este mundo podrá darme fuerzas para continuar viviendo y luchando.

–¿Ni siquiera el afán por vencer a los infieles?

–Ni siquiera.

Una figura esbelta y completamente tapada, a excepción de los ojos, apareció en el patio. Tenía las manos delgadas y elegantes y, al andar, se escuchaba un tintineo de pulseras y ajorcas en muñecas y tobillos.

A pesar de la inquietud y preocupación por su hija, el alcaide de Martos se asombró de la forma de vida de don Pedro de Mencía. Una esclava que por su vestimenta no lo parecía, ya que se cubría con una lujosa túnica aljuba y un esclavo moro con traje mozárabe y vestiduras en las piernas. Además, le habían servido pan ácimo, el que los andalusíes comen, bien para reponerse o bien para enfrentarse a un gran esfuerzo. Mi padre vuelve a contar en su diario:

> Don Pedro era dueño de una casa refinada decorada de una manera mundana, pero con un marcado aire andalusí. Pareció leerme el pensamiento: He respetado al máximo todo lo que había aquí cuando llegué –me confesó–.

No había tiempo de preguntas ni de regodearse en detalles. Mientras subía al caballo para emprender el regreso a Martos, el señor de Solís se entristeció.

> ¿Habré hecho bien en aislar a Isabel en el castillo añoso de Martos, lejos de todo, en ese ambiente rural? ¿Es eso bueno? ¿Se deberá su enfermedad a esta reclusión alejada de jóvenes de su edad y categoría social?

Así pensaba don Sancho al comparar su castillo con aquella casa solariega, donde se respiraba cultura y exotismo.

Arlaja galopaba con una destreza espectacular. No cruzaron palabra en todo el camino, ni se detuvieron a descansar. Afortunadamente, era época de treguas y no había combates ni problemas que retrasaran la marcha y la mora era fuerte y resistente, incluso más que un hombre, acostumbrada a cabalgar por sierras y caminos intransitables.

Estaban exhaustos cuando, por fin, distinguieron a lo lejos la silueta del castillo de Martos, erigido sobre una fortaleza árabe. Arlaja se preguntó cuánto tiempo pasaría en ese castillo y añoró Granada una vez más.

La esclava mora era verdaderamente especial. Valiosa hasta el punto de que don Pedro le había permitido practicar la religión islámica en la intimidad de la casa, eso sí, mientras no faltara a la misa que, cada amanecer, se celebraba en la recoleta capilla adornada con frescos que relataban vidas de santos.

Tampoco podía faltar Arlaja a los Oficios en Semana Santa ni a la Misa del Gallo en Navidad, porque era mejor disimular.

Don Pedro de Mencía, hombre leído y viajero, sabía de la pena y la injusticia que suponía la llegada de los cristianos para los habitantes de aquellas tierras, que llevaban siglos logrando espectaculares avances. Ellos habían diseñado jardines y huertos sublimes; compuesto música y poesía de gran belleza, alcanzado increíbles logros en medicina, filosofía, astrología y tantas ciencias.

Esas gentes que habían entendido como nadie el alma de estos paisajes, ahora vivían hostigados por una cultura completamente opuesta y aunque la bondad, magnanimidad y generosidad de la reina Isabel era digna de admiración, algo muy distinto es lo que se llevaba a la práctica por sus súbditos, en los rincones de ese nuevo reino cristiano, cada vez más grande.

La rcina cstaba muy lejos, normalmente en Medina del Campo o viajando sin cesar, su corte era nómada, y muchas de las atrocidades que se cometían no llegaban a sus oídos.

La crudeza y el egoísmo de los vencedores podían llegar a límites insospechados, por eso, don Pedro compró a la valiosa mora Arlaja, capturada en una avanzadilla hacia Granada, antes de que cayera en manos que no la apreciaran. Y la inteligente mora, que estaba buscando hierbas para sus recetas naturales, completamente desprevenida, fue arrancada de su familia, de su hogar y de su amada Granada.

En casa de uno de los grandes señores de Castilla, don Pedro de Mencía, Arlaja reinó como una joya oculta.

Cuando el alcaide de Martos la requirió, don Pedro no dudó en cedérsela. Conocía la triste historia de la duquesa de Fontes, esposa de su buen amigo.

Desde el instante que Arlaja se despidió de él a toda prisa –existía un lazo de cariño mutuo y también momentos de excitante intimidad– don Pedro supo que no volvería a verla en mucho tiempo, pero estaba contento porque en el castillo de Martos se comportaría como una madre para la pequeña Isabel.

–Tardará muy poco en curar a tu hija –le dijo a su amigo.

Y, efectivamente, al quinto día de beber las infusiones que Arlaja preparaba mi rostro comenzó a tomar color. Al séptimo, ya me levantaba y daba paseos cortos. Al octavo, sentí deseos de bajar a almorzar y fue como una pequeña fiesta en el viejo y herrumbroso castillo de Martos. Un castillo de paredes medio desnudas donde éramos una especie de familia. El alcaide recobró la sonrisa, se asaron dos jamones, corrió el vino.

Arlaja había preparado fuentes de pastas con dátiles y las cocineras del castillo se esmeraron haciendo torrijas y roscos de vino.

–¡Qué bueno está todo!– exclamé.

–La salud es una bendición –añadieron las cocineras.

Estos son algunos de los retazos de mi vida que me llegan a la mente hoy, día de mi boda.

En los ratos de aburrimiento y, sobre todo en invierno, al terminar las lecciones, bajo al calorcito de la cocina y allí aprendo postres y sopas deliciosas. La castellana con ajos es una de mis especialidades, me encanta ponerle más guindillas de la cuenta para que pique muchísimo, es perfecta para combatir el frío y el desánimo. Y en verano, una sopa fría de coliflor con crema fresca que aprendí en la corte, especialidad de la esposa de don Baltasar, madame Rosa, siempre dispuesta a cocinar y, sobre todo, a comer.

Esta sopa es deliciosa, refrescante, ligera e incluso la reina Isabel que lleva una dieta muy austera –dice que es bueno para la salud y el espíritu– la elogia.

Dolores y Justina, las cocineras del castillo de Martos, me han enseñado muchas cosas, ¡son tan buenas y campechanas! Cuando preparan roscos de anís, toman unos cuantos vasitos y también me dan a probar. Entonces, la cocina se convierte en un campo de batalla de juegos, de bromas, de harina volando sobre las cabezas y, por supuesto, de chismes.

Cuando Arlaja se apunta ya es el colmo, porque aunque Arla jamás prueba el vino –es cosa de infieles, dice con asco– el licor hecho con semillas de anís sí que le gusta.

–Es como un dulce, pero líquido –se disculpa saboreándolo.

Cuando Arla bebe un poco más de la cuenta los ojos le brillan y, de nuevo, habla nuestro idioma chapurreándolo. ¡No podemos parar de reír!

–Aquí, comidas aburridas. No olor, ni sabor, no especias –protesta Arla.

Las cocineras le preguntan cosas de su tierra, escandalizadas, se asombran de lo que oyen y Arla no puede reprimir el impulso de contar más y más.

En estos ratos inolvidables me he enterado de que al otro lado, muy cerca, los hombres pueden tener varias mujeres y las esposas, normalmente, tratan de ser amigas entre ellas, aunque a veces se cometen espantosos crímenes por culpa de los celos y la ambición. También me he enterado de que se baila con el estómago y la espalda al aire. ¡Menudo descaro!

Más de una vez, las cocineras piden a Arla que las enseñe a danzar un poquito, para hacerlo luego a sus maridos. Es difícil sin música aunque Arla, una de esas personas capaces de salvar cualquier situación, se las apaña con unas cuantas sartenes, cacerolas, cubiertos, metales y la madera de la mesa, para improvisar unos sones fabulosos, con los que todas nos cimbreamos, aprovechando la intimidad que se produce cuando se juntan, solas, un grupo de mujeres, sin hombres a la vista, y en la cocina, donde todo es posible.

Doce

–¡No van a poder conmigo!

Aixa dio dos palmadas y su fiel criada Sharra entró, encontrándola en un estado de desolación tal que se le encogió el corazón.

–Sharra, quítame esta odiosa tinta. Me he puesto perdida al lanzar el tintero contra mi esposo y sus amigas.

La criada le limpió suavemente los brazos, la cara y el cuello con un paño impregnado en crema de miel de abeja, leche de cabra y limón. El sultán gritaba desde abajo, exagerando la diversión que sentía, pero Aixa no lo entendía como una farsa, sólo imaginaba a su marido acariciado por las bellas huríes y sentía desesperación.

–Si al menos no lo hiciera delante de mis aposentos –comentó amargamente.

Sharra la miró, comprensiva. Los problemas de Aixa le afectaban como si le ocurrieran a ella misma, y era verdaderamente duro para una mujer educada en la lealtad y en la honradez, que se había casado enamorada y con el objetivo de ser una excelente reina para su pueblo.

–No sufras, mi reina –le susurró mientras trataba de quitarle las manchas de tinta, que casi se habían secado.

Los ojos de Aixa brillaban en una lucha por no derramar lágrimas, ni siquiera delante de su fiel criada, con quien se permitía todas las debilidades, porque en ella siempre encontraba las palabras justas y un gran consuelo.

–Creo que se está volviendo loco y que todas sus locuras se dirigen a hacerme sufrir.

–Está claro, señora mía, es así y debes hacer oídos sordos en nombre de tu regia estirpe.

El aposento de Aixa era austero como el de una monja, una asceta o un guerrero. Sólo había un pequeño espejo donde mirarse y un arcón con tres camisolas de color oscuro y sus pantalones a juego. Dos caftanes de ceremonia llevaban años ahí colgados, sin que la reina jamás se los pusiera.

Aixa ahorraba constantemente, no quería gastar el dinero del reino en su persona. Ni en ropa, ni en joyas, ni en nada. Rechazaba cualquier lujo mientras Abu-I-Hasan Ali colmaba a sus amantes de regalos a pesar de que, con las parias tan altas que había que pagar a los cristianos, a veces faltaba dinero para alimentar bien a los soldados.

–Hay que poner límites al harén del rey, supone demasiado gasto pero temo que, si lo intento, sea capaz de acabar con mi vida o incluso con la de nuestros hijos.

–El harén tiene ya proporciones desorbitadas, el consejo estará de acuerdo en moderar esta situación. Me consta que cada día está con una distinta o incluso con varias, y que todas pelean por pasar la noche con él, sólo para que las colme de regalos.

Sharra continuó limpiando con delicadeza la cara de su señora, luego prosiguió:

–Desde que la joven Adina, que lo amaba sinceramente se suicidó a causa de aquella infidelidad, el rey parece haber perdido la cabeza y es cada vez más lujurioso.

Aixa asintió, Sharra había dicho justo lo que ella pensaba. Le agradaba escuchar a su razonable y sensata criada.

–Cuando arrojé el cuerpo de Adina a los cuervos para que la devoraran, me equivoqué y me odia a muerte por lo que hice. Deberíamos haberla llevado a la Rauda Real para que pudiera visitar su tumba, tal y como hubiera sido su deseo, así el fantasma de Adina no lo atormentaría constantemente, ni me atormentaría a mí, porque hay noches que me parece verla vagar entre arrayanes, suspirando, llamando al rey a su lado, cogiendo flores y ramas de mirto, cantando con una voz fantasmal y terrorífica.

–¡No te culpes! Fue nuestro sultán omnipotente quien la mató con su comportamiento, con su ansia enfermiza de placer.

–Pobre niña, no era como las demás y ahora siento compasión por ella. Adina se ruborizaba cada vez que nos cruzábamos y siempre se arrodillaba ante mí. Sin embargo, ésas que están ahí con él ahora, son capaces de sostener la mirada de la reina y sonreír maliciosamente para que me sienta mal. Presuntuosas y torpes, cuánto tiempo creen que van a ser favoritas, ¿toda la vida? ¡Qué estúpidas son con sus velitos y sus mohínes, con la cabeza vacía, sólo pensando en telas y lujos mientras los castellanos están a un paso!

–Pobre Adina, a veces la recuerdo, tan alegre y siempre dispuesta a agradar, ¿por qué tendría la desgracia de enamorarse de verdad?

–Estaba tan enamorada como yo cuando me casé, y a pesar de cómo se comporta conmigo, todavía siento un pequeño… no sé cómo explicarlo. Soy madre de tres hijos suyos, esposa intachable, musulmana honorable y reina responsable de todo lo que ocurre en mis dominios, de las penas y alegrías de mi pueblo. ¡Debería respetarme!

Sharra pasó a masajear la espalda de Aixa, mientras hablaban de ese tema tantas veces tratado entre ellas.

–Cuando fui su concubina jamás lo amé. Ni siquiera me parecía atractivo, nunca sentí el impulso de acariciarlo o de ser cariñosa. Me limitaba a lo que me pedía, y nada más, porque era mi obligación. Afortunadamente su encaprichamiento por mí fue breve. Aixa, siempre he detestado a Abu-I-Hasan Ali.

–Me arrepiento de no haber enterrado a Adina pero lo hice casi sin pensar, como venganza a mi marido. En mi niñez jamás vi situaciones así entre mis padres, ni siquiera madre sufrió a causa del harén, lo que me hace pensar que no existía. Recuerdo perfectamente a mis padres, el día de nuestra boda, caminando de la mano por estos jardines, el uno para el otro. Felices por mi matrimonio con mi primo, convencidos de que era un acierto. El día que me casé fue dichoso, ¿verdad, Sharra? Incluso me sentía guapa de lo feliz que era. ¡Qué maravillosa sensación la de sentirse guapa!

–Estabas radiante, Aixa, y no vendría mal que te arreglaras un poco. No debes olvidar que eres la reina de Granada, la mujer más importante de al-Andalus, la elegida por Alá.

–No tengo ilusión por nada que se refiera a mí, he llegado a esa edad en la que me consta que, como mujer, todo está perdido. Sólo quiero que los cristianos no nos arrebaten nuestro mundo, luchar por mantenerlo, aliarnos con nuestros parientes de Siria, Constantinopla y el norte de África para que nos manden muchachos entrenados en el desierto que sepan luchar con sangre fría, con toda la crudeza y alarde de fuerzas que requiere la situación.

–Los castellanos nos comen, ¿verdad, Aixa? Van a acabar con nosotros si esto sigue así.

–Y ya se ha extendido por todas partes la fama de que el reino de Granada es un reino de pecado y corrupción, que hemos adoptado hábitos cristianos como beber vino y comer cerdo. Que hemos añadido a los lujos propios de nuestra cultura los placeres de los infieles. En definitiva, que esto es una ciudad viciosa y los impuestos aumentan sólo con el fin de mantener los excesos que se cometen en la Alhambra. Por eso no quiero ni una pulsera en mis muñecas ni un anillo en mis dedos. ¡Me siento un soldado! Austera y luchadora.

–Gracias a ti el final de nuestro reino se está retrasando. Tu marido, Abu-I-Hasan Ali, ha perdido la cabeza.

–Y mi pequeño Boabdil es un intelectual. Me temo que no va a saber gobernar cuando le llegue el momento, si es que los cristianos no nos vencen antes. Tendré que continuar gobernando yo y estoy cansada, son tiempos muy duros. El consejo debería hacer algo para que pudiera reinar mi hija, es una desgracia que no esté permitido, tiene mi voluntad y más belleza. Su rostro recuerda alde mi hermosa madre. Mi preciosa hija Aixa, mi princesa, se queda conmigo hasta altas horas de la noche estudiando planos y mapas. Boabdil, sin embargo, siempre parece embobado mirando el cielo, jugando con su turbante o comiendo uvas con el mismo gesto ido y soñador que su padre adopta a veces. Boabdil me va a dar muchos quebraderos de cabeza. ¡No se inmuta ante la desgracia que nos acecha!

Súbitamente, Aixa se levantó de su asiento.

–Ayúdame, fiel Sharra, a recoger estos mapas y planos. ¡Me voy al Generalife! Espero que el rey no se dé cuenta y me siga. Por el tono de su voz creo que ya ha bebido lo suficiente como para no tener ganas más que de tumbarse. Quiero aprovechar esta radiante noche y el paseo me ayudará a despejar mi mente. Hay que reforzar la zona oriental del reino, planear una avanzada, cuento con un hombre muy valioso, Abdalá Mun. Confío en el adalid de Martos, ambicioso y luchador, posee imaginación sabiendo, a la vez, mantener la cabeza fría. Es fuerte y valiente.

Ojalá Abu-I-Hasan Ali tuviera, hoy por hoy, la décima parte de sus cualidades para la lucha. Sin embargo, se dedica a escribir absurdos poemas que no le gustan a nadie. A sus espaldas todo el mundo se ríe de ellos. ¡Vamos Sharra! Coge tus cosas, ven conmigo a pasar la noche, tu presencia aliviará mis penas y alejará mis fantasmas, me dará fuerzas.

Trece

Sólo hace una semana que mi prometido y yo nos hemos visto por primera y única vez. Madrugamos para llegar a la hora acordada al punto de encuentro.

Viajé en mi carruaje, especialmente engalanado, junto a mi padre y el sacerdote. El campo estaba tan bello que invitaba a la felicidad. Cinco muchachos y tres muchachas con tamborinos y dulzainas añadían encanto a este delicioso paseo.

Mi futuro esposo, Hernando, tiene los ojos castaños y el pelo del mismo tono, es algo más alto que yo y de complexión no demasiado robusta. A sus veinte años ya ha conseguido importantes triunfos contra los moros, luchando junto a su familia, los Velasco Santoro, una de las más hidalgas de España.

–Señora –dijo mi prometido al coger mi mano. Vestía un lujoso traje en dos colores y el pelo largo, peinado con la raya en medio. Calzaba ballugas.

Mi primera impresión de Hernando fue normal. Sí, normal, no se me ocurre expresarlo de otra manera. Me alegré de que no provocara en mí repulsión o cualquier otro sentimiento negativo, como también podría haber ocurrido, puesto que jamás nos habíamos visto.

Hernando estaba visiblemente emocionado y nervioso y yo lo percibí más como a un hermano o un amigo que como a un marido. Sin embargo, por su forma de mirarme, intuí que yo superaba, con mucho, lo que él había imaginado y que le resultaba un triunfo verme allí, destinada a ser su esposa.

¿Cómo adivinar si sentía por mí el amor que no sentía yo por él? No sé si amor, pero orgullo, ¡por supuesto! Su mirada gritaba que no veía el momento de poder presentarme como su esposa y presumir de mí. Y eso que, según un rumor que me había llegado, Hernando ya había conocido el amor. Era famoso su romance con una joven panadera de su pueblo, llamada Dulce, tan apetitosa como un bollito recién hecho, una joven que de no haber sido tahonera y haber pertenecido a la corte, habría causado estragos en los corazones de los nobles, que se habrían batido a duelo por sus favores.

Ahora, Hernando no tenía delante a su preciosa panadera, sino a toda una noble castellana de belleza y porte deslumbrante.

–Es Isabel de Solís quien me corresponde por condición social –estaría pensando, al tiempo que daba gracias al cielo porque soy agraciada.

En el momento de hacerse los honores, el alcaide de Martos entregó al señor de Velasco una carta enviada personalmente por la reina bendiciendo el matrimonio. Dos pliegos, con el sello de Castilla, que provocaron murmullos de admiración.

–Cuanto más la miro, más me olvido de la panadera.

El padre de Hernando sonrió satisfecho. El romance de su hijo y la plebeya lo apesadumbraba.

–Tienes suerte, Hernando, es realmente hermosa. ¡La vida te sonríe!

El señor de Solís regaló al futuro marido de su hija una fabulosa espada con empuñadura de perlas y rubíes y un yelmo con el escudo familiar. El padre del flamante novio me ofreció una pulsera labrada y mi prometido se arrodilló para entregarme una tiara de esmeraldas, que debía ponerme el día de la boda.

A continuación, nos sentamos todos sobre la hierba para comer, beber y celebrarlo a lo grande.

Los detalles del día de mi pedida junto a la Fuente de los Enamorados se me vienen a la cabeza en esta mañana que será la última que me reciba soltera. Lo viví todo como si fuera espectadora, más que protagonista. No temblé de emoción cuando mi prometido me ofreció su mano, ni cuando me entregó la increíble tiara, que me pareció lo mejor del día.

Recuerdo cómo el almuerzo empezó a aburrirme solemnemente. Ni me estremecían las miradas que me lanzaba Hernando, ni nada especial nacía dentro de mi corazón.

El alcaide de Martos observó mi indiferencia.

–Ahora perteneces a tu marido antes que a tu padre, no lo olvides.

Aunque estoy convencida de que el alcaide de Martos añoraba que fuera pequeña de nuevo, su voz sonó firme. Sí, mi padre hubiera querido dar marcha atrás al reloj de la vida y que la Isabel de dieciocho primaveras que tenía ante sus ojos se convirtiera, de nuevo, en la Isabel de tres o cuatro años que andaba con él todo el día, se divertía con él e incluso la enseñaba a jugar a las cartas.

Su hija se casaba y no sólo eso. En los últimos tiempos, yo había preferido la compañía de Arlaja a la suya, algo que entendía pero lo apenaba. El señor de Solís suspiró ante la rotundidad implacable de la vida. Quise reconfortarlo.

–No te preocupes, padre, seré una buena esposa –dije posando mi mano sobre la suya, finamente enguantada.

–Debéis tener hijos cuanto antes, sois jóvenes y con buena salud.

¡Qué decepción! Ninguna emoción especial me asaltaba. Busqué a Arlaja con la mirada. Quizás había ido a buscar frutos y bayas o ¿habría aprovechado la confusión para coger un caballo y fugarse a Granada? Esa idea me puso el corazón en la boca pero me la quité enseguida de la cabeza. No, eso no lo haría nunca mi Arlaja, abandonarme sin despedirse. Intenté convencerme de que como mi prometido me parecía guapo y agradable, debía ser suficiente para un matrimonio feliz y para traer hijos al mundo.

–¡Es bellísima! Seguramente, caprichosa. A su lado se quitan las ganas de luchar contra los moros –comentó Hernando al engreído señor de Velasco.

Ambos me miraron y me encontraron casi demasiado bella ¡Digna de un rey!

–¿Nos traerá problemas? Dicen que es inconformista y fantasiosa.

Cuando la fiesta languidecía busqué de nuevo a Arlaja con la mirada. Continuaba desaparecida. Estaba deseando leer en sus ojos la impresión que le había causado mi prometido o, mejor aún, que me lo dijera en privado. Entre los árboles, algunos invitados se habían abandonado ya a la siesta.

¿Y Arlaja? No me atrevía a buscarla. Estará en la fuente o quizás recogiendo hierbas de aquí y allá para sus perfumes, cremas e inventos, traté de convencerme de nuevo. Es necesario que aparezca para presentarla a mi futura familia y advertirles que, aunque mora, Arlaja es para mí como una madre que me ha criado, me ha salvado de la muerte, me ha acompañado, me ha enseñado todo.

Arlaja va y viene, inquieta, con mi vestido de novia planchado y almidonado en los brazos.

–Estás extraña desde mi pedida de mano, ¿qué te ocurre? Hace días que quiero preguntártelo.

–Desearía verte casada con alguien de más alta cuna.

–Mi futuro marido es de alta cuna.

–Tu futuro marido procede de una familia que ha matado a tantos de los míos que la reina los ha premiado con fortuna, riqueza y títulos. Antes no eran nadie.

–¿Cómo sabes eso?

–Me lo cuenta el viento y los pájaros –dice Arlaja tan esotérica como siempre.

–Mi padre está contento, dice que se trata de una de las más ilustres familias de Córdoba.

–Sí, porque son crueles en la batalla y gracias a ellos la reina de Castilla ha conseguido más poder. Son órdenes de la reina Isabel. La reina ha querido que Hernando de Velasco sea tu esposo, forma parte de sus planes estratégicos.¡Pura política!

–Yo estoy orgullosa y feliz de obedecer a mi reina.

–Esta tiara que vas a lucir perteneció a una gran señora de Lorca, a una poeta andalusí, su debilidad eran las joyas, los cristianos se apoderaron de su casa y la despojaron de todo, pero consiguió huir a Granada, donde el rey la acogió en la Alhambra.

Munhya es una de las poetisas favoritas del sultán porque canta al amor, a la soledad, a la luz, al color, a las flores. Su poesía te lleva al cielo. Munhya borda sus propios versos en sus vestidos con hilos de oro. Se cuenta que ha escondido sus manuscritos entre las vigas de su casa, para que los cristianos no los encuentren y los quemen. Los tuyos no entienden de sutilezas, no aprecian nuestros sentimientos, lo único que desean es apoderarse de todo lo que hemos conseguido. Isabel, las cosas se están poniendo feas para mi pueblo. El reino de Granada es cada vez más pequeño, mientras nosotros nos quedamos sin fuerzas por nuestras luchas internas, los cristianos avanzan.

–¿Por qué dices tu pueblo, Arlaja? Gane quien gane esta guerra interminable todos vamos a vivir aquí, tranquilos y felices. Nosotros tenemos cosas muy buenas aunque tú te empeñes en no verlas. Por ejemplo, ¿no se está mucho mejor sin tener que llevar velo todo el tiempo, acaso no es más cómodo? Al entrar a esta casa te empeñabas en llevarlo, pero poco a poco te lo has ido quitando. Recuerdo que antes, si había alguna visita, te cubrías con el velo y jamás salías sin él, pero ahora nunca lo coges. Arlaja, también tú te has adaptado a lo nuestro.

–Es cierto, me he relajado en algunas costumbres por vuestra influencia.

–Bebes licor y te diviertes haciéndolo. ¡No pasa nada! ¿Por qué no podemos vivir así, cada uno haciendo lo que considere justo y oportuno, por qué tienen que estar vuestras cosas y nuestras cosas? Tú misma me has contado que en tu mundo, algunas mujeres de alta cuna a veces no llevan velo y hacen lo que les parece, sin obedecer ni a padres ni a maridos. Yo misma no voy a obedecer en todo a mi marido. La única que manda en mí soy yo.

Arla se pone nerviosa y, como siempre que se altera, chapurrea.

–Día de tu boda y nosotras estamos hablando demasiado. Es mejor que permanezcamos tranquilas, Isabel.

–Ahí viene padre, cuéntale todo lo que me has dicho, a ver si te atreves.

–No deseo apenarlo ni contrariarlo. Lo respeto y le profeso un gran cariño. Que todo transcurra según los designios de Alá.

–Y de los de Dios –añado.

–No te retrases demasiado. Te espero en tu estancia para arreglarte –dice subiendo las escaleras con mi vestido de novia, desmayado entre sus brazos. Tiene el repentino aspecto de un lánguido fantasma.

Intento comer bizcocho de leche pero no puedo. ¿Nervios? ¡Estoy nerviosa! Al menos, algo agitada. La conversación con Arlaja me ha puesto un nudo en el estómago. ¿Qué vida me espera junto a ese hombre? Mi padre llega y se sienta frente a mí, con su impecable bata de las mañanas, la que siempre utiliza al levantarse, con las mangas anchas que tanto me gustan y un cuello que casi le cubre las orejas. Espero que no haya escuchado lo que Arlaja criticaba de Hernando y su familia.

–No puedo comer –confiesa.

–Yo tampoco, padre.

–Además, no tenemos tanto tiempo. ¡Habéis tardado mucho en bajar, charlando como siempre!

–Deberíamos dejar el desayuno y vestirnos.

–Sí, pero prueba al menos un trozo de bizcocho o las cocineras se sentirán ofendidas, lo han hecho especialmente para hoy.

El bizcocho tiene un corazón de azúcar glaseada como adorno y no puedo evitar sonreír al verlo. Es bonito estar tan mimada y sentirse querida.

–Padre, marcho a vestirme. Dame tu bendición.

El alcaide de Martos me hace la señal de la cruz en la frente.

Cuando era pequeña nunca me iba a la cama sin su bendición pero, poco a poco, esa costumbre que a él le gustaba tanto fue olvidándose. Hoy la recuerdo de nuevo, quizás por la nostalgia que me provoca abandonar mi vida de soltera. Mis juegos con los animales, mis paseos a caballo, mis lecciones de lenguas extranjeras, en definitiva, mi libertad. Porque yo he vivido de una manera completamente libre, siendo la reina y señora de la casa. Padre jamás ha tenido fuerza para imponerse a mi carácter y he hecho siempre lo que me ha venido en gana.

El alcaide de Martos sube las escaleras para ir a sus aposentos con su fiel criado, Martín Pérez, que lo ayudará a vestirse como todos los días.

–No parece su hija estar muy contenta con la boda –escucho que le dice.

En realidad, Martín no quería hacer ese comentario, pero es que llevaba guardándolo desde la pedida de mano en la Fuente de los Enamorados. Mucho tiempo para Martín, incapaz de estar callado y de no soltar todas las ideas que se le pasan por la cabeza. Incapaz de no compartirlo todo con su amo.

–Ya verás cómo hoy las cosas cambian. Son jóvenes, Isabel está acostumbrada a una vida muy libre, siempre ha hecho su santa voluntad. Se ha escapado, tiene amigos entre los campesinos, ha trepado a los árboles, ha ayudado en la cocina y en la huerta... Ha hecho lo que le ha parecido y, por tanto, no le apetecerá demasiado la disciplina del matrimonio. ¡Es necesario animarla!

–Lo que sí tengo claro, mi señor, es que será una buenísima madre.

–Sí, Martín, también lo pienso yo.

CATORCE

Abu-I-Hasan Ali reflexionaba mientras una de las concubinas, Afsana, envolvía sus pies en vendas de algodón impregnadas en aceite tibio de romero. Era una terapia deliciosa, ¡qué tentación dejar la mente en blanco para sentir la caricia de las esencias sobre la piel! Sin embargo, el pensamiento del rey de Granada no podía estar quieto. En primer lugar, viajó hasta la época en la que era un joven muchacho que luchaba contra el rey castellano Enrique IV, junto a su padre, el temido Abu Nasr Sa´d. Hizo bien en dar ese golpe de Estado. Gracias a esa traición contra el autor de sus días, el reino de Granada gozaba de un periodo de estabilidad largamente anhelado. Por tanto, no le daba el nombre de traición, sino el de estrategia. Las luchas dinásticas habían sido terribles, mermando Al-Andalus. Sonrió para pasar a otro episodio. Abu Nasr Sa´d, su querido y a la vez odiado padre, había tenido una excelente idea degollando a Muhammad X y a todos sus hijos con el mayor secretismo y la excusa de una cena privada en la Alhambra para firmar acuerdos. Un crimen espantoso, sí, pero que les permitió acceder al poder sin más personajes molestos convencidos de que eran ellos quienes debían reinar. A los hijos pequeños de aquel ambicioso de Muhammad los asfixiaron con toallas. Al resto de invitados les cortaron la cabeza sobre la fuente, con sus propias manos y la ayuda de seis enormes negros que recibieron una moneda de oro por su ayuda y un pasaje... al destierro de Marruecos.

Afsana comenzó a entonar una cancioncilla.

–¡Cállate, estúpida! –vociferó el rey–. Eres guapa pero tu voz, completamente insufrible. ¡Ante mi presencia no vuelvas a abrir tu horrible boca o te mando, de por vida, a trabajar acarreando leña para los hornos!

La criada continuó sus quehaceres, con un estremecimiento.

–¡Tus manos temblorosas no volverán a dar un masaje! ¡Márchate del harén a los hornos sin llevarte ropas ni joyas!

Más tranquilo tras increpar a la aterrorizada Afsana, el pensamiento de Abu-I-Hasan Ali saltó ahora hacia su propio hijo, Boabdil. Sobre un aparentemente inocente pliego de papel, el más brillante de los astrólogos había dictaminado: *«Está escrito en los cielos que el príncipe Boabdil ocupará el trono de Granada, pero bajo su reinado se consumará la perdición del reino»*.

QUINCE

–¿Soy yo? Ya estoy vestida de novia y, frente al espejo, me siento una verdadera mujer, capaz de conseguir todo lo que me proponga. Las mangas de brocado aumentan el atractivo de mis brazos y la falda está bordada hasta la cintura con hermosos dibujos de azucenas.

Sobre mi cabeza brilla la tiara de esmeraldas que me ha regalado Hernando. Alrededor de mi cuello, grandiosa, la cruz de mi madre. Mis orejas también están adornadas por sus perlas. Y en el dedo corazón, llevo un pequeño anillo con el blasón familiar. Me giro para que Arlaja y Doña Juana sujeten el velo, de encaje de Bruselas, que cae sobre mis hombros como una caricia.

–Recuerdo cuando tu madre se casó con ese mismo vestido –dice doña Juana arrancando a llorar.

–Cuénteme más cosas de ese día, Doña Juana. Adoro escuchar a quienes conocieron a la duquesa de Fontes, ya que yo no pude hacerlo.

–Pero sin llorar –advierte Arlaja.

La anciana limpia sus lágrimas con un pequeño pañuelo que lleva guardado en la manga, junto a su rosario.

–Tu madre era tan hermosa como tú o incluso más, yo la ayudé a vestirse y tu abuela Isabel la peinó. Era la novia más bella del mundo, una novia enamorada que deseaba ser la esposa de tu padre más que cualquier otra cosa. La abadesa del monasterio de Las Huelgas le regaló la cruz que ahora es de tu propiedad, para que nunca las olvidara. Tu madre pasó largas temporadas entre ellas.

–Las hermanas de Burgos, tan santas, sé que cada año ofrecen una misa por el alma de la duquesa de Fontes.

Arlaja distribuye sobre el tocador sus enseres de belleza. Cuando llegó a Martos, Arla se solía acicalar, pero con el paso de los años perdió esa costumbre, que no era bien vista entre la gente del castillo. «Estas palurdas», la escuché una vez decir, enfadada. «No gustar belleza, sólo gustar fealdad, estar gordas de comer tanta manteca de cerdo. Todo manteca de cerdo, todo manteca de cerdo», protestaba por los pasillos.

Una bolita de barro rojizo sirve para embellecer los labios. Me gusta la sensación del pincel y cómo los tiñe ligeramente de rojo.

–Con una vez es suficiente, no me des más, queda llamativo y a mi padre no le gustará.

–Sólo un poquito, lo justo.

Arla abre su frasquito de *khol* y me delinea sutilmente los ojos. Unos pellizcos en las mejillas para darme un poco de color y lista. Me vuelvo a mirar de cuerpo entero y reconozco que cuesta trabajo apartar la vista del espejo.

–¡Impresionante! –digo satisfecha– es justo lo que me gusta para el día de mi boda.

Bajo las escaleras de la mano de Doña Juana, que no para de sollozar. La servidumbre está esperándome. Mi padre, muy apuesto con su gonela encordada de ceremonia me toma del brazo. Mi gran familia del castillo parece emocionada.

Nos encaminamos hacia la capilla. Miro hacia atrás. Allí se quedan los que no pueden venir a la ceremonia y, además, deben cuidar que todo esté perfecto para la celebración. Allí queda la silueta del castillo. De repente, recuerdo algo que escuché a los criados, cuando aún era pequeña. Una leyenda dice que el castillo de Martos está maldito desde que se cometió el asesinato de los hermanos Carvajal. Al parecer, el rey Fernando IV, odiaba a Juan y Pedro Alfonso de Carvajal. Pidió a uno de sus íntimos que los asesinara, los hermanos lucharon en defensa propia y, finalmente, fue el amigo del rey quien murió.

Fernando IV, desesperado por la muerte de su mejor vasallo, mandó que buscaran a los Carvajal y los encerraran en una jaula en el castillo de Martos. A los pocos días, ordenó que los despeñaran. Los hermanos declararon mil veces su inocencia, porque la lucha había sido en defensa propia pero el rey no escuchó. Y justo antes de morir, gritaron al monarca:

–Dios juzgará, y como es cierto que nuestra lucha fue en defensa propia, tú morirás dentro de un mes.

Las carcajadas del soberano sonaron por todo el precipicio.

–¡Par de estúpidos! –bramó.

Fernando IV de Castilla falleció justo al mes de la ejecución de los dos hermanos y, desde entonces, el castillo arrastra una negra leyenda. Muevo la cabeza queriendo apartar de mi mente esa lúgubre historia ¿Por qué tengo que acordarme de este tipo de cosas en un día como hoy?

Los pájaros cantan y repican las campanas de la iglesia. Mi corazón no canta, pero sólo porque necesito un poco más de tiempo. Espero que sea eso, un poco de tiempo para enamorarme, un poco de tiempo para acostumbrarme a mi nueva vida.

Camino de mi boda, las palabras que Arlaja me ha dicho en diversas ocasiones también resuenan en mi mente.

–¡Qué tristeza, mi niña, pasar toda tu vida en castillos sin gracia ni belleza! Aunque las circunstancias te llevaran a la corte de la reina, sería espantoso, he oído que más que una corte es un lúgubre convento.

En mi interior aumenta la desazón por la existencia que me espera. Arlaja me ha descubierto que existen mundos mucho más sofisticados, como Granada y la Alhambra, y sueño con ellos.

Pero no puedo hacer nada, debo resignarme a mi destino, conformarme.

Tras nuestro enlace, mi marido tendrá que marchar rápidamente para continuar al servicio del reino de Castilla y yo me quedaré cuidando a mi hijo, porque sólo tenemos dos meses antes de que él deba partir, y todos esperan que en ese tiempo yo me quede embarazada. Tengo miedo. ¿Y si me ocurre igual que a madre? ¿Y si yo también muero de parto?

La iglesia está adornada con ramilletes de flores blancas. Suenan dulzainas, vihuelas y las voces angelicales de los niños cantores. De pie junto al altar veo a mi futuro marido. Al cinto lleva la espada de mi familia y luce un espléndido jubón, jaqueta ajustada y unas calzas hasta la cintura. Avanzo del brazo de mi padre, que lucha con unas lágrimas a punto de desbordarse de sus ojos. Sonríen a nuestro paso, se oyen murmullos de admiración.

–El mismo ángel que tu madre, Dios te guarde, Isabel, me dice la anciana nodriza Jimena.

Yo le sonrío, pobre Jimena. Gracias a esta honorable anciana sé mucho de mi familia materna, conoció a mis abuelos los duques de Fontes y crió a mi madre. Me paro un instante.

–Jimena, quiero verte después de la boda y que te sientes con nosotros en la mesa de honor, no te vayas a marchar sin decir nada, como haces siempre, ¿lo prometes? –susurro en su oído.

–¡Te lo prometo! Pero continúa andando –dice Jimena escandalizada.

–Padre, mírame, estoy tranquila –sugiero bajito mientras no dejo de sonreír a uno y otro lado.

El camino hacia el altar se me hace corto. Me hubiera gustado pararme con todos, pero ya me advirtió padre.

–No debes pararte a hablar con unos y con otros, como es tu costumbre. Tendrás todo el tiempo del mundo para ser amable y cariñosa con tus invitados durante el banquete.

Arlaja, rápidamente, le dio la razón.

–Si a ti ocurrir bromas o tonterías, callar, no decir palabras,

palabras guardar para convite. ¡No parar en ningún momento, avanzar por pasillo como una dama!

¡Qué exagerados! Bueno, pueden estar contentos, sólo he hablado a mi querida Jimena, que se lo merece después de una vida de dedicación a mi familia.

Al pie del altar, Hernando sonríe con una expresión de orgullo que me parece ridícula y aburrida. Va tocado con tres plumas y calzado con las famosas cracovianas de punta alargada, de moda entre los aristócratas. El olor a incienso y flores lo impregna todo. Las dos madres de Burgos que han venido para mi boda en representación del convento, me miran bondadosas. El sacerdote levanta ya sus manos para comenzar la ceremonia, trato de concentrarme mirando su rostro surcado por profundas arrugas.

–*In nomine Patris et Filii et Spiritus Sancti.*

–Dios mío, Dios mío ¡Auxilio!

Un enorme griterío ha estallado a mis espaldas. Lo aparatoso de mi vestido y del velo me impiden girar con rapidez. ¿Qué está ocurriendo? Un tropel de hombres a caballo invade la iglesia.

Aterrada grito buscando a mi padre, no lo veo, hace un instante estaba aquí, a mi lado. Hay demasiada confusión. Las dos monjitas yacen en el suelo, lívidas, sobre un enorme charco de sangre que mancha sus hábitos inmaculados.

–¿Y mi padre? Sólo quiero saber dónde está mi padre.

Hernando trata de protegerme pero me arrancan de sus brazos, todo sucede en un suspiro. Una mano gigantesca tapa mi cara, me ha parecido que era de color negro, quizás cubierta con un guante. Me envuelven en una gran capa y me suben a caballo. El corazón salta y salta queriendo salir de mi pecho y volar hacia la libertad. Lloro, no sirve de nada, galopamos vertiginosamente. El corcel es poderoso y el jinete experto, me aprisiona contra él, la capa no me deja ver, es tosca, raspa mi cara. Lloro con desesperación. ¿Qué habrá sido de mi padre? Ni siquiera me responde el viento.

El jinete lleva brazaletes muy gruesos en su muñeca y casi puedo escuchar los latidos de su corazón a través de su pecho. Me levantó en brazos como a una pluma. Debe ser un gigantón. Me agito. No sirve de nada. ¿Qué va a ser de mí? ¿Quiénes son mis captores? Recuerdo las noches que escapaba del castillo y los sermones de mi padre, sus palabras cobran ahora sentido.

«¿No te das cuenta de que pueden capturarte los moros? Martos es un puesto fronterizo y ellos luchan por conquistarlo. Están por todas partes, son fieros e inteligentes, duros como la roca, muchos de ellos acostumbrados a la vida difícil del desierto, de donde vienen para unirse a la lucha junto a sus hermanos».

Un escalofrío me recorre de arriba abajo. ¡Por Dios, por la Virgen María y todos los santos! ¿Y si mis captores son los moros?

¿Qué habrá sido de mi padre, lo habrán hecho también prisionero? ¿Y Arlaja? Ella es mora, ¿se habrán dado cuenta y la habrán respetado?

Lloro, rezo, está claro que al jinete le resulta indiferente, tan sólo cumple órdenes. Me duele el cuerpo, estoy enormemente preocupada. ¡Madre mía, ayudadme! –suplico.

Rezo como nunca he rezado. Un Padrenuestro, un Avemaría y vuelta a empezar. La fuerte respiración del caballo, sus breves relinchos cuando siente el arañazo de las espuelas tapan mis plegarias y mis quejas.

¿Cuánto camino habremos recorrido? El galope no ha cesado. Los cascos del caballo no hacen ruido ahora, como si pisaran sobre hierba o tierra blanda. ¿La sierra, los montes, por dónde iremos?

Por fin, el caballo para y nos apeamos. Me quitan la capa. Mi raptor, con turbante y aretes en las orejas habla y no sé lo que dice, es tan horrible su rostro marcado por una profunda cicatriz, su mirada negra como la noche… El pánico me invade y todo se vuelve oscuro. Cuando me recupero, estoy sola en una tienda, atada por los pies y sobre una jarapa en el suelo. Da la sensación de que nos hemos detenido en pleno campo. Junto a mi lecho hay comida, agua, unos zaragüelles marrones y una camisa del mismo color.

Mi traje de novia, tan querido y sagrado está manchado de barro y con las mangas rotas. He perdido el velo y las peinas de nácar. Mi peinado está deshecho.

Un espeso silencio lo inunda todo. Sin duda, me encuentro en un mundo nuevo. Bebo un poco de leche confiando en que no la hayan envenenado y pruebo unas pastas de aspecto tosco que hay en un plato de metal sobre el suelo de tierra cubierto de esteras de pelo de oveja. Oigo el chillido de un animal y todo mi cuerpo se estremece de pánico. ¿Entrará a mi tienda? ¿Me atacará? Sólo estoy atada por las piernas. Me dejaron las manos libres para que pudiera comer. Por primera vez en mi vida estoy sola contra mi voluntad y la sensación es terrible. Trato de desatarme, ¡imposible!

Me dan ganas de cambiar mi incómodo vestido de novia por la ropa que me han puesto aquí pero, ¿y si al quitármelo me lo roban o me obligan a abandonarlo? No, el vestido de mi madre se queda conmigo, sobre mi piel, irá allí donde me lleven. Tengo ganas de llorar pero, a la vez, una voz en mi cabeza dice que no debo temer nada. Con esa confusa sensación me quedo dormida hasta que, cuando aún no es de día, vuelven a ponerme una gruesa lona sobre la cabeza y los mismos brazos fuertes y musculosos de ayer, me suben al caballo pero, esta vez, sin prisas.

Intuyo que hay unos seis jinetes y, aunque no los entiendo, por el tono de sus voces da la sensación de que están contentos, parece que bromean entre ellos, ríen. Un cansancio mortal se apodera de mí, es un largo viaje. La cabeza me da vueltas, tengo frío, me mareo... Arlaja, padre, ¿dónde estáis? Santa Marta, ¡no me desampares!

Dieciséis

En el salón del trono, Abu-I-Hasan-Ali manoseaba el pliego donde Ibn Jastum había escrito, años antes, el oráculo del nacimiento de su hijo Boabdil.

Creía en los oráculos y en el horóscopo ciegamente. «Está escrito en los cielos que este príncipe ocupará el trono de Granada, pero bajo su reinado se consumará la perdición del reino», sentenció el mago cuando Boabdil nació.

¿Cómo hacer para que no se cumpliera este trágico vaticinio?

Por su cabeza pasó el impulso de mandar a su hijo a Damasco, para que la profecía no pudiera consumarse. Si lo alejaba de Granada, no reinaría en la Alhambra, eso era lógico. Pero la reacción de Aixa, que no creía en oráculos ni horóscopos, sería brutal. Vivían un mundo complicado.

Ojalá reinara la tranquilidad, como durante la primera etapa de su matrimonio. Abu-I-Hasan-Ali estaba sentado en un mullido cojín sobre el suelo. La filigrana del techo se reflejaba en la fuente. Mulay se sintió orgulloso de su pueblo, capaz de llevar a cabo la batalla más cruel y, a la vez, obras de arte como su palacio. Por un instante recuperó la confianza.

–Los horóscopos fallan, también se equivocan, puede tratarse sólo de un aviso para hacer las cosas correctamente, sobre todo, conservar la unidad. Debo intentar llevarme bien con Aixa, aunque quizás ya es demasiado tarde.

Sí, el corazón de Aixa estaba resentido, ya no podían disimular el odio que sentían mutuamente. ¿Y su hijo Boabdil? También se estaba convirtiendo en un extraño. Era la sombra de su madre, que lo vigilaba de cerca.

–No puedes ser débil –le exigía Aixa constantemente. En el fondo, Mulay aprobaba la educación que *la pequeña urraquita negra* daba a Boabdil. Era la única manera. *Urraquita negra*, qué apodo cruel para la joven esposa que Aixa era en aquellos tiempos.

El refinamiento de la corte en la Alhambra era tan elevado, que resultaba difícil no rendirse a la belleza y al placer ignorando todo lo demás. Arrayanes y macasares regalaban su perfume. Los jardineros vivían para que cada flor ocupara su sitio en un juego de perfecta armonía. Los cocineros se esmeraban en cada plato y era una delicia escuchar a los poetas, los sabios, los filósofos. Dejarse embriagar por la belleza de las bailarinas. Aixa quería marcharse al Generalife, había oído decir. Miró hacia su ventana y no había luz. Quizás se había ido ya, en medio de la noche, porque si estuviera en sus habitaciones se vería la claridad de las velas entre las celosías e incluso la sombra de Aixa vagando, preocupada por la situación económica, por la guerra, por vencer a los cristianos.

–Inútil, todo está escrito, con Boabdil se acaba el reino –se repetía Mulay una y otra vez, torturándose.

Mejor que Aixa se fuera al Generalife, así podía quedarse solo en la Alhambra, sin tener que verla, ni tropezarse con ella por las esquinas, ni oírla hablar o dar órdenes.

Abdel Ali entró, muy agitado, interrumpiendo los atormentados pensamientos de su rey. A él lo escuchó atentamente. Era su hombre de confianza, se infiltraba en todos sitios como un animal sigiloso sonsacando a la gente juicios y opiniones sobre la manera de gobernar de Abu-I-Hasan Ali.

–La avanzadilla sobre Martos ha sido un éxito, el alcaide castellano ha muerto y hemos secuestrado a su hija. Nos apropiamos de joyas, animales y prisioneros perfectos para servir como esclavos. La Reina de Castilla tiene un gran cariño a esta joven y a su padre, uno de sus hombres de confianza.

El rey de Granada sonrió, otro éxito de Aixa.

–¿Dónde está la cristiana? –preguntó tratando de aparentar indiferencia. No había que ponerse demasiado contento con los logros de la implacable sultana.

–En el palacete de la Vega, en el Alcázar Genil.

–¿Quién ha ordenado que la llevemos allí?

–La sultana. También ha dicho que se la trate de la mejor manera posible.

Abdel Ali sacó un cofre de su bolsa de cuero.

–Estas son las joyas de la cristiana. Hemos saqueado el castillo.

Disciplente, las miró de refilón, no quería joyas. En otro momento las habría cogido para repartirlas entre sus favoritas o tirarlas al fondo de las fuentes y estanques en tributo a Alá.

–Hay una cruz ¡apártala de aquí que trae mala suerte!

Abdel escupió sobre el símbolo sagrado.

–¡Cerdos infieles! Nos pisan los talones.

–Nuestro Dios vencerá, devuelve las joyas a la cristiana, que no pueda acusarnos de ladrones ni de criminales. Aixa lleva razón, debemos utilizarla contra Castilla. Más, si es tan valiosa para la reina católica. Que la cuiden bien en esa casa –una mueca extraña atraviesa la cara del rey– mientras decidimos qué hacer. Que no le falte comida ni ropa y nadie le diga que su padre ha muerto. Cuéntame ahora cómo lo habéis hecho.

–Por Arlaja sabíamos que ese día una boda se iba a celebrar.

–¿Arlaja, Arlaja la Curandera, la maga?

–Sí, Arlaja es la criada predilecta de la cristiana. Al parecer, la salvó de la muerte y, desde entonces, ha sido para ella como una madre. Tengo entendido que la cautiva se quedó huérfana desde muy niña. Arlaja ha vivido en Martos como una más de la familia.

Abu-I-Hasan-Ali sonrió. Uno de los suyos se había ganado la confianza de los cristianos, para luego traicionarlos. Así también se vence en las guerras.

–¿Dónde está Arlaja?

–Aquí fuera, mi señor. La hemos devuelto a su tierra tras años de cautiverio.

Arlaja entró conmovida al Salón del Trono. Aún no podía creer que estaba de nuevo en la Alhambra. Se arrodilló ante su rey y le besó los pies.

–¡Mi señor!

–Me alegra volver a verte, es imposible que a una mujer tan inteligente como tú pueda ocurrirle algo malo, tú sales vencedora de todas las situaciones adversas. ¿Cuánto tiempo llevas fuera de Granada?

–Diez años largos, mi señor.

–Te recompensaré por tu trabajo y esfuerzo, gracias a ti hemos conquistado la plaza de Martos, hecho prisioneros y tenemos a una cautiva que nos será de gran ayuda contra Castilla.

–Señor, no quiero riquezas–. Arlaja bajó la mirada, sin atreverse a continuar.

–Pide lo que desees.

–Amo a Isabel como a una hija.

–¿Isabel es la cautiva?

–Entre nosotras existe un cariño profundo. La salvé de la muerte y he sido como su madre y ella como mi hija. No ha habido secreto que no hayamos compartido, ni pena, ni alegría. La he visto pasar de niña a mujer. He soñado para mi Isabel lo mejor de la tierra y del cielo.

Sólo pido que la tratéis como se merece, que pueda vivir como tantas veces le he contado. Por eso pedí a Aixa que la llevaran a la almunia de la Vega que tanto me ha gustado siempre, para que conozca nuestra vida refinada y llena de maravillas que los cristianos ni siquiera intuyen.

Abu-I-Hasan-Ali escuchaba a la maga, muy serio.

–Quiero para Isabel una vida en Granada, junto a mí. Me gustaría, señor, que conocierais a esa perla, digna del mejor de los hombres.

–De acuerdo, confío en ti, en algún momento la conoceré.

–Pero primero debe recuperarse, descansar unos días en la Vega, tranquilizarse. No quiero que sepa que su padre ha muerto. Me siento muy culpable. Pobre señor de Solís, ha sido extremadamente bueno conmigo, me dio su amistad y yo los he traicionado arrancando a Isabel de su mundo justo antes de que contrajera matrimonio. Lo he hecho porque la quiero, Martos no es vida para una perla como ella. Y también porque mi deseo era volver a Granada, pero sin separarme de mi pequeña Isabel. Sólo siento una enorme pena por el señor de Solís, que sea acogido en el paraíso y se reúna con su esposa.

–¿La cautiva es tan bella como dices?

–Ningún poeta conseguiría describirla.

–Traedla a la Alhambra para que pueda verla.

–Mi señor, aún es pronto.

–Te repito, Arlaja, mi intención es utilizar a la cristiana contra Castilla.

–Esperad a contemplarla antes de trazar ningún plan. Os lo ruego, dejadla tranquila, que disfrute en la Vega de los placeres de nuestro pueblo. Debo volver inmediatamente a su lado, no quiero que caiga enferma de nuevo, sus nervios son delicados. Y os pido algo más antes de marcharme, mi señor. Han sido muchos años fuera y...

–No tengas miedo de pedir.

–Haced llegad con un mensajero real esta carta a mi familia donde les anuncio que estoy en Granada y me encuentro bien. Tengo unas ganas terribles de verlos, pero no puedo ir al Albaicín y dejar a mi pobre niña sola y abandonada.

Arlaja entregó la misiva a Mulay Hacen, que ordenó su envío al Albaicín.

–Debo volver a la Vega antes de que mi pequeña me eche de menos.

–Cuando esté recuperada tráela a mi presencia, podrá quedarse a vivir aquí por el momento y tú irás con tu familia al Albaicín, mientras vemos qué hacer con ella. Estaréis muy cerca la una de la otra.

Arlaja besó con devoción las manos de Abu-I-Hasan Ali. Las encontró envejecidas y pensó en tratarlas con una crema especial a base de flor de algodón que les devolviera tersura.

–Debo marcharme, mi señor.

Arlaja continuaba arrodillada.

–¿Qué más quieres preguntarme?

–¿Cómo está la reina Aixa? Aún no la he visto, sólo nos hemos comunicado con mensajes.

–La reina se ha convertido en mi mayor enemiga. La odio y ella a mí, trato de hacerle el mayor daño que puedo y sé que soy injusto, sólo está preocupada por el destino del reino de Granada. Pero, ¿sabes? El horóscopo deja bien claro que todo acaba cuando reine Boabdil, y yo creo en los horóscopos.

–Inventaré algún sortilegio para anular la fuerza de ese vaticinio, no puede estar todo perdido, nuestros hermanos nos ayudarán para que el nombre de Alá sea el único que se venere en estas tierras. Hemos sido capaces de convertir en vergel lo que sólo era campo sin frutos y nuestros jardines son el reflejo de los que nos esperan cuando dejemos esta vida. No, mi señor, vuestra fiel Arlaja trabajará para mover los hilos de estelas y constelaciones y cambiar ese designio oscuro que no se cumplirá jamás.

Admirado con la fe y la devoción de Arlaja, Abu-I-Hasan-Ali se hizo el firme propósito de cambiar, dejar de lado los placeres, honrar el nombre de su esposa en vez de mancillarlo constantemente y educar a su hijo Boabdil en el valor y la voluntad, en la defensa y protección de su pueblo, igual que su padre Sidi Sad lo educó a él.

Arlaja deseaba que sus palabras hubieran surtido efecto en el corazón del sultán. Siempre lo había admirado por su simpatía y virilidad, y por todo lo que había conseguido en la primera época de su matrimonio, cuando todavía era íntegro.

Recordaba el momento en que Aixa y Mulay Hacen subieron al trono.

Una semana de fiesta hizo vibrar la ciudad de Granada. El rey ordenó que en las calles se dispusieran puestos de dátiles frescos traídos de África, pasas de Málaga, anacardos y pistachos de Damasco, deseaba que su pueblo tuviera energía para bailar y bailar hasta altas horas de la noche. El banquete se extendía desde la Puerta de Elvira hasta la Alhambra.

Músicos y bailarines callejeros danzaban sin cesar. Y ahí fue donde el marido de Arlaja, Almuet, la vio por primera vez. Almuet había sido contratado para actuar, enmascarado, en una de las comitivas organizadas por la corte. Al contemplarla, supo que se casaría con ella. Preguntó disimuladamente a una de sus amigas, Fat, dónde vivía y qué zoco solía frecuentar.

–En el Albaicín, calle del Beso, su mercado favorito es el de la cuesta de Alhacaba.

Sin haber dormido en toda la noche, Almuet se fue directo al mercado de puestos de especias, flores frescas, cordero, cuero, telas, perfumes, miel, hierbas aromáticas y todo lo que se necesita para una vida confortable en Granada.

Era tan temprano que los mercaderes empezaban a montar sus tenderetes, creándose sombra con hojas de parra y de higuera. Hacía calor, las horas se le hicieron interminables, aunque sabía que esa joven de mirada brillante y delicadas muñecas, antes o después, aparecería. Y, efectivamente, ante él surgió, con su velo verde pistacho y las mismas babuchas de color rosa bordadas en dorado de la noche anterior. Al instante, el mercado se volvió más hermoso. Ni siquiera el sol, en todo lo alto, resultaba molesto. Extasiado ante esa visión que tanto lo enamoraba, Almuet se acercó a Arlaja, parada ante un puesto de rojas sandías.

–Ninguno de estos deliciosos frutos se puede comparar a ti en dulzura. Sueño que tus ojos se claven en mi rostro en la intimidad de nuestro hogar. Te ofrezco un patio con parra y una fuente cantarina. El agua, mis besos y mi amor arrullarán tu vida.

Pelo ensortijado, piernas musculosas, pecho confortable. Arlaja se imaginó extendiendo pétalos de rosas sobre la cama donde yacerían. Bajó la mirada, coqueta, complacida, feliz.

–¿Puedo verte mañana, bella Arlaja? Te traeré limones de mi huerto, lavanda, espliego y canela para que perfumes los arcones.

Arlaja, de repente, volvió a la realidad. Tras diez años de ausencia estaba de nuevo frente a su rey, Abû al-Hasan 'Ali ben Saad, sultán nazarí de Granada, en el cubo perfecto del Salón de Embajadores, prometiendo salvar al reino de Granada del desastre que acechaba.

La Torre de Comares, con sus nueve alcobas abiertas, festoneadas de alabanzas a Alá y blasonadas por los escudos del poderoso Alhamar la llevó a percibir en cada detalle la presencia de Dios. Entonces supo que la fuerza del Creador la acompañaría en la empresa que se había propuesto.

–Lo conseguiremos, mi señor.

–Que Alá te oiga, confío en ti. Y ahora, márchate. Quiero reflexionar sobre tus palabras, convencerme de que podemos vencer la profecía. Que Alá sea contigo y te proteja.

La bendición ascendió sorteando mocárabes hasta llegar al séptimo cielo representado en el techo de la sala. Allí estaba el definitivo jardín de la vida, surcado por cuatro ríos. La silueta de Arlaja se perdía en el contraluz de la entrada. De repente, Abu-I-Hasan-Ali se imaginó expulsado de la Alhambra. Bajo la ventana central, el lugar donde le correspondía sentarse, lo hacían Isabel y Fernando, ese odioso matrimonio. Reían, brindando en enormes copas grabadas con el escudo de Castilla, al fin habían conseguido las llaves de la Alhambra. Un arrebato de orgullo le hizo ponerse en pie, con todos sus músculos en tensión. Alzó la voz y gritó bajo las constelaciones de estrellas:

–¡Hay que acabar con el asedio cristiano! ¡Devolverlos a Covadonga o, mucho mejor, expulsarlos definitivamente de la península! Debo unirme a Aixa para triunfar. ¡Quiero volver a ser el emir guerrero que siempre he sido!

Con la esperanza de que juntos conseguirían salvar su reino, Mulay Hacen salió precipitadamente. Tropezó con una rica alfombra pero, esta vez, no salió de sus labios ningún insulto ni improperio. La única palabra que pronunció fue: Aixa. Se dirigió a los aposentos de su esposa aunque, quién podría saber en qué lugar de la ciudad palatina estaría en ese momento la valiente sultana.

Sin imaginar que Mulay Hacen la buscaba, Aixa abandonaba la Alhambra. Sola, a caballo. Vestida con un tupido *niqab* que la cubría hasta las rodillas dejando libres los ojos, que ocultaba bajo un velo semitransparente. Nadie imaginaría que esa silueta anodina y completamente tapada que atravesaba la Puerta de la Justicia era la de la sultana, que en su afán por controlarlo todo, también se mezclaba clandestinamente con el pueblo. Tallada sobre la piedra de la imponente puerta de entrada, estaba uno de los símbolos que más la reconfortaban, la mano con la palma extendida que enseña al mundo los cinco mandamientos del islam: unidad de Dios, oración, ayuno, limosna al pobre y peregrinación a la Meca.

–Yo seré la más firme opositora a la reina católica Isabel. Nos enfrentaremos en la lucha por una tierra y una religión. Aixa la honrada e Isabel la Católica marcaremos una época, donde yo seré vencedora. Isabel, tendrás que arrodillarte ante mí y pedir clemencia por los ataques que has infligido a mi pueblo.

Con estos pensamientos ocupando su mente, la sultana descendió hasta la ciudad que hervía de animación y se encaminó hacia la Alcaicería.

–Bella Granada, siempre serás mía. Y tú, Reina Católica, debes saber que lucharé como una fiera por estas tierras que me pertenecen. Triunfaré. Te aplastaré. Granada siempre rezará a Alá.

Diecisiete

–Si Aixa y Abu-I-Hasan-Ali están distanciados, ¿me recordará mi Almuet? –se preguntaba Arlaja–. Quizás todo se deteriora con el tiempo y lo que creíamos indestructible termina. Han pasado diez largos años.

Su carta iba en manos de un mensajero real hacia el corazón del Albaicín para ser entregada a Almuet mientras ella cabalgaba hacia la Vega. La reconfortó el cariño que sentía por su joven cristiana, un amor correspondido y, tan fuerte, que la llevaba hacia ella antes que junto a su marido y sus hijas.

–¿Acaso Isabel no es también mi hija aunque no haya nacido de mí? Claro que lo es –reflexionaba.

Al llegar al Alcázar Genil, la servidumbre acogió a Arlaja con alborozo.

–¡Te creíamos muerta, Arlaja!

–¡Qué alegría volver a verte! ¿Qué ha sido de tu vida tanto tiempo?

–Una larga historia. Me capturaron los cristianos.

–¿Te han torturado, te han encerrado, lo has pasado mal?

–No, me han tratado muy bien... pero deseaba volver a Granada. Lo deseaba con toda mi alma.

–¿Y la cautiva, quién es?

–Una importante aristócrata católica y debéis saber que es como una hija para mí. ¡Respetadla!

–Aún no se ha despertado. Debe estar agotada, ¡pobrecita!

Arlaja se dirigió a la cocina. Aspiró el familiar aroma a especias que tanto había echado de menos durante esos años. El intenso comino, el salvaje coriandro, el potente ajo, el pacífico azafrán… llenó una marmita con agua y la puso al fuego. De una enorme maceta de albahaca arrancó tres ramas, las besó y las echó al agua.

En el patio reinaba la luna llena y era necesario aprovechar su magia. Se acercó a los rosales, que no querían dormir para contemplar la belleza de la luna y les pidió que le entregaran algunos de sus pétalos. Los rojos aceptaron, pero siempre que fueran utilizados para fines amorosos.

Arlaja lo prometió y, con mucho cuidado, arrancó uno a cada rosa roja. Las rosas amarillas también accedieron, siempre que fueran empleadas para ahuyentar la mala suerte. Los blancos dijeron sí, con la condición de que sólo estarían destinados a procurar la salud, espantar el miedo y proporcionar tranquilidad y paz. Y las favoritas de Arlaja, rosadas como el amanecer, siempre tan coquetas, se dejaron arrancar sus pétalos si eran utilizados para embellecer.

Entre promesas a unas y a otras, Arlaja llenó su recipiente de cerámica esmaltada y, lanzando un beso a sus rosales, se marchó con su delicado tesoro.

–Volveré la próxima luna –les advirtió.

–Te esperamos, querida amiga.

De la cocina se escapaba una suave fragancia que recorría toda la casa. Hierbabuena y albahaca, pétalos de rosa, faltaba el pequeño detalle de un pellizco de nuez moscada y tres gotas de limón.

Arlaja disfrutaba preparándolo todo. Ralló la piedra de nuez moscada y partió en dos un limón maduro, amarillo como el sol, lleno de vida.

–¡Qué bien huele! –se decían los criados unos a otros– se nota que ha vuelto Arlaja…

La maga cantaba mientras los ingredientes cocían en su olla.

–Todo lo hace bien –comentaba Zira a Mubda.

–Es una sabia –contestaba Magdalis.

–Ya está listo –dijo Arlaja a su apasionado auditorio–. Ahora, lo echo en una palangana y me lo llevo a la habitación de Isabel. ¡Por favor! Buscadme un paño blanco de algodón.

–¿Es verdad que la cautiva es tan bella como dicen? –preguntó Ibn Umar.

–No he podido verla aún –dijo Umara.

–¿Vestirá con sus ropas de cristiana? –curioseó Azkar.

–Pero, ¿es la última amante del rey? –insistió Umara.

–¿Es cierto que es una protegida de la reina católica y la hija de un noble de Jaén?

–Es hija del señor de Solís y la duquesa de Fontes.

–Yo conocí a la duquesa de Fontes –apuntó la vocecita aguda de Sarah–. Era una mujer muy buena y piadosa.

–Amigos, debéis informadme. ¿Qué cosas han pasado durante mi ausencia? ¡Contádmelo todo!

La servidumbre en pleno estaba reunida alrededor de Arlaja.

–¡Cosas terribles!

–Nuestros monarcas se odian.

–El sultán sólo piensa en divertirse.

–En esta casa vivió una gran pasión, con la joven Adina. ¡Cinco años que lo distanciaron por completo de Aixa!

Los sirvientes explicaron a Arlaja cómo Abu-I-Hasan-Ali iba y volvía de la Alhambra como si la distancia no existiera.

–Se le veía marcharse al amanecer o llegaba de repente en plena noche.

–Adina lo esperaba en la misma alcoba que ahora ocupa la cautiva cristiana.

Le contaron cómo la joven se entregaba a Mulay Hacen, a todos sus caprichos o exigencias, escuchaba sus historias. Desayunaban sin salir de la cama.

El rey prefería zumo de naranja, de pomelo, leche recién ordeñada con miel y dátiles, tortitas de queso fresco, higos muy maduros, uvas, nueces, almendras. Adina siempre bebía zumo de granada y comía un poco de pan blanco mojado en aceite de oliva.

Si el rey de Granada podía quedarse se bañaban juntos. En verano, al aire libre, en un hermoso estanque cercano, que se creaba en la curva del río, rodeados de sauces llorones y eucaliptos. En las noches de mucho calor corrían hasta allí, arrullados por los grillos y las ranas y jugaban a escuchar todos los pájaros nocturnos.

Mulay los imitaba, a cada uno con su tono de voz, con su personalidad. Cierta noche de julio, un enorme búho se posó en el hombro de Mulay Hacen, mirándolos con unos desmesurados ojos amarillos que hicieron gritar a Adina y reír al sultán.

–¿Nunca has tocado un búho? ¡Hunde tu mano en su pecho!

Adina, con precaución, tocó el pelaje del animal, que se dejó acariciar.

–Qué maravilla, mi señor, es de una increíble suavidad.

Cuando paseaban entre los álamos de la perfumada Vega, el rey tenía la sensación de que nunca había amado así, de que su vida comenzó la primera vez que besó a Adina. Su corazón latía, feliz, mientras Adina pedía a Alá que ese amor fuera eterno.

Con su afición por la poesía, Abu-I-Hasan-Ali llamaba a Adina «sol de la mañana, escarcha de nieve, arco iris, pajarito de esperanza»... y Adina, que venía de una vida pobre llena de penalidades, se sentía en el Paraíso.

Aixa quería acabar con Adina por haber sido la primera que, de verdad, había enamorado a su esposo. Y las mujeres del harén, unas desesperaban al sentirse completamente olvidadas y la mayoría experimentaban un gran alivio de que el sultán, por fin, se hubiera enamorado, ya no organizara esas fiestas interminables y ellas pudieran dormir tranquilas y descuidar su aspecto.

El rey ordenó que su comida dejara de cocinarse en recipientes de hierro que, según él, aumentaban su excitación sexual.

–Con ella no lo necesito –nos confesó una tarde que estaba de muy buen humor–. Eso es para cuando voy al harén y allí todas pelean por mí, y para que no se maten tengo que reunir a unas cuantas y hacerlo con todas –explicó Liura.

–Nosotras nos sentimos aliviadas, porque cocinar en hierro es siempre mucho más lento, preferimos el cobre. Y como el rey tiene esos caprichos que hay que cumplir de inmediato... si nos pide un *tajine*, tarda mucho más en olla de hierro y se enoja –añadió Aunam mientras amasaba pan.

–A veces nos hemos visto obligadas a engañarle, diciéndole que tal o cual comida estaba hecha en hierro cuando en realidad era en cobre. Pero sólo porque no nos daba tiempo... nunca con mala intención.

–Menos mal que Adina era mucho menos exigente, siempre pedía huevos fritos en aceite de oliva y habas tiernas.

–Pobre Adina, es imposible no añorarla, no puedes imaginar todo lo que ha pasado aquí en estos años.

–Al final, la reina entregó el cuerpo de Adina a los cuervos, que la devoraron.

–Y él prometió a Aixa odiarla hasta la muerte. Y no sólo eso, juró que la haría sufrir con un amor que no aceptaría jamás. Y que llegaría el día en que la repudiaría.

–Muchas madrugadas escucho a Adina vagar llorando, quejándose, llamando al rey a su lado, su espíritu no se marcha de aquí.

–El rey en persona todavía viene a media noche, sin avisar, desesperado, para dormir en el lado de la cama que ocupaba Adina. La llama, le pide perdón, en sueños grita que la ama, le suplica que vuelva con él aunque sólo sea por un rato...

–Nosotros lo escuchamos todo. Permanecemos junto a la puerta, atentos, tiene crisis de desesperación tan fuertes que nos vemos obligados a entrar, le hacemos beber una infusión tranquilizante, le hablamos... cuando se pone así da miedo. Llora, grita, se tira del cabello, parece no escuchar nada ni a nadie, sólo a sus fantasmas.

–Arlaja, ¿cómo has encontrado tú al rey?

–Muchos dicen que está loco.

Arlaja, seria, mira a los fieles vasallos de Abu-I-Hasan-Ali, uno por uno.

–Tenemos que ayudarlo entre todos –dice con firmeza.

–¿Verdad que no es ni la sombra de lo que era?

–Volverá a serlo –afirmó mientras salía de la habitación con su palangana y el pañuelo de algodón blanco para cuidar de Isabel.

–No es grave, mi pequeña –oigo entre sueños a Arlaja, pero no me responden las fuerzas, me duele la espalda del galope del caballo.

–Duerme toda la noche, mañana empezarás una fascinante y nueva vida.

Abro los ojos ¿dónde estoy? Hay dos lucernas tapadas con celosías de madera. Me entretengo medio adormecida observando el juego que la luz hace entre ellas. Arlaja está a mi lado, como la vez que me curó en Martos, con la misma expresión en la cara. A ella también la han capturado los infieles, es evidente. Me pone un paño húmedo en la cabeza, deliciosamente perfumado.

–Mi pequeña niña –Arlaja coge mi mano y la calienta entre las suyas.

–¿Y padre? –pregunto temerosa.

–Bien, mi pequeña –explica en un susurro.

Arlaja acerca una jarra de cerámica vidriada en verde y blanco, y un vaso.

–Bebe un poco.

–¿Dónde estamos, Arlaja?

El agua está deliciosa, sabe mucho mejor que la de Martos. No me atrevo a repetir la pregunta porque imagino la respuesta.

–Estamos en Granada, ¿verdad?

–No debes preocuparte –me tranquiliza–. Todo va a salir muy bien.

–Quiero ver a mi padre.

–El señor de Solís se ha quedado en Martos, te reunirás con él cuando desees.

No la creo del todo pero tengo miedo de insistir y que me confiese algo fatal.

–¿Quieres mirar por la ventana?

Arlaja me ayuda a levantarme, me asomo, veo un patio interior con un hermoso naranjo en cada esquina y una pequeña fuente en el centro.

–¿Qué hay más allá de la casa?

–Todo está lleno de chopos y huertas, estamos en el corazón de la fértil Vega de Granada.

Me llegan olores a jazmines, trinos de pájaros y una brisa húmeda. Una bandada de golondrinas se pierde en la lejanía, parecen libres pero no lo son, están obligadas a volar y volar siempre huyendo del frío.

–Ni siquiera los pájaros son verdaderamente libres –murmuro.

Vuelvo a la cama. Arlaja, solícita, me acerca una bandeja.

–Debes comer algo. Si no, enfermarás.

Hay sopa calentita en un cuenco de plata. Si Arlaja no estuviera junto a mí me negaría a comer, a beber y a hablar hasta conseguir que me devolvieran a Martos.

–¿Pero qué es esto tan bueno?

–Un caldo que en Granada se da a los enfermos para que recobren las fuerzas, está hecho de trigo, ajo, legumbres y aceite de oliva.

Casi me da pena cuando se acaba, me ha sentado bien ese sabor desconocido. Si Arlaja está conmigo no tengo nada que temer. Me acerca un pote y un vaso.

–Bebe unos sorbitos.

Esta infusión de hierbas de romero y azahar la conozco, Arlaja la ha hecho muchas veces en el castillo de Martos. Incluso padre la bebe y la elogia, pero esta vez sabe más intensamente a flores.

–Tengo sueño, Arla.

–Es el caldo, lo he hecho expresamente así, para que te ayude a descansar.

Me da miedo enfermar. Arlaja vuelve a mojar el paño en esa agua que huele tan bien y me lo pone en la frente.

–¿Hay un surtidor que da esta agua?

Arla se ríe.

–No, mi niña. Esta agua lleva limón, albahaca, pétalos de rosa, pasiflora y melisa. La he preparado para que al aspirar su perfume te calmes, te tranquilices y no sufras.

–Es delicioso el olor…

Poco a poco voy relajándome. Los ojos se me cierran, los cascos del caballo retumban cada vez menos en mi cabeza, todo empieza a estar en calma.

–Te sientes mejor ¿verdad?

–Como siempre, gracias a ti y a tus remedios.

–Mañana estarás perfecta.

Casi me siento culpable de dormirme, como si nada, en vez de permanecer en vela pensando en todo lo que ha ocurrido. La brutal entrada en mi boda, mi secuestro y, sobre todo, mi padre. ¿Y si Arla me dice que está bien sólo para no hacerme daño?

No, confío en ella. De repente me doy cuenta de que no he tenido ni un pensamiento referente al que iba a ser mi esposo. No se me ha ocurrido pensar en él ni por un instante, ¿soy una persona buena o mala? Empiezo a dudarlo… ni un segundo he dedicado a imaginar qué suerte habrá corrido Hernando. Como si no existiera. Trato de justificarme, lo he visto dos veces, en la pedida de mano y mientras avanzaba hacia el altar.

–Arla, ¿quién me ha secuestrado?

–El ejército de Abu-I-Hasan Ali, a quien en tierras cristianas llamais Mulay Hacen.

–¿Por qué?

–Eres importante para ellos.

–Será importante padre, no yo.

–El destino ha querido que seas tú quien esté aquí.

–¿Qué va a ser de mí?

–Nada malo, estoy contigo.

–Qué bonita es esta habitación, como la de una princesa oriental.

–Pues durante algún tiempo será tu estancia.

Dieciocho

Los criados de la Alhambra estaban nerviosos. El rey había mandado buscar a la sultana pero Aixa no aparecía. Lo apremiaba la necesidad de contarle sus planes y decirle que debían unirse, luchar juntos, planear la estrategia perfecta para eliminar a los cristianos. Recuperar Sevilla…

Finalmente, el jefe de las caballerizas confesó:

–Ha salido sola, de incógnito, para recorrer las calles de la ciudad y comprobar, por ella misma, cuáles son los temores, necesidades y críticas del pueblo.

Abu-I-Hasan-Ali montó en cólera.

–Siempre está encerrada y, precisamente hoy, se le ocurre irse.

–No, mi señor, la reina pasea a menudo por Granada, visita la mezquita como una más, reza junto al pueblo y luego vuelve.

–A menudo –repitió Mulay Hacen, ensimismado.

El monarca pidió un caballo y subió a toda velocidad la rampa de la Torre de la Vela, la más alta de la Alhambra. Desde allí trató de vislumbrar a Aixa, pero no se veía a nadie ascendiendo ni descendiendo. Observó la ciudad palpitando bajo su mirada. En los primeros años de su matrimonio, Aixa y él, junto a dos criados de confianza se disfrazaban y bajaban a Granada. Pocos hubieran podido imaginar que aquellas personas sentadas en cualquier plaza o que compraban en el puesto más humilde eran los reyes de la Alhambra. Se enteraban de todo en esas escapadas y en más de una ocasión procuraron alivio a sus súbditos más pobres proporcionándoles lo que necesitaban.

Un mensajero real les llevaba unas monedas, unas medicinas, una carta de recomendación con el sello real... Mulay y Aixa eran felices solucionando los problemas del pueblo y los granadinos los amaban.

–Los reyes de la Alhambra todo lo pueden.

–Alabados sean por siempre.

Abu-I-Hasan-Ali y su esposa no se perdían la fiesta de la seda y la fiesta del papel, que organizaban dos poderosos clanes de mercaderes para celebrar las altas ganancias conseguidas a lo largo del año.

La luna empezaba a ascender y Aixa no regresaba.

–¿Dónde estará? –murmuró acariciando su marlota de seda. Lo embargaba ya la desesperación y el frío. Las estrellas brillaban y desde la Torre de la Vela parecían más cercanas.

–Vosotros, astros, debéis confabularos a mi favor. Yo soy el sultán que todo lo puede –murmuró en una improvisada plegaria.

Pasada la medianoche, Aixa aún no había regresado. Harto y encolerizado, Mulay Hacen se dirigió al harén.

Oigo al imán llamar a la oración. Imán es una de las nuevas palabras que he aprendido. Imagino que Arlaja ha acudido a rezar con los suyos, ¡es el momento de escapar! Me incorporo y siento un leve mareo, pero consigo vencerlo. En un suntuoso arcón de madera taraceado de nácar encuentro ropa limpia. Mi vestido de novia lo han lavado y reparado primorosamente y allí está, testigo mudo de lo que pudo haber sido y no fue.

–¿Qué hago, me lo llevo? Es tan pesado...

Con todo el dolor de mi corazón decido dejarlo allí. Me visto a toda prisa, el imán todavía está llamando, lo hace cinco veces al día. Me gusta ese sonido que viaja por el aire igual que el de nuestras campanas. No tengo ni idea de cuánto puede durar el rezo, pero si es como nuestras misas, me da tiempo de sobra.

Por un momento, tengo miedo de que me hayan encerrado. Corro precipitadamente a la puerta, ¡está abierta! Salgo sin problemas.

Las paredes decoradas con mosaico de colores y los techos esculpidos de una manera bellísima y complicada que no sé explicar, pero que parece encaje, me fascinan.

Tapices, faroles, sedas, velas y velones, no adivino cuál será la salida, todo está desierto. Elijo al azar, rezando para que Dios me ayude y llego a la cocina. Los pucheros hierven, humeantes, huele intensamente a especias y hierbas. Me detengo a coger manzanas rojas de un frutero, las guardo en el bolsillo, por si me da hambre. Cuando tengo hambre no puedo ni pensar.

De la cocina parten tres pasillos estrechos.

–¡Dios mío! ¿Qué hago ahora?

Elijo el de la izquierda, el lugar del corazón, pero empiezan a fallarme las fuerzas. Oigo risas y pasos, me escondo tras una panzuda tinaja de aceite y me quedo quieta. Pasan tres mujeres jóvenes hablando sin cesar, no reparan en mí. Salgo de la cocina, veo unas escaleras que deben dirigirse a un sótano y las bajo, con el corazón a punto de escapar de mi pecho.

Rústicas vasijas llenas de aceitunas, harina, trigo, cuelgan del techo. También dos corderos. Se nota que es una mansión rica, en la cocina hay mucha más comida que en mi castillo de Martos.

Crece el ruido de los pasos y también el murmullo de las conversaciones.

Arlaja debe estar buscándome como loca. Subo de nuevo las escaleras, recorro el pasillo y, de repente, aparece ante mí el más bello jardín que puedo imaginar. En el centro, un cristalino estanque rectangular parecido al de la pintura de Arlaja, regala su frescor y belleza.

–¿Estoy en la Alhambra? –me pregunto.

En el jardín hay gente y yo estoy allí, paralizada, sin saber qué hacer. Me han descubierto pero nadie se extraña de mi presencia. Simplemente, me miran continuando con sus tareas.

Un grupo de hombres construyen una especie de barcos de madera. Uno de ellos se me acerca, su aspecto es exquisito. ¿Será el rey de la Alhambra? Viste de color granate y su manto es blanco con bordados azules y negros. Debe ser el rey, seguro. ¡El rey del que hablaban las cartas que tantas veces he leído, el sultán Mulay Hacen que descuida el gobierno para dedicarse al placer!

–Señora, su presencia en este hermoso jardín es mejor que la más suave de las lluvias y la más perfumada de las brisas, sólo las rosas y las estrellas se le pueden comparar en hermosura.

–¿Eres el sultán? –pregunto.

Una carcajada ilumina su rostro amable, cálido y risueño. Cuenta la anécdota a los demás en su lengua, todos ríen.

–Niña, sólo soy el jardinero, cuido de las huertas y fincas. También escribo versos. ¿Me permitirás que te los lea?

–¿Estoy en la Alhambra?

De nuevo ríen, el jardinero niega con la cabeza.

–Es una hermosa casa pero no es la Alhambra.

No tengo escapatoria y el mundo al que he llegado me fascina por mucho que quiera evitarlo. Trato de añorar mi castillo, pero no lo consigo. ¡Estoy llena de curiosidad! El jardinero se ofrece para enseñarme el estanque, adornado de flores flotantes.

–Nenúfares –dice con la dulzura de una mujer.

Pequeños peces de todos los colores nadan alegres, saltan, se persiguen. El jardinero, que se presenta como Taher, abre un recipiente de arcilla, mete las manos dentro y las saca haciendo un cuenco.

–Acaba de llegar, ¿quieres echarlo al estanque?

El pececillo es dorado y se agita, tiene miedo. Taher vierte en mis manos el agua y el pez.

–Apresúrate, échalo junto a sus hermanos, que no sufra.

Lo dejo escapar y salta feliz a la alberca, miro a los hombres que trabajan en los barcos en miniatura.

–Esta noche tendremos fiesta. Haremos una batalla naval.

Me quedo callada, se me pasa por la cabeza decirle que lo único que deseo es volver a Martos, pero las palabras no salen de mi boca. Me intriga este lugar, me intriga la idea de que la Alhambra pueda ser aún más bella y suntuosa y el rey más elegante que este jardinero, que a veces habla como una mujer. A lo lejos, oigo cantos que me recuerdan a los de Arlaja al despertarme.

–Nos gusta entonar rezos, plegarias y canciones de amor mientras cuidamos el jardín, así las plantas y los árboles reciben nuestra alegría y crecen más bellos, es una técnica ancestral.

–¡Por fin te encuentro!

Arlaja no parece enfadada de que haya salido sin permiso.

–¿Sabes, Arla? creía que estaba en la Alhambra. Pero ya me han explicado que no…

–La Alhambra está a un buen rato a caballo. Esta noche hay una fiesta para ti, debes saber que todos aquí deseamos tu felicidad.

–Pero yo quiero ver a mi padre. ¿Asistirá?

–Lo verás cuando llegue el momento. Ahora, vas a comer un poco. Luego, a descansar.

Aixa regresó al amanecer. Mulay la observó, arrogante y erguida, subir con su caballo negro. Sintió una oleada de algo que oscilaba entre los celos y la rabia y fue a su encuentro. Sobre sus cabezas, tallada en piedra, la mano con la palma extendida que recuerda los cinco mandamientos del Islam.

–Veo que has pasado la noche en Granada.

–¿Desde cuándo te importa dónde la paso? Llevas años sin visitarme después de la caída del sol.

–¿Qué has hecho tanto tiempo fuera? –Abu-l-Hasan-Ali se acercó y le olió el pelo–. Tienes un amante.

–No voy a darte explicaciones. Me has humillado ante los ojos de todos, cada noche me haces sufrir, con tus asquerosos juegos amorosos bajo mi ventana. ¿Por qué no te vas al harén? ¿Tienes que exhibirte así? Eres cruel, irresponsable, lujurioso. ¡Se me han terminado las palabras para describirte!

–No he venido a hablar de amor ni de pasión. He venido a buscarte porque tenemos que unirnos para luchar juntos.

Aixa lo miraba, asombrada y seria.

–¿Lo que dices es cierto o es otra de tus artimañas para hacerme sufrir y desconcentrarme de mis tareas?

–Tan cierto como que los cristianos nos pisan los talones.

–La ciudad está inquieta, la gente tiene miedo. He estado en la mezquita, rccuerda que hoy es viernes. El pueblo empieza a aborrecerte y, lo que más me avergüenza, te critican. El imán te ha censurado, hemos rezado para que vuelvas a la vida de rectitud y justicia de antes. Todos te admiraban, Abu-I-Hasan Ali. Ahora, nadie.

El rey tragó saliva. Sólo Aixa osaba dirigirse a él con ese tono tan firme.

–Juntos conseguiremos un reino en paz, reconquistaremos lo que nos han quitado. Aixa, podemos empezar ahora mismo, no es tarde.

Parecía sincero. ¿Y si quisiera volver también a su cama? Tanto tiempo sola, sin amor, y ahora de repente se regodeaba con la idea de que pensara que tenía un amante que la hacía sentirse hermosa y deseada. Su marido quería volver a unirse, después de tanto tiempo, a su gran batalla: la lucha contra los infieles. Quizás Alá había escuchado, por fin, sus plegarias.

–¿De acuerdo, Aixa?, no podemos continuar viviendo en un cesto rodeado de serpientes. Nuestro cesto debe convertirse en una gran canasta que abarque toda la península. Esta vez tenemos que llegar incluso a lo que nunca conseguimos, Asturias.

–Sobre todo hay que aprovechar las debilidades de Castilla, sus problemas con Portugal, las tensiones con Francia, es un buen momento para hacernos fuertes.

–No quiero respetar las treguas, hay que continuar asaltando castillos fronterizos. La escaramuza de Martos ha sido todo un éxito. Tenemos a una cautiva cristiana que nos puede ser de gran valor, al parecer, una protegida de la reina Isabel.

Aixa empezó a confiar en su marido. Siempre había sido un emir guerrero, lo que ocurría es que el amor y el placer lo desconcentraban. La pérdida de Adina fue un enorme golpe. Pero, ¿por qué no?, perfectamente podía volver a ser el que fue, ya habían pasado bastantes meses de la muerte de la concubina. Se supone que debía empezar a olvidar, que el tiempo sabe curar las heridas.

–Voy a bañarme y, después, te espero en mis aposentos. Allí tengo mapas y mis planos, que nos serán muy útiles. Por el momento hay que preocuparse de lo cercano, como tú dices. Estamos asediados, muchas gentes de al-Andalus se están convirtiendo a la religión de los infieles. Se marchan al otro bando porque intuyen que serán los vencedores, y se convierten sin más al cristianismo. Otros, no sólo se están convirtiendo sino que tienen a cristianas como sus amantes. Conciben hijos con ellas. «Moro me lo llevé, bautizado te lo traigo», es una de las coplillas que los castellanos cantan. Algunos de nuestros hermanos, ante el avance cristiano, marchan a Fez y a Marraquech. No sueñes con Covadonga, sé realista, empecemos por lo cercano. Te espero en mis aposentos.

–Allí estaré, Aixa, con todos mis sentidos bien despiertos.

El rey de Granada sintió una reconfortante sensación. Ya era hora de olvidar el pasado y ponerse a pensar en el presente y en el futuro, de encarar sus responsabilidades. Estaba deseando encontrar un buen motivo para hacer estallar una situación límite entre castellanos y granadinos. El patio con la fuente de los Leones le pareció más armonioso y bello que nunca, las enigmáticas figuras de piedra le sonreían, como aprobando su decisión. Paseó entre los arcos, atravesó los tres pórticos decorados con rombos calados, deleitó su vista en las finas columnas y llegó a la Sala de los Reyes para honrar, uno por uno, a todos los sultanes de la dinastía nazarí allí representados. Se dirigió al Mexuar. «Todo lo que tenéis procede de Dios», rezaba la inscripción sobre una de las cenefas de yeso. Atendería peticiones hasta la hora acordada para ver a Aixa.

Abu-I-Hasan Ali se tomó muy en serio las palabras inscritas sobre el dintel de la puerta. «Entra y pide. No temas buscar justicia que hallarla has».

Estaba dispuesto a cumplir sus obligaciones como correspondía hacerlo al esposo de Aixa *la justa*, Aixa *la honrada*.

El recuerdo de Adina lo sobresaltó. Era un recuerdo que iba y venía, que parecía marcharse pero, de repente, volvía con toda su intensidad. Un sentimiento que vivía con él, igual que vivían con él sus brazos, sus manos, su estómago.

Pobre chica, muerta por un estúpido desliz y devorada por los cuervos. Sintió el amor puro de la joven como si no hubiera pasado el tiempo. Recordó su piel de seda, su voz dulce, su inseguridad de los primeros momentos. Aún la amaba, era difícil olvidarla, quizás imposible. Si al menos estuviera enterrada en la Rauda Real podría ir a visitarla, colocar mirto, arrayán y acanto junto a su tumba, plantar rosales que le hicieran compañía. Cuando pensaba que el cuerpo de Adina estaba en el asqueroso estómago de las aves carroñeras que la devoraron sin piedad... Sus bellos ojos, sus delicados dedos, esos dientes que tantas veces lo habían mordido, esos labios que millones de veces lo besaron. Su linda cintura.

Algo parecido a la locura lo estaba embargando, una vez más.

–Debo pensar en otra cosa –se dijo a sí mismo.

Miró hacia el techo de la sala, dio una palmada y apareció su criado.

–¿Alguien solicita verme en el tiempo de audiencia?

–Un carpintero tiene un problema que os desea comentar.

–Que pase.

–Mi señor, además de mi carpintería regento un negocio de antigüedades. Me han ofrecido venderme unos objetos procedentes de saqueos cristianos, ¿creéis que debo aceptarlos o que mi alma se manchará?

Abu-I-Hasan-Ali sonrió, demostrando benevolencia.

–¿Es bueno para tu economía venderlos en tu negocio de anticuario?

–Sí, mi señor, los impuestos son altos y con la carpintería no tengo para alimentar a mis seis hijas: Nadima, Afaf, Basma, Bashira, Manaar, Rafiya. Y a mi esposa Shamaamah. Todas al servicio de Vuestra Majestad.

–Pues véndelos sin preocuparte.

–Mi señor, ¿creéis... creéis?

–Decid sin miedo.

–¿Que los impuestos continuarán subiendo?

Un ramalazo de ira sacudió al príncipe de los creyentes. ¿Pero cómo se atrevía a preguntar algo así?

–Mi señor, nos asfixiamos… –se atrevió a confesar el carpintero–. Vengo en representación de todos los artesanos de la ciudad. Ninguno se atrevía a exponeros esta cuestión, finalmente, lo echamos a suertes y me tocó a mí.

–Bajad a Granada y decid al pueblo que Abu-I-Hasan Ali en persona te ha asegurado que pronto, muy pronto, conseguiremos expulsar a los cristianos, los impuestos bajarán y viviremos, por fin, con la tranquilidad económica que tanto anhelamos.

–Gracias, mi señor, Alá sea contigo.

El criado anunció la siguiente audiencia.

–Mi señor, un morabito quiere hablar con vos.

–Que pase sin miedo.

La túnica del anacoreta estaba llena de remiendos pero limpia y perfumada. Era alto y delgado como un junco. Su serenidad provocaba admiración y respeto. El morabito sacó un pequeño paquete de su bolso de piel y apareció una perla blanca en forma de lágrima.

–Pero, ¿qué es esto? Te ordeno que me lo expliques.

–Cada noche, al atardecer, esta perla se forma sobre la roca que hay a la entrada de la cueva donde vivo, a la salida de la ciudad. Con los primeros rayos del sol desaparece. Ocurre así desde hace cinco meses pero hoy, por fin, he conseguido atraparla antes de que se esfumara y traerla a vuestra presencia.

–¡Brujerías, brujerías y más brujerías! ¿Qué significa esta absurda historia?–. Después de la conversación con Aixa había decidido no estar tan pendiente de horóscopos ni supersticiones.

–Quiere decir que si no volvéis pronto al camino recto, toda Granada llorará amargas lágrimas de dolor. Así lo he soñado y así os lo comunico.

–¿Acaso no me ves atendiendo a mi pueblo, sentado aquí para que cada uno me contéis vuestros problemas? Has venido a la Alhambra y me has encontrado. Es tu obligación venir y mi deber recibirte.

–Llevo más de un mes acudiendo a diario, descalzo desde allí donde habito, para contaros este extraño episodio, pero nunca estáis.

–A partir de hoy sí estaré. Dame la perla, morabito, para que la estudien mis asesores, y márchate tranquilo que el sultán de Granada conoce de sobra sus obligaciones. Y si no te mando azotar por tu impertinencia es porque eres un hombre santo.

El morabito se marchó con la mirada baja y Abu-I-Hasan-Ali volvió a dar una palmada.

–Mi señor, aquí está Arlaja.

La fiel Arlaja se arrodilló.

–Basta ya de reverencias, dime cómo va todo.

–Mi señor, Isabel se ha levantado hoy y creía que estaba en la Alhambra y que vuestro jardinero erais vos.

Una estruendosa carcajada estalló dentro del pecho del monarca y subió hasta la bóveda haciendo bailar a las estrellas. Dos gorriones que se arrullaban entre los mocárabes, asustados, emprendieron el vuelo.

–Eso suena, realmente, encantador, ¡confundirme a mí con ese afeminado!

Arlaja sonrió.

–Es tan niña mi pequeña, debe ser el primero que conoce en su vida... esta noche asistirá a unos juegos navales en el estanque. Estaban previstos desde hacía tiempo, pero le hemos dicho que son en su honor, para que se sienta agasajada y piense que es una invitada, más que una cautiva. Quizás podríais asistir, así la conoceríais.

–Ya veremos, Arlaja, no sé si esta noche me será posible acudir. Te lo haré saber o me presentaré sin avisar. Ese palacete me trae, al mismo tiempo, maravillosos y terribles recuerdos.

–Mi señor… –Arlaja casi no se atrevía a preguntar.

–Dime, fiel Arlaja.

–¿Hay respuesta a mi carta?

Mulay Hacen dio una palmada y apareció el criado con un pliego en las manos.

–Ahí tienes tu respuesta, espero que sean buenas noticias, puedes beber infusión de azahar, coger pastas de almendra de esta bandeja y leer con tranquilidad.

Arlaja se sirvió del pote humeante, tenía la garganta completamente seca. Le gustaba escuchar el repiqueteo del líquido sobre el cristal, por eso lo echaba subiendo y bajando el brazo, deleitándose con su sonido al estrellarse contra el recipiente. El corazón le latía tanto que apenas podía sujetar el vaso. Abrió la misiva y reconoció la letra poco formada de Almuet.

> Mi querida Arlaja, joya de mi corazón, que estés de vuelta es una gran alegría y un regalo del cielo. Estamos bien, con ganas de verte. Las niñas son ya mujercitas tan bellas como tú. Cansado de esperar volví a casarme. Han pasado diez largos años, me sentía solo. Pero si aceptas, podemos vivir todos juntos, ven a vernos cuanto antes. Tráenos a la cautiva, la trataremos con cariño y, sobre todo, ven a visitarnos.

Los ojos de Arlaja se llenaron de lágrimas. Lo que se temía, Almuet había vuelto a casarse. Era lógico, sí. Ella, desesperada por la soledad y con la certeza de no volver a encontrarse con su marido, también había compartido cama en Jaén con don Pedro.

Noches excitantes que le daban placer y cierto consuelo. La ciudad sabía que don Pedro dormía con una mora y todos callaban, porque don Pedro era uno de los hombres más importantes para la reina Isabel. Gran estratega, valiente, luchador.

Cuando se despidió de su casa para marchar con el alcaide de la villa de Martos y salvar a su hija, esa noche antes de la partida, don Pedro la atrajo hacia él. Dulcemente la besó, deshizo la trenza de su pelo y metió sus dedos entre los cabellos perfumados. Durmieron abrazados, en la quietud de la casa. A la mañana siguiente, al despertar, don Pedro recibió un mensaje. Su esposa Magdalena volvía para vivir con él. Horas más tarde, Arlaja se marchaba con el alcaide de Martos. La nueva aventura de su vida era sanar a una huérfana. Muchas veces recordó a don Pedro pero, quien cada día permanecía en su mente, sin marcharse jamás, era su marido Almuet.

–¿Se ha vuelto a casar? –el rey parecía preocupado por la felicidad de Arlaja.

–Sí, pero aun así desea verme, sugiere que vivamos juntos.

–Arlaja, voy a proponerte algo. Por tu gran sabiduría quiero que formes parte de mi consejo, tu experiencia con los cristianos nos puede ser de gran ayuda, también tu inteligencia y sentido común. Puedes vivir en la Alhambra si no es de tu agrado volver con tu marido.

–Mi señor, ¡qué gran honor serviros!

–Por cierto, quiero hablarte de… –Abu-I-Hasan-Ali miró hacia el lugar de la alfombra donde había puesto la perla en forma de lágrima, pero sólo vio una especie de mancha húmeda, que se evaporaba.

–No, no es nada, piensa en mi propuesta.

Arlaja se quedó llorando mientras el sultán abandonaba la estancia. ¿Cómo sería la nueva esposa de su marido? Sin duda, más joven. ¿Cómo competir con su belleza y lozanía? Por mucho que Almuet tratara de convencerla ella sabía que, por la noche, se iría a dormir con la otra. ¿Podría soportar ese dolor, después de tantos años separados? ¿Tendrán hijos? Seguro que sí, pero no había hablado de ellos en su carta por no hacerle más daño.

Era mejor que todo quedara así, tal y como estaba. Claro que iría a verlos en cuanto pudiera… pero no viviría nunca más con Almuet, nunca más jugaría con sus rizos, que ya se habrían vuelto casi blancos, ni besaría sus labios después de untarlos con miel de caña, para que el beso fuera más dulce y tentador.

Lágrimas ardientes resbalaban por sus mejillas. Después de tanto tiempo, seguro que Almuet ya no la encontraría atractiva.

Más que una amante le parecería una madre, una tía, una hermana mayor, una amiga. Almuet era algo más joven que ella, demasiada diferencia de edad, demasiado tiempo separados... y todo por culpa de los cristianos.

En uno de sus bolsillos, Arlaja guardaba las joyas de Isabel que Abdel le había entregado mientras esperaba que el rey la recibiera, para devolverlas a la cristiana.

Allí estaba la cruz que le regaló la reina Isabel. No pudo reprimir su odio por los castellanos y escupió con todas sus fuerzas sobre el símbolo sagrado. La saliva manchó los extremos de los brazos. Tan pronto como lo hizo, se arrepintió.

–Todos son el mismo Dios, pensó de repente. Luchamos en su nombre pero, en realidad, luchamos para satisfacer nuestra ambición, para saquear castillos, ocupar tierras, hacernos con poder y riquezas... tanto en un bando como en el otro. Decimos que es una guerra de fe pero no, la ambición está aquí por encima de la fe. Todos somos iguales.

Limpió la cruz con un pañuelo. Una premonición más. Brillaba bajo el sol con una fuerza que la cegaba y la guardó para dársela a Isabel nada más volver a la Vega.

Mordió una pasta de almendra para coger fuerzas y endulzar su alma herida con los sabores tan característicos de su tierra granadina. Era hora de marcharse, de recuperarse, de continuar con las nuevas oportunidades que la vida le ofrecía. A ella, una mujer, el rey de Granada le había ofrecido formar parte de su consejo. ¿Qué pensaría Almuet, se sentiría tan orgulloso como para dejar a la nueva esposa y vivir con toda una consejera de Estado? No, no sería razón suficientemente fuerte y ella no quería compartir a su marido, prefería la soledad. Encontrarse con él de vez en cuando y contarse cómo iban sus vidas, pero nada más. La idea de vivir en la Alhambra la tentaba. Ya no era la Arlaja apasionada de los veinte años, ahora le importaba más la supervivencia del reino de Granada que su propia historia de amor con Almuet. A fin de cuentas, ya había conocido lo más hermoso del amor, había tenido dos preciosas hijas con su marido, dos jóvenes que habían heredado lo mejor de ambos. Los bucles de Almuet y los ojos de Arlaja, el tono de voz de Almuet y la forma de explicarse, clara y directa de Arlaja. La piel fina de Almuet y el cuello estilizado de Arlaja. La gracia del padre y la sofisticación de la madre. «Tú eres como el cielo y yo soy firme como la tierra», le decía siempre a su soñador marido.

Ahora se sentía una pieza fundamental en el rompecabezas en que se había convertido el reino de Granada. Era consciente de que podía aportar mucho. En casa de don Pedro había aprendido de la guerra y en el puesto fronterizo de Martos tenía contactos que podrían ser de gran ayuda.

–Mi señor –confesó al rey–. Tuve que hacer como que era cristiana, asistir a sus misas y celebraciones religiosas.

Abu-I-Hasan-Ali no le dio importancia.

–Arlaja, sabes que está bien visto siempre que no haya más remedio y para sacar provecho de la situación y tú lo has sacado.

Tenía ganas de encontrarse con su pequeña Isabel y contarle que iba a pertenecer al consejo del sultán.

¿Qué sentirá mi niña cuando vea la Alhambra, cuándo sepa que puede vivir aquí conmigo, en estos palacios alegres? Adivinaba que un destino muy especial esperaba a la joven, por eso había puesto todo de su parte para que se produjera la cabalgada hacia la villa de Martos. Ella había colaborado. Los criados del castillo estarían ahora maldiciéndola, acusándola de ser la espía causante de todo, una bruja mora inquietante y traidora, una maldición más de las que había traído el castillo de Martos.

–Lo he hecho por el bien de al-Andalus, de mi niña Isabel y para honrar a Alá y engrandecer su reino y su poder. No me arrepiento.

La muerte del alcaide de Martos, dadas las circunstancias, era lo mejor que podía haberle ocurrido a ese gran señor. Separado de su hija Isabel habría caído en una profunda depresión que, igualmente, se lo hubiese llevado en muy pocos meses, pero con grandes sufrimientos. Si lo hubieran traído a Granada, el disgusto por encontrarse prisionero lo habría martirizado sobremanera.

El alcaide de Martos descansaba en paz, era lo mejor. Su cuerpo lo habían recogido los soldados y, según una antigua costumbre, ella misma lo envolvió en un lujoso sudario de seda. Era su manera de rendirle respeto y decir adiós a un hombre ejemplar, querido de todos, incluso de sus propios enemigos. Por un momento pensó en embalsamar su cabeza o un trozo de su cuerpo, como se hacía con los santos, pero finalmente se limitó a enterrarlo, junto a su esposa, echando pétalos de flores frescas y nardos, sobre sus tumbas.

Arlaja bajó galopando hacia la Puerta de la Justicia. Un sol radiante la golpeó al salir. Isabel la esperaba en la escondida y lujosa alquería de la Vega rodeada de flores, trinos de pájaros y agua generosa que alimentaba los campos.

DIECINUEVE

Todo está preparado para la gran noche de fiesta. Me siento bien, me tratan con respeto y simpatía, se nota que alguien ha ordenado que lo hagan así porque, a fin de cuentas, aunque yo sea hija del alcaide de Martos y la duquesa de Fontes, no dejo de ser una prisionera. Si quisiera salir, no podría… me consta que la única manera de marcharme sería escapar, y eso me recuerda que soy una cautiva. Mejor conformarme con lo que hay que complicarme la vida, al menos, por el momento.

Sorteando con disimulo a la atareada servidumbre, que se afana en limpiar y preparar guisos, entre otras tareas, consigo asomarme por una de las tapias. La casa está perfectamente custodiada por el gigantón que me trajo a caballo, negro y alto, como una torre inexpugnable. No se altera ni cuando le pican los mosquitos, que aquí son terribles. Más allá se mecen los hermosos chopos. Decido volver al jardín a hablar con mi amigo jardinero, es con quien mejor me entiendo.

–Esto es arrayán.

Taher coge mi mano y la pasa suavemente sobre la planta. Está tan arreglado y elegante como siempre, incluso se ha maquillado los ojos.

–Te encantará, este olor es magnífico.

Acerco la palma de mi mano a mi nariz.

–El arrayán es fundamental en nuestros jardines, aleja los malos espíritus y atrae la buena suerte.

–En mi castillo de Martos no habría venido nada mal poner arrayán –digo acordándome de la leyenda de los hermanos Carvajal–. Todo el mundo dice que el castillo está maldito. Y es cierto. Murió mi madre, ahora me han secuestrado... ¡Sólo pasan cosas terribles!

–No te preocupes por nada, en cuanto vuelvas a Martos, te llevarás una buena maceta de arrayán para que la plantes en tu castillo.

–A mi padre le encantará.

–Y a todo el mundo, ya verás. El arrayán es muy especial.

–Pero, ¿y si me dicen que es una planta de infieles y que la saque de ahí?

–¿No es tu padre el señor de ese castillo y tú la señora? Puedes poner todas las plantas que te apetezca sin dar cuentas a nadie.

–Es verdad.

–Te voy a enseñar un árbol increíble. Se llama macasar.

Nos dirigimos a otra zona del jardín, llena de arbustos.

–Es muy curioso. En pleno invierno da unas flores que huelen... mmmmm.... ya verás cuando llegue el invierno.

–Pero, ¡yo quiero pasar el invierno junto a mi padre en Martos!

Arlaja entra al jardín con una expresión triste.

–Isabel, mi pequeña.

–¿Qué te pasa, Arlajita?– le digo abrazándola. –Me han dicho que has estado en la Alhambra ¡No me has llevado, te has ido sin mí!

–Ven a este rincón que hay más sombra y te cuento todo.

–¿Qué te ocurre? Pareces agotada.

–Mi Almuet se ha vuelto a casar, dice derrumbándose en un asiento de mármol que hay bajo los naranjos.

Es la primera vez que la veo llorar. La abrazo y la beso sintiendo perfectamente lo fuerte que es el vínculo que nos une. La quiero por encima de si es mora, de si es cristiana, de si reza a Dios o a Alá.

–Por nuestra culpa, Arlaja, por culpa de los cristianos.

Las lágrimas caen por sus mejillas. Es como si al volver a Granada hubiera perdido esa dureza de la que siempre hacía gala en Martos. Ahora que está en su mundo, aparece la verdadera Arlaja, sentimental y capaz de llorar en público por amor.

–Estamos iguales, ¿te sirve de consuelo? A mí también me habéis separado vosotros del que iba a ser mi marido y de mi amado padre y me habéis traído a una tierra extraña, donde no sé qué va a ser de mí. Al menos, permanecemos juntas.

–Y eso es una gran suerte –dice Arlaja dándome la mano–. Tú tienes toda la vida por delante, y te esperan grandes cosas. También hay una buena noticia...

Arlaja entorna los ojos, sus arrugas parecen más profundas.

–El rey quiere que pertenezca a su consejo, puedo vivir en la Alhambra y tú, vivirás conmigo.

Abu-I-Hasan-Ali estudiaba mapas y esquemas junto a Aixa. No habían discutido aún, tampoco sacaron el tema de Adina a relucir, ambos estaban extrañados de tanta complicidad durante el largo rato que llevaban juntos.

–Tenemos que combatir la anarquía con la que acometemos la lucha y organizarlo todo mejor. Los castellanos son muy metódicos y sus técnicas más avanzadas. Nuestros muros están hechos para guerras de lanza y escudo, pero no para esa moderna artillería. No podemos permitirnos ningún desorden político interno, nuestros hermanos no van a acudir en nuestra ayuda. Ni los mamelucos de Egipto ni los otomanos de Turquía, les quedamos demasiado lejos. La dinastía meriní de Fez está en plena descomposición y sólo puede preocuparse de defenderse de las conquistas portuguesas que comenzaron con la toma de Ceuta en 1415. Las parias a las que tenemos que hacer frente son demasiado elevadas: 13.000 doblas anuales. ¿Conocías estos datos?

–Sabes que, últimamente, me he desligado de los problemas del gobierno, es como si el hechizo de la Alhambra me hiciera olvidar todo. Aunque no algunas cosas…

El nombre de Adina planeó en el aire y el corazón de Aixa se aceleró. Podía adivinar lo que sucedería. Su marido empezaría a hablar de esa mujer a la que tanto amó, el monólogo se transformaría en discusión y acabarían enzarzados en la pelea de siempre. Afortunadamente, el sultán suspiró y continuó centrado en temas de Estado.

–Estoy dispuesto a continuar con mi política de recuperación del patrimonio dinástico. En el pasado he conseguido grandes logros y continuaré obteniéndolos.

–No podemos olvidarnos de otro aspecto –Aixa lo tenía todo controlado y habló con firmeza– Almería continúa bajo el mando de Ibn Salim. Gobierna de forma autónoma y apenas nos informa de sus pasos, quiere hacer las cosas a su manera. Debemos ir a Almería, convencerlo de que hay que permanecer unidos o bien acabar con él, destituirlo de su puesto.

Abu-I-Hasan Ali asintió, la sultana hablaba con la determinación de un verdadero estratega curtido en mil batallas.

–No se acaban ahí nuestros problemas. Nos obligan ahora a liberar a quinientos cautivos cristianos, poner en libertad a tanta gente significa quedarnos sin prisioneros que nos son muy útiles. No podemos permitirnos disminuir el número de personas que hacen zanjas en los campos para evitar las talas de los cristianos. Con toda su artillería y su moderno ejército es casi la única manera de defendernos de ellos. Cuando los castellanos pisan las zanjas, caen dentro con sus caballos y es el momento de atacarlos. Sólo contamos con el ingenio para combatir sus mortíferas armas.

El panorama pintaba desolador, el cansancio empezaba a hacer mella en Aixa, y el desaliento en Abu-I-Hasan-Ali.

–Estamos casi rodeados, esa es la realidad.

–Alá nos iluminará, mañana lo veremos todo más claro –dijo la sultana.

Mulay Hacen la miró pero no la reconocía como su esposa, a pesar de los tres hijos que tenía con ella. De alguna manera, el recuerdo de la amante muerta siempre sería un obstáculo.

Aixa, junto a la mesa, vestía como un soldado. Nada de joyas, maquillaje o perfume. Tan sobria como si habitara en una rábida.

En la lejanía se escuchó la voz que anunciaba la apertura de las acequias y el comienzo del riego de los cultivos. Aixa percibió el desencanto del sultán, su desinterés por ella y zanjó la situación fríamente.

–Buenas noches, necesito descansar. Mañana, si lo deseas, te hablaré de varios cristianos que luchan, sobre todo, para robarnos ganado, hacer cautivos y tomar nuestras fortalezas fronterizas. Rodrigo Ponce de León, conde de Arcos y marqués de Cádiz es uno de los más problemáticos. También Alfonso Fernández de Córdova, señor de Aguilar, y Miguel Lucas de Iranzo, gobernador real de Jaén, ya casi un anciano pero con espectaculares dotes para la guerra.

–Arlaja puede darnos información sobre el gobernador de Jaén.

–Desde luego, pero mañana continuamos, me alegra tu cambio de actitud. Es necesario que te centres en tus obligaciones.

En esta primera conversación desde hacía años, Aixa no quiso abordar el espinoso tema del harén y de lo mucho que costaba mantenerlo, temerosa de despertar la cólera de su marido. «Lo haré más adelante, aunque quiero acabar ya con esta situación», se dijo a sí misma. Aixa vio un rayito de esperanza.

–Todo sea por el reino de Granada –dijo mirando fijamente a Mulay. Aunque el protocolo no lo permitía, clavó sus ojos negros en los de su marido, tratando de indagar en el fondo de su alma.

–¿No tienes vino con el que brindar por nuestro reino y los nuevos proyectos? –dijo el sultán.

–¡Todos bebéis vino aunque nuestra religión nos lo prohíbe!

–Pero el reino está lleno de deliciosas vides que son un regalo del cielo, Fátima, no deberías ser tan estricta. Sería una ofensa no beber vino tan dulce como el de Málaga.

–En mis aposentos el vino tiene su entrada prohibida.

Una oleada de enfado la sacudió, a pesar de que su marido la había llamado Fátima, como en los viejos y cordiales tiempos.

–Jamás mis labios probarán el vino. Que Alá te guíe.

El rey salió de aquella habitación donde la única señal de femineidad era un cepillo para el pelo tallado con motivos de flores.

Por ese día, ya había cumplido con sus tareas de gobierno, ahora le apetecía cumplir con sus tareas de hombre y, por supuesto, beber su vino favorito en su copa de cristal rosado. Sabía que Aixa ya estaba en su habitación, por tanto, no tuvo que mandar por delante a un criado que lo avisara de sus movimientos, como hacía otras noches. Si lo encontraba camino del harén, su esposa le dirigía una mirada aviesa, acusadora, que le hacía hervir la sangre. ¿Cambiaría a partir de ahora, conseguirían colaborar juntos?

El perfume. Sí, era delicioso lo bien que olía el harén. Descorrió las cortinas rosas y doradas y allí estaban ellas.

–¿Quién es la nueva? –preguntó.

Apareció una joven de piel oscura y ojos rasgados, cubierta con una seda rosada casi transparente, al rey le gustaba especialmente ese color. En sus muñecas tintineaban pulseras de cristales.

–Baila para nosotros –pidió Abu-I-Hasan-Ali.

La joven comenzó a moverse al ritmo de la música, los criados trajeron bandejas llenas de merengues, cerezas, brevas y sorbetes de frutas rodeados de hielo, otra de las pasiones del sultán.

El rey comenzó a comer mientras miraba a la nueva odalisca.

–¿De dónde eres?

–De Sevilla, mi señor.

–¿Y allí a quien servías?

–A Ibn Akam.

–¿Fue bueno contigo?

–No, mi señor, fue cruel y despiadado.

–No debes temer, yo no te haré nada malo.

–Gracias, mi señor.

–¿Crees que esa es la respuesta adecuada?

–No lo sé, mi señor.

–Más bien deberías haber dicho «seré feliz de cumplir vuestros deseos».

–Seré feliz de cumplir vuestros deseos, mi señor.

–Bueno, bueno, bueno, baila para nosotros y cállate.

Nadie sabía lo que estaba pasando por la cabeza del sultán. La chica bailaba muy bien y el rey de la Alhambra empezó a relajarse. Pidió vino.

–Ven, quiero que pruebes esto.

La joven se acercó, sensualmente. En su imaginación albergaba la fantasía de convertirse en la favorita, en la nueva Adina, de la que ya le habían hablado, pero con mejor final, sin terminar devorada por los cuervos. Bebió el vino y bailó mejor aún, con más descaro, imaginando que el sultán la cargaría de joyas. La noche avanzaba y había vino y comida para todos.

De repente, el rey sintió una inmensa curiosidad por la cristiana cautiva. «Se llama Isabel», pensó. «Habrá que cambiarle el nombre si se queda por aquí, aunque Isabel me gusta, me da la sensación de que es a la insoportable e invencible reina Católica a quien tengo prisionera, y no a una aldeana de Martos». Estalló en carcajadas sin que nadie adivinara el motivo.

–¿Cómo te llamas? –preguntó a la joven mientras acariciaba sus cabellos.

–Yaiza.

–Yaiza, *la que comparte.*

–Sí, mi señor.

La atrajo hacia él para besarla. Despertaba su deseo, pero ninguna emoción nueva que hiciera vibrar su corazón. Demasiadas mujeres en su vida.

El recuerdo de Adina lo atormentó. No supo aceptar su infidelidad, por mucho que él trató de convencerla de que no amaba a la otra mujer, que sólo lo había hecho para divertirse, porque había bebido de más, porque se habían enfadado y Adina se había negado a recibirlo durante un largo mes en el que creyó morir de desesperación.

¿En qué consistía la magia del amor, por qué con unas sí y con otras no, y por cuánto tiempo? Por Aixa no sintió jamás amor, pero la admiró profundamente desde el principio. Había reunido fuerza y talento para hacerse respetar, incluso temer, en un mundo de hombres donde en los últimos años él había sido sustituido como líder por su propia esposa. Y eso estaba en boca de todos, era el rumor popular de cada mañana en el mercado y de cada viernes en la mezquita. El pueblo estaba enfadado por su debilidad y su derroche, muchos pedían su destitución. Aixa había sabido demostrar su inteligencia y él, una total debilidad.

La visión política de su esposa lo dejaba asombrado, también su falta de sumisión a todas las leyes que interfirieran en su lucha por el reino. Una lucha santa que llevaba a cabo en nombre de Alá, mientras que él incluso había abandonado la religión. El último Ramadán lo incumplió en varias ocasiones, se atrevió a comer durante el día y olvidó sus oraciones. Quizás eso le había ensuciado más aún el alma.

Sin embargo, Aixa sobrellevaba penas y contratiempos, era un personaje digno de admiración que a veces despertaba su rabia y envidia, profundamente, y otras su respeto, aunque no se lo demostrara jamás.

Mientras Abu-I-Hasan-Ali deslizaba una mano bajo las sedas transparentes de las faldas de Yaiza, una nueva aspirante a odalisca estaba bailando frente a él. Se había atrevido a levantarse sin ser llamada.

«Otra ambiciosa guarrilla», pensó, pero la dejó hacer ¡qué más daba! En cada movimiento, la danzarina dejaba entrever sus largas piernas morenas. Mulay susurró algo a Yaiza. Entonces, ella se dirigió a la otra mujer tomándola por la carnosa cintura, acompasando sus movimientos. Despacio, el sultán introdujo su mano entre las piernas que tan lujuriosamente se le ofrecían. Yaiza se acercó aun más a Sanun y, lasciva, le acarició la espalda empezando por el cuello, obedeciendo las sugerencias del monarca. El baile era cada vez más sensual.

Todos miraban excitados y curiosos por saber qué excentricidad se le antojaría al rey esa noche. Mientras bailaban, Yaiza iba liberando a Sanun de su ropa, a veces con los ojos cerrados.

–Continúa acariciándola –indicó el rey a Yaiza.

Yaiza, que se había propuesto yacer a solas con el rey abandonó pronto la idea, todo apuntaba a que, finalmente, las dos estarían con el sultán.

Sunun tenía curiosidad por saber cómo amaba Abu-I-Hasan-Ali, si era tan agresivo, salvaje y déspota como decían. Y como Yaiza le gustaba, Sanun decidió disfrutar a la vez que agradaba a su señor. No era la primera vez que acariciaba a una mujer para disfrute de un hombre, tenía experiencia. En realidad, le gustaba hacerlo, lo había aprendido muy bien con su antiguo dueño. Para aumentar la excitación, vendó los ojos a su amiga. El rey tenía la mirada turbia de deseo, sus enjoyadas manos recorrían el cuerpo de Yaiza, que lo besó apasionadamente mientras llevaba las manos de Sanun a sus pechos. Sanun empezó a acariciarlos y, poco a poco, la fue desnudando para el rey. Con los ojos tapados, sabía cómo moverse para dejar entrever las partes más íntimas de su cuerpo.

Ahora sólo unos collares cubrían a las mujeres, aunque Sanun también exhibía un excitante tatuaje en su sensual trasero, e invitaba al monarca a que lo hiciera suyo. El sultán la sentó en sus rodillas, Sanun se sintió arder. Comenzó a gemir y el sultán le ordenó silencio.

El sultán salió del cuerpo de Sanun para disfrutar de las caricias que se hacían las dos mujeres. Pero al instante tomó a Yaiza.

–Me gusta mucho cómo acaricias a la nueva esclava. ¿Te gusta a ti? Le susurraba en la oreja.

–Sí, me gusta, decía Yaiza entrecortadamente.

–¿Qué es lo que más te gusta?

El monarca gimió de placer y apartó a Yaiza violentamente.

Los tres quedaron tendidos sobre los cojines y, en seguida, se marchó. Arrastraba una sensación de hastío. Las mujeres del harén sabían que al rey le gustaba hacer el amor en público, sin embargo, con Adina jamás se exhibió. Tampoco la obligó a participar en juegos amorosos de ningún tipo. Los rumores decían que sólo mirándola y derramando besos por su espalda, sus manos y sus ojos ya era feliz.

VEINTE

Arlaja me ha preguntado si prefiero vestirme de castellana o al estilo de Granada y he elegido de mora. Me he cubierto con un velo que oculta mi cabello y mi cuello dejando el rostro al descubierto. ¡Nunca me había visto así!

–En el Corán hay pautas que indican cómo debe ir vestida la mujer –explica Arlaja. A continuación, abre uno de los Coranes de su colección y lee:

> Profeta: di a tus mujeres y a tus hijas y a otras mujeres creyentes que se ciñan los velos. Es la forma más sencilla de que se las reconozca sin ser molestadas. Dios es indulgente y remisorio.

Bajo al jardín acompañada de Arla y todos me alaban.

–Ni las perlas del mar ni los pétalos de la rosa te ganan en belleza –dice Taher, tan afectado como siempre.

–Ni los trinos de los pájaros en la mañana son más dulces que tu cara –prosigue Abdu, imitándolo.

–¡Cuántos halagos y qué amables! Yo creía que los moros erais malos –todos ríen –me gustaría que pudiéramos vivir en armonía...

Las mujeres están guapísimas con sus almexias y adorras abotonadas desde el cuello a los pies. Se han puesto espléndidas joyas para la ocasión. No sé de dónde proceden estas invitadas tan sofisticadas y bellas pero no puedo parar de mirarlas y ellas, a mí, tampoco. Una muy morena, de avanzada edad pero increíblemente elegante, luce una espectacular piedra verde colgada del cuello, en forma de lágrima. Debe ser una esmeralda porque compite en luminosidad con las hojas de las plantas.

–¿Puedo verla? –pregunto a la dama. Pero no me entiende y no me atrevo a insistir. La dejo sonriendo.

–Arla, echo de menos mis joyas.

–Perdóname, lo he olvidado, las tengo guardadas.

–¿No crees que deberíamos ir a ponernos algunas? Sólo llevo esta cruz y las perlas de mi boda. El anillo debí perderlo cuando me capturaron.

–No seas exagerada ni ambiciosa. Estás muy bien así.

–¡Todas las mujeres van arregladísimas menos yo!

–Ahora no podemos entretenernos en eso, ni volver a entrar en la casa. Luego te daré tus alhajas para que las guardes.

–Mira, Arla, ¡qué belleza!

Una señora de la edad de Arla se pasea con unos pendientes que casi le llegan a los hombros.

–Son de ámbar y oro. Se los ha puesto para conservar el amor de su marido, Abu Linar, famoso por mujeriego.

–¡No me digas! ¿Las joyas sirven para esas cosas? Yo creía que eran sólo para ponerse guapa…

–En nuestra cultura, las joyas tienen significados muy distintos. Y cada piedra posee unas propiedades. ¿Ves a Malika?

–¿Quién, la del pañuelo dorado con puntas negras?

–No, esa que es algo más fea y está detrás, como asustada.

–Sí, la veo, elegante pero poco agraciada.

–En su muñeca luce una pulsera de ágata ¿sabes por qué? De niña padeció una grave enfermedad que casi la deja sin voz. El ágata ayuda a combatir los problemas de garganta.

–¿En serio?

–Sí. ¿Ves allí a Melidán? Está en la esquina coqueteando con Abu Nafer.

–¡Qué atractiva y esbelta!

–Ha sido una de las cortesanas más bellas. Era la favorita del padre de Abu-I-Hasan-Ali.

–No me extraña... pero, ¿y la madre de Mulay, cómo era?

–Muy guapa también. Observa bien a Melidán ¿ves la tiara que adorna su cabeza?

–Me recuerda a la mía, ¡la que me regaló Hernando para mi boda! ¿la tienes también?

–Isabel, no seas pesada, lo tengo todo, pero con tanto lío olvidé dártelo. Bueno, pues esa tiara es de aguamarina, corales y perlas. Melidán es Piscis y la piedra que protege a las personas de este signo es el aguamarina. El padre de Abu-I-Hasan-Ali se la regaló como prueba de amor y ella la luce siempre que puede delante del sultán para recordarle la existencia de Sidi Sad. Nuestro monarca lo mandó al exilio sin miramientos.

–¿Qué propiedades tiene el aguamarina?

–Es de las piedras más completas. Aporta felicidad a quien la lleva, también buena suerte. ¿Sabes una historia muy bonita?

–Dime.

–Melidán es de Damasco. El rey Sidi Sad la conoció allí y ya no pudo separarse de ella, se enamoró locamente. La convenció para que viniera a Granada con él, pero a Melidán le daba muchísimo miedo el trayecto que debían hacer por mar. Entonces, Sidi Sad le regaló esta tiara, para que ella pudiera vencer su temor. «Aguamarina, corales y perlas», le dijo el rey. «Llevas sobre tu piel las joyas del mar, así aprenderás a perderle el miedo». Para no llamar la atención sobre la espléndida joya, Melidán se puso la tiara como gargantilla, tapándola con su ropa. Pero cada vez que había olas grandes o viento y la nave se mecía más de la cuenta, ella acariciaba su tiara y el miedo desaparecía como por arte de magia.

–¿Y las perlas?

–Son las lágrimas de alegría de Afrodita, la diosa griega del amor, y favorecen los romances. En la antigua China, de la que tantas veces te he hablado, cuando alguien quería atraer el amor a su vida se tragaba una perla entera.

–¿Sin masticar?

–Por supuesto, y las más presumidas las machacaban y se las extendían sobre la piel para conseguir eterna juventud.

–Si los cortesanos de la reina Isabel pudieran saber todas estas cosas... ¡Dime más propiedades de las piedras!

–¿Te acuerdas cuando vine llorando porque Almuet se había vuelto a casar?

–Claro.

–Ese día tan triste fui a mi cofre de talismanes y cogí un trozo de cuarzo blanco. El cuarzo blanco, no lo olvides, por si alguna vez te hace falta, ayuda a desechar todo lo antiguo que nos ha hecho daño y favorece que lleguen buenas nuevas a nuestra vida. Rápidamente cosí el cuarzo al tirante de mi camisa interior y, aunque parezca mentira, desde ese momento me sentí más fuerte, dejé de pensar tanto en Almuet y me centré en el futuro.

–¿Lo llevas ahora?

Arla coge mi mano y, disimuladamente, la posa sobre su hombro. Noto algo duro, es el cuarzo. Sonrío.

–Arla, como siempre, lo sabes todo. Yo creo que si tú quisieras, serías capaz de convertir el día en noche y el invierno en primavera.

–¡Quién sabe, Isabel!

Con tanta charla apenas nos hemos dado cuenta de que los músicos están tocando mucho más fuerte y todo está a oscuras excepto la alberca, rodeada de antorchas para que podamos ver bien el combate naval. Aparecen dos barcos surcando el agua, los manipulan con unas varas muy largas, desde el exterior, todos aplauden y yo también. El combate es divertido. Las naves, a veces chocan y otras, se persiguen la una a la otra. En la corte de Castilla nunca vi nada semejante. Ni siquiera cuando asistimos, en Dueñas, a los fastos por el nacimiento de doña Isabel de Trastámara, primogénita de los Reyes Católicos y, por tanto, Princesa de Asturias. Trato de grabar en mi mente todos los detalles por si tengo ocasión de contarlo en Martos. ¡No me van a creer, si es todo como en una de esas leyendas persas que tantas veces me ha narrado Arlaja!

La música adquiere ahora un aire marcial, los invitados parecen agitados y cuchichean entre ellos. Arlaja se gira y me da la espalda.

–La curiosidad lo ha vencido, también su famosa lujuria –la escucho decir como hablándose a sí misma, pero ni entiendo a qué se refiere ni tengo ganas de entenderlo porque estoy entretenida con todas las maravillas que me rodean.

Varios hombres se acercan. Veo sus siluetas entre las palmeras alineadas.

–Ha venido Abu-I-Hasan-Ali –me susurra Arlaja–. Si te habla, debes ser agradable, no olvides que eres una cautiva y que de él depende tu felicidad.

Miro hacia el grupo de caballeros. Pienso que el emir es el más alto y apuesto, pero Arlaja me dice que no, que no es el más alto, ni el más apuesto, ni el más joven. Me parece increíble y asombroso que el rey de la Alhambra, de quien tanto he oído hablar, esté en el mismo lugar que yo. Vuelvo a mirar pero continúo sin saber quién es y Arla está como ausente, sin hacerme caso.

–El que hace gestos con la mano derecha, ese es Abu-I-Hasan Ali.

Se acercan. Efectivamente, uno de ellos hace un gesto con la mano derecha que me parece muy regio. Lleva una espectacular túnica con mangas ribeteadas con una cenefa dorada y elefantes dentro de círculos floreados en azul y verde. Debajo, una prenda de brocado de oro con bordados en forma de cuadrados con un rubí en el centro de cada uno. Da la sensación de que no quiere que nada se altere porque él haya llegado, viene riendo y hablando con sus acompañantes. No me atrevo a mirar pero no puedo evitarlo, me da la sensación de que nuestros ojos se han encontrado en la noche, aunque quizás lo he imaginado. Sí, seguro que lo he imaginado. El rey observa a alguien, pero todo está medio oscuro. ¿A quién tratará de encontrar? Debe de ser a Arlaja, porque la mira insistente.

Arla está nerviosa, lo sé porque las pulseras de oro de su mano derecha tintinean suavemente. Son siete, número mágico, y nunca se las quita porque son un regalo de una aristócrata a quien ayudó a concebir a base de zumo de granada y otras recetas naturales. También sus pendientes largos se mueven más de la cuenta, parece esperar órdenes.

Efectivamente, el rey hace una señal a Arla y ésta se levanta y va hacia él. ¡Qué elegante es Arla caminando! Nunca me canso de admirarla, me da la sensación de que ni siquiera toca el suelo con los pies… y esa especie de túnica que lleva es como si la hiciera flotar en la noche. Quiero aprender los nombres de la ropa granadina, pero aún no lo he conseguido. Creo que Arla habló de que esta noche se cubriría con un chador.

–Apenas veo a la cristiana, de tanto como la has tapado.

–Ella lo ha querido así, estaba ilusionada con vestirse a nuestra usanza.

–Pero a mí me apetecía verla de castellana y enseñando escote, ¿no se te ha ocurrido? Hace tiempo que no tenemos a una cautiva de la aristocracia.

–Sí, señor, pero cedí a la tentación de darle a elegir. Ya sabéis que la quiero como a una hija y como a una hija la consiento.

–Cuando acaben los juegos me sentaré frente a vosotras, en el banquete. Mi voluntad es observarla comer y beber, comprobar hasta qué punto es refinada y valiosa.

–Será como mandéis.

A hurtadillas observo a Arlaja, me siento orgullosa de lo importante que es mi madre mora. El emir en persona se dirige a ella, posiblemente, por algún asunto urgente de Estado. No tengo que temer ningún mal, Arla me protege. Trato de mirar al rey pero me da miedo y pudor. A fin de cuentas, no sé cómo son aquí las normas de comportamiento. Arla me comentó que el Corán indica a las mujeres que deben bajar los ojos y cubrir su seno con el velo. Sin embargo, en Castilla las damas lucen su escote y llevan prendas tan ceñidas que incluso los moralistas han puesto el grito en el cielo advirtiendo a la Reina Isabel que ponga fin a esas modas pecaminosas.

El combate ha terminado. Al estar pendiente de Arla y del rey desconozco quién ha vencido, pero aplaudo lo más elegantemente que sé. Sube de nuevo el tono de la música y más antorchas y velas perfumadas se encienden para iluminar el jardín.

Quama le da un codazo a su inseparable sobrina. Me miran y no entiendo nada. ¡Ay, Dios mío! De repente empiezo a sentir temor y aprieto la cruz que cuelga de mi cuello invocando su protección. En realidad, si me han permitido llevarla tampoco son tan malos.

–¡Madre, ayúdame! Y tú también, padre, imagino que te has reunido con madre, aunque nadie quiera decírmelo.

Mulay Hacen y Arlaja hablan y hablan con el resto de notables. Arla, completamente integrada, es la única mujer.

–Necesitamos atacar una plaza cristiana. Las ganas de guerra no me dejan ni dormir. He recuperado mis fuerzas de siempre, mi ansia de lucha contra los infieles, de acabar con ellos, de aniquilarlos.

Conversa moviendo su mano derecha al compás de las palabras. ¡Qué diferente es al rey católico! Mulay me parece exótico frente a Fernando. Incluso da la sensación de ir maquillado. Me pregunto si tendrá algún ingenio mecánico que lo transporte por los aires como en aquel relato que me contó Arlaja cuando yo estaba tan enferma en Martos. ¡Narraba con tanta gracia y con esa forma de hablar que tenía entonces y que siempre me hacía reír y reír!

Arlaja consiguió que los médicos castellanos se marcharan después de someterme, sin éxito, a espantosos suplicios de sanguijuelas chupándome la sangre y ventosas ardientes sobre la espalda, que incluso me dejaron cicatrices. ¡Idiotas! Todavía siento la picadura de esos bichos asquerosos, y me dan escalofríos cuando las recuerdo cayendo de mi espalda, ahítas de mi sangre, como borrachas.

–¿El ingenio vuela porque es un milagro? –le pregunté a la extraña Arlaja, mi nueva ama, la única que consiguió restablecer mi salud a base de tisanas que no me hacían ningún daño y sabían estupendamente.

Arla se rió tanto con la pregunta que las lágrimas caían por sus mejillas. Tuve que darle mi pañuelo de hilo bordado con mi nombre para que se las secara.

–No, Isabel, ¡no milagro! ¿Por qué pensar en milagro?

–Pues porque en las historias de santos que me he leído, siempre se hacen milagros.

–Esto ser magia, Isabel. ¡La magia, no milagro, más que milagro sabiduría y observación!

Nos dio por reír y reír, y reímos tanto que me dio hambre.

–¡Eso buena señal! Yo buscar comida para ti. Bizcocho de miel y canela y leche recién puesta.

–Se dice recién ordeñada.

–¿Oleñada?

–Ordeñada, Arla, repite conmigo.

–Or-de-ña-da.

–¡Muy bien, trae suficiente para las dos. No me gusta comer sola!

Mientras Arla bajaba a la cocina sentí algo parecido a la felicidad de haber encontrado un alma gemela. Cuando la vi entrar con una bandeja llena de viandas, un calorcito confortable me subió hasta la cara.

–¡Precioso! –exclamé.

La bandeja de plata estaba cubierta de pétalos de rosas, perfectamente colocados entre la jarrita de la leche, la confitura, los vasos y el platito de bizcochos de Rafaela. Comimos juntas, sin apenas hablarnos, pero con un sentimiento de indudable afecto. Al terminar, Arlaja comenzó:

–Érase una vez, en la antigua Persia, un joven muy, muy pobre, al que todos llamaban…

Las palabras de Mulay me devuelven a la realidad:

–Considero que el castillo de Zahara es el sitio perfecto para dar un golpe de mano.

Ahora que una antorcha ilumina el rostro del rey, pienso que su cara me parece inteligente y llena de secretos. La inquietud me invade, quiero que se acerque, conocerlo, ¡para algo soy noble! ¿Cómo es que nadie me presenta? Pero continúan discutiendo ajenos a lo que ocurre en el jardín y al comportamiento de los invitados.

Arla mueve la cabeza como asintiendo, pero en ningún momento me dice que vaya a su lado, y eso que el semblante del rey resplandece de felicidad y parece que no hay nada que temer.

–Tomaremos la intrincada Zahara en plena noche y triunfaremos, ¿verdad Ahmad? –continúa el rey.

La joven criada Shamela, que habla mi lengua, me indica que el hombre del elegante turbante con pluma azul es el gobernador de Ronda, Ahmad al-Zagri, que también parece entusiasmado con la conversación.

–Será pan comido para nuestro ejército, los sorprenderemos y caerán en un abrir y cerrar de ojos –asegura Ahmad.

–¿Cuándo atacaremos?

–Pronto, muy pronto.

–Mi señor, ¿deseáis encabezar nuestro ejército?

–¿Qué debo hacer, Arlaja? –pregunta pensativo.

Arlaja niega con la cabeza.

–Debéis quedaros en Granada y no poner en peligro vuestra vida. Recordad que sois irreemplazable.

¿Pero qué estarán tramando? Me pregunto.

–Ahmad, tú harás llegar la siguiente misiva a los cristianos.

Un escribano acude raudo a su llamada.

–Antes de dictar quiero vino –ordena, autoritario.

Mulay y el gobernador de Ronda brindan mientras esbozan una sonrisa cómplice. Arla, prudente, bebe su zumo y trata de controlar lo que hago con el rabillo del ojo. El rey grita para que sus palabras las escuche hasta el último invitado.

–¡Sabed, rey católico, que ya murieron los sultanes de Granada que pagaban tributo a los cristianos! ¡En este reino ya no se labra oro, sólo se forjan espadas y lanzas para combatiros!

Los allí reunidos muestran su aprobación estallando en aplausos y vítores. Algunos de los surtidores de la fuente lanzan agua, otros fuego, nunca he visto nada semejante, agua y fuego ¿cómo lo harán? Todo es tan sofisticado…

Las mujeres forman un corro en torno al rey y los hombres jalean, hacen palmas. Suena la música, los criados vuelven a ofrecer fuentes rebosantes de frutas, dátiles rellenos de queso, pan blanco recién hecho, salchichas de cordero con pimienta y comino, vasos de leche tibia perfumada con canela…me siento ofendida, nadie me hace caso. ¿Acaso se olvidan de que yo soy Isabel de Solís, hija del alcaide de Martos y la duquesa de Fontes? Me dan ganas de decir unas cuantas cosas pero, ¿cómo atreverme?

La fiesta ha llegado a su punto álgido y es la más sorprendente que he presenciado. Un baile tan desinhibido sería imposible en Castilla, donde un movimiento más enérgico que el anterior ya es considerado de mal gusto. ¿Y si aprovecho la confusión y escapo a Martos? Nadie se daría cuenta. Los caballos están ahí mismo. Los oigo relinchar.

De repente, recuerdo la historia que contaron en la cocina de mi castillo una tarde de invierno. Un cautivo cristiano de Murcia, al llegar la hora de su liberación gracias a un intercambio de prisioneros, no estaba dispuesto a volver. Quería quedarse a toda costa con los moros. Incluso el cadí tuvo que escribir una carta a la familia pidiendo que se lo llevaran. Al parecer, al cristiano le gustaba mucho el cuscús y decía que quería pasar el resto de su vida comiéndolo. Se quejaba de que los cristianos no tuvieran ni idea de cocinar cuscús ni la deliciosa sopa *harira*, que sabía a gloria.

–¡Mi mujer cocina como el demonio! –cuentan que alegaba en su defensa.

Tanto se reían los moros con él, que le permitieron quedarse entre ellos. Ni siquiera se molestó en cambiarse el nombre, Antonio se llamaba y Antonio continuó llamándose en tierra de infieles. Cuando los castellanos atacaban el pueblo, Antonio luchaba contra ellos como el más aguerrido de los musulmanes.

–¡Dios mío! ¿Y si me pasa a mí lo mismo? –se me ocurre pensar–. ¿Y si me siento mejor aquí que entre los míos?

La voz de la razón me dice que aproveche la confusión para escapar y la del corazón que me quede quieta, ¿a cuál de ellas hacer caso?

Para llegar a los caballos tengo que atravesar la mitad del jardín y pasar cerca de donde están el emir y Arla. Una oleada de orgullo me sacude. Pienso que llevo el nombre de la reina de Castilla y junto a ella debo estar, por mucho que me gusten estos jardines, estas comidas, y por mucho que me intrigue y atraiga el rey. ¡Es realmente atractivo!

La gente baila y canta, los criados han sacado pebeteros de aroma embriagador y unos dulces que huelen de maravilla, estoy de pie, sigo sola en medio del jardín. El rey me ignora a pesar de que lo he mirado, varias veces, a la manera galante de Castilla. Arlaja comprenderá que quiera reunirme con los míos, estar con mi padre, servir a la reina y a mi Dios.

¡No puedo creer que todo sea tan fácil! Estoy llegando a los caballos sin que nadie me cierre el paso. ¿Cuál escojo? El negro, ya está, me voy en el negro.

–*¡Negro!* –lo llamo muy bajito. El caballo mueve la cabeza, hace un gesto como diciendo «adelante, eres bienvenida». Sí, parece amigable.

Cuando tengo un pie en el estribo, siento cómo me sujetan del otro. El criado que me capturó el día de mi boda, grande como un elefante, me coge en sus brazos. Habla pero no entiendo lo que dice, se ríe mostrando unos enormes dientes blancos, voy en volandas, le pego en la espalda y le doy patadas pero no se inmuta.

Me tira al suelo, frente al rey. Mi cara casi roza sus pies, cubiertos con chapines de cuero color escarlata, con bordados muy ricos y esmeraldas.

Estoy aterrorizada. Pienso en los animales salvajes que todos dicen que tienen los moros. Animales que han traído del desierto africano y te engullen en un santiamén. Pájaros tan grandes como mi castillo. ¿Me tirarán ahora a las fieras? En Martos contaban eso, que los cristianos servían de alimento a sus animales, que nuestra carne es la que más les gusta y que antes de echarte a las fieras te cortan la lengua, para que ni siquiera puedas gritar.

–¡No quiero que me coman los animales, mi señor, tened piedad de mí! –empiezo a vociferar, llorando. Mulay me mira estupefacto, comenta algo a sus acompañantes y todos ríen.

–Pero, estabas tratando de escapar –dice en mi lengua.

–Necesito reunirme con mi padre, comprendedlo, señor, soy lo único que tiene en este mundo.

El rey me mira y calla. Pone su dedo índice sobre sus labios, sugiriendo que no diga ni una palabra más.

–Si no quieres que te eche a los animales quédate calladita, sin llorar ni hablar. No me gustan las doncellas mimadas que gimotean y molestan con sus tonterías.

Asiento con la cabeza, completamente dispuesta a obedecer.

–¿Te tratan bien en esta casa?

–Sí, señor –contesto tímidamente.

–Pues entonces, silencio. ¡Estoy muy ocupado con los asuntos de mi reino!

El rey ordena algo al criado negro, que de nuevo me levanta en volandas; el miedo me paraliza imaginando que me va a tirar a las fieras, no sé dónde las tendrán escondidas, seguramente detrás de la casa. Pero nada de eso ocurre, el gigantón de ébano recorre el largo pasillo con faroles de colores y zócalos de cerámica que lleva hasta mi estancia, abre la puerta y me deja allí.

–Rey desear que pasar buenas noches –dice tratando de pronunciar bien mi lengua. Y se ríe tan fuerte que me hace estremecer de terror, mientras cierra la puerta de mi cuarto con una delicadeza impropia de su tamaño. Me late el pulso y me debato en un mar de contradicciones. Observo que me han cambiado las rosas y también las velas. Lo hacen a diario, para que estén siempre frescas. Las de ayer eran de un suave amarillo, las de ahora blancas como la nieve. Fue algo que me sorprendió al llegar a esta casa, que por todos sitios hay rosas en perfectos ramilletes, bellísimos. Una vez creí escuchar que eran las flores favoritas de esa joven que amaba tanto el rey, Edina, o Adina, no recuerdo bien su nombre. Extenuada, poco a poco, empieza a vencerme el cansancio.

Una música extraña que espesa la atmósfera me despierta. Casi en sueños creo distinguir la silueta de una mujer que deambula por mi habitación. Cada vez se hace más presente.

–¿Quién eres? –pregunto–. ¿Cómo te atreves a entrar en mis aposentos? ¿Por qué no se respeta mi linaje en esta casa? ¡Yo soy Isabel de Solís, mi padre es la mano derecha de la reina Isabel, mi madre la duquesa de Fontes!

Una mujer delicada, con una larga melena oscura que casi le llega al suelo, entre sollozos, murmura algo que no consigo descifrar. Lleva rosas en las manos, las va dejando caer, ensimismada.

–¿Eres de este mundo? –pregunto, pero no responde, se pasea como levitando.

Tengo miedo y no consigo chillar, los gritos se ahogan en mi garganta. Trato de llamar a Arlaja, pero las palabras no salen de mi boca. Mientras, la silueta se pasea con aire ausente. Ni por un momento fija sus ojos en mí. Coge mis peines y se arregla el cabello, que lo lleva suelto y le arrastra hasta los pies desnudos y ensangrentados, utiliza mis perfumes, incluso se atreve a abrir mi arca y examinar mis ropas hasta que finalmente, envuelta en una especie de nebulosa, desaparece, y con ella se esfuma la música. Todo está en orden. ¿Qué habrá sido ésto, un sueño, una aparición fantasmal?

Me levanto para irme con Arlaja pero ¡maldición! la puerta está cerrada. Si no se me hubiera ocurrido escapar anoche… Como puedo, vuelvo a mi cama y me tapo hasta la cabeza deseando que amanezca de una vez.

–¡Dios mío, que se haga de día! –rezo en silencio–. Este mundo está embrujado, ¡quiero irme de aquí!, quiero volver con mi padre a Martos.

VEINTIUNO

Una brisa extraña interpretada por los chopos, olivos, sauces, magnolios y cipreses rodea la casa al amancecer. La temperatura ha descendido considerablemente.

El recuerdo de la mujer de anoche me atormenta y me da escalofríos. ¿Y si vuelve y me hace daño? Estoy atrapada en una jaula de oro. También temo que Arlaja deje de ser buena, como hasta ahora. ¿Me regañará por haber tratado de escapar? Virgen de la Aurora, te pido que no esté enfadada. Oigo la puerta, me preparo para lo que me va a caer encima.

–Jamás enfades a nuestro rey.

Arlaja está muy seria y yo bajo los ojos.

–Echo de menos a mi padre. Tienes que comprenderlo.

–Isabel, hay dos clases de cautivos, a los que se trata bien porque su comportamiento es correcto y obedecen las normas, y a los que se trata mal porque no hacen lo que es debido.

–No quiero estar cautiva.

–Escapar es más peligroso que quedarse. El rey ha ordenado que todo el mundo te respete, debes estar contenta, los cautivos no suelen tener tu suerte. Yo también la tuve, tanto en casa de don Pedro de Mencía como en vuestro castillo, donde fui una más de la familia.

–Sabes que eres como una madre para mí –digo rompiendo en sollozos.

–Acuérdate de lo que dijo Abu-I-Hasan Ali, no quiere doncellas mimadas ni lloronas. Seguramente hoy va a volver.

–¿Para qué?

–Para comprobar si lo obedeces o no lo obedeces.

–¿Te lo ha dicho?

–Sí.

–¿Es bueno o malo Mulay Hacen?

–Puede ser el más bueno de los hombres, pero también el más despiadado.

–¡Pero él no tiene consideración conmigo! Delante de mí habla de asaltar los puestos cristianos, de atacar a mi gente y a mis reyes Isabel y Fernando.

–¿Aún no te has dado cuenta de que ahora perteneces al bando contrario? Además, por tratar de escapar te perdiste lo mejor de la fiesta.

–¿Lo mejor?

–Hubo un juego, y el premio eran joyas a cuál más bonita. Si no hubieras intentado fugarte, podrías haber participado. Colgaron orzas de los árboles y debajo extendieron alfombras de lana. Luego, taparon los ojos a las damas, que se acercaron con varas. Las que consiguieron romper los recipientes, se llevaron el premio. Las demás fueron obsequiadas con unos nuevos dulces que han conseguido elaborar en la Alpujarra.

–Y todo eso me lo he perdido…

–Por tratar de escapar como una niña en lugar de comportarte como una dama.

–¡Ay, Arla, no me lo puedo creer!

–De todas maneras, como el rey estaba de muy buen humor, te envía este obsequio para que no te entristezcas.

Arla me entrega un lindo cofre de taracea. Lo abro, y está lleno de un dulce que parece hecho de sol. Son las famosas rocas de miel. Pero hay algo más entre las golosinas doradas.

–¡Una pulsera!

–Es ónice, material que los granadinos trabajan con gran exquisitez.

Rápidamente me la pongo.

–¿Le gustará al rey que la lleve?

–Para algo te la ha regalado.

El día se me hace especialmente largo. Llega la noche pero Mulay Hacen no aparece, yo esperaba verlo, tal y como me anunció Arlaja, y agradecerle la pulsera que adorna mi muñeca.

Me entretengo mirando la luna, que parece una tajada de melón.

–Ha caído la noche y el rey de la Alhambra no ha venido. Me doy cuenta de que no cumple sus promesas. Arlaja, deseo volver a Martos. Quiero solicitarlo al sultán y espero que se apiade de mí.

–No es posible, Isabel. Por el momento, no es posible.

–Nadie me informa sobre mi padre. No sé qué ha ocurrido con él. Si estuviera vivo, el ejército de la Reina Isabel ya me habría rescatado. No puedo olvidar a las madres de las Huelgas tumbadas en el suelo de la iglesia sobre ese enorme charco de sangre. ¿Qué va a ser de mí? –sollozo.

–No tengas miedo, yo estoy contigo.

–¿Y Hernando? ¿Qué ha sido de Hernando? Por favor, Arlaja, pregunta a los soldados dónde está mi padre. Insiste hasta que te digan cómo se encuentra. ¿Me lo prometes?

–Te lo prometo, Isabel. No temas nada. Estamos viviendo tiempos de lucha entre nuestros pueblos pero todo se arreglará, ya verás. Mientras tanto, debes mantener la calma.

La fiera que a veces habita en mí, empieza a poseerme.

–¡Quiero irme! –grito con todas mis fuerzas.

–Isabel, contrólate.

–¡Padre, dónde estás, padre, ven a por mí! –grito con más potencia aún.

–Isabel, ¡no!, contrólate.

Me levanto de la cama, Arlaja trata de retenerme.

–¡Compórtate! Así no vamos a conseguir nada bueno.

No le hago caso y tiro, de un manotazo, el jarroncito de rosas, que choca estrepitosamente contra el suelo.

–¡Quiero irme! ¡Yo no soy esclava de nadie!

Abro la puerta para marcharme pero el gigantón negro pone su brazo como barrera. Entonces grito y grito hasta que me vence el cansancio.

–También tuve crisis de desesperación cuando me raptaron, pero aprendí a controlarlas– dice Arlaja comprensiva, sentada al borde de mi cama.

Cuando hay luna llena, Arlaja se esmera trabajando en sus perfumes, aceites, ungüentos y lecturas del futuro.

–Puedes ayudarme en mis tareas, si te apetece –sugiere dulcemente.

Me dedico a meter ramas de romero en frascos de cristal, deshojar rosas y pétalos de margaritas. Junto a Arla siempre hay mucho que hacer.

–Para una esencia especial –susurra, confidencial, señalando los pétalos de color rojo–. Y aquellos otros para hacer un perfume al rey –indica, apuntando a los blancos–. El perfume para el sultán lo vas a elaborar tú misma, como muestra de arrepentimiento por haber intentado escapar.

–Vaya con el rey, sí que es caprichoso, más que una mujer, en Castilla los hombres no son tan presumidos ni se perfuman tanto –murmuro algo enojada.

–Norma número uno, Isabel, jamás se critica a Abu-I-Hasan Ali. Es sultán en nombre de Alá, y su poder podría mover el sol y las estrellas.

–¿No crees que exageras? ¡Lo que dices suena ridículo!

–No repliques y vete a la cama, que debo seguir trabajando.

Los tiernos rayos del amanecer tienen que acariciar estos pétalos mientras recito los diez primeros versos del Corán, así el perfume adquirirá un olor que procure energía y ganas de vivir.

Pero tú vete a dormir, que es muy tarde y me entretienes con tu charla.

–¿No puedo quedarme contigo?

–Vete a descansar, ya has hecho suficiente.

–Tengo miedo de ir a mi alcoba, ayer soñé con una mujer, no sé si es un fantasma…

–¿Un fantasma?

Arla está tan absorta con su trabajo que no da importancia a lo que le cuento.

Duermo estupendamente en la estancia de Arlaja, junto a ella. Al despertar no me siento tan atormentada y continúo con las tareas que me encarga.

Después de separar los pétalos de rosas por colores hay que majarlos en un almirez. Me da pena cómo pierden su tersura con cada golpe y pienso en el paso del tiempo, en cómo marchita la piel y apaga el brillo de los ojos. Recuerdo la carita arrugada de la nodriza de mi madre, Jimena, la expresión de sus ojos el día de mi boda al verme avanzar por el pasillo de la capilla del brazo de mi padre.

–Ya están molturados.

–Muy bien. Ahora, pones tres gotitas de aceite de ruda y añades estos jazmines.

Entiendo que Arla pase horas enclaustrada en su habitación.

¡Hay tantas cosas! Incluso un llamativo dibujo con las constelaciones del cielo para averiguar por medio de los astros el destino de las personas, una de las especialidades de Arlaja.

–Te esperan grandes cosas –me dijo hace años. Sin embargo, haciendo recuento, lo único que me ha ocurrido en mi vida es que mi madre muriera y ser ahora prisionera de los moros. ¿Será esto lo que Arla llama «grandes cosas»?

Llaman a la puerta y aparece Airash.

–Su Majestad comerá con nosotros y os invita a su mesa –anuncia, solemne.

–Vamos, deja los pétalos, debes ponerte muy guapa.

Estoy contenta de que la visita del sultán rompa esta monotonía. Su mera presencia siempre causa un gran revuelo. ¿Qué clase de turbante traerá hoy, qué anillos adornarán sus dedos, con qué se habrá perfumado, me hablará o me ignorará?

Arla me viste con un caftán rojo oscuro y verde. Ciñe mi cintura con un cordón dorado de pedrería.

–¿Es oro verdadero?

–Sí, al sultán le gusta que todos vayamos arreglados, incluso los criados.

–Es cierto, jamás vi sirvientes más elegantes ni con mejores modales. Cada vez que paso hacen una inclinación con la cabeza ¡y eso que soy una cautiva!

–Olvida lo de cautiva. Abu I Hasan Ali ha ordenado que te hagamos sentir como una invitada.

Pasamos a una sala redonda de mármol verde, decorada con grandes jarrones y esteras en el suelo. El sultán preside una mesa larga y baja, rodeada de cojines de idéntico tamaño y color.

–Nuestra costumbre es lavarnos las manos primero –susurra Arla.

Tres criadas se acercan, una lleva un jarro, la segunda una palangana y la tercera, una toalla. Me indican que ponga las manos sobre la palangana. Con gran delicadeza, la criada vierte el agua sobre mis manos y, a continuación, me las secan. Hacen lo mismo con Arla. Al parecer, el lavamanos ha comenzado por el emir y su séquito, que hablan sin parar, riendo. Arla me lleva hacia ellos.

–El rey desea honrarte sentándote frente a él –dice alegre.

Camino obediente detrás de Arla, que me acomoda sobre los cojines, en el suelo. Por un momento, recuerdo nuestra altísima mesa del castillo de Martos y sus sillas.

–Mi señor, muchas gracias –digo tímida.

–No te dirijas al sultán si él no se dirige primero a ti –ordena Arla.

–¿Muchas gracias por? –pregunta Mulay Hacen, con tono de no saber a lo que me refiero.

–Quiere decir, muchas gracias por su hospitalidad –dice Arla.

–Y por la pulsera de ónice –añado– nunca había visto nada igual.

–Los cristianos no entendéis de sutilezas –apunta Abu I Hasan Ali con pesadumbre– allí donde ponéis vuestras manazas, todo se destruye.

No me atrevo a responder, porque reconozco que el refinamiento y empaque de Granada no puede compararse a Castilla. Pero tampoco puedo humillar a los míos... estoy en una posición difícil. Quisiera explicarle, además, que la corte de Castilla es nómada porque doña Isabel y don Fernando viajan constantemente. La reina es animosa, llena de energía, y se halle enferma o sana, incluso estando embarazada, acude allí donde su presencia sirva de ánimo y sea necesaria. Sus hijos han nacido en lugares tan dispares como Dueñas, Sevilla y Toledo, donde llegaron al mundo Isabel, Juan y Juana.

–La mezquita de Sevilla, esa estrella del islam, ya está convertida en catedral.

–Pero la han respetado mucho, mi Señor –apunta un cortesano muy viejecito, sentado frente a Arlaja. El Patio de los Naranjos está exactamente igual, y la Giralda, hemana gemela de la Kutubiya de Marraquech, también.

–Ojalá la mantengan en pie y no la tiren... esos bárbaros.

El rey me observa ahora en silencio, tiene un gesto como si el mundo hubiera dejado de existir para él. La intensidad de su mirada ausente y su media sonrisa me estremecen. Imagino cientos de temas trascendentales cruzando por su mente, y problemas de tal magnitud y de tan difícil solución que yo no llegaría a comprender en toda una vida. Ni siquiera come, ¿qué pensará con tanta concentración? Empiezo a ponerme nerviosa, me muevo sin querer.

–Señor –digo tímidamente.

–¿Qué quieres ahora? –dice el sultán.

Arla, sentada a mi lado, me pelliza la pierna cuando comienzo a hablar, para que me calle.

–¿Por qué está tan callado, señor?

–Estoy pensando en mis muchos problemas. ¿Acaso crees que ser sultán es fácil?

–¿Desea que le hable yo?

–¿Y de qué me vas a hablar tú que me resulte interesante?

Se pone en pie, parece abatido, quizás cansado o puede que hastiado de la vida. Abandona su sitio frente a mí y me entristezco por su descortesía, Arla va tras él. Conversan unos minutos junto al arco de entrada a la sala. Mulay hace un gesto cariñoso a Arla, hablándole al oído con una actitud muy confidencial.

–Esta casa me recuerda a mi gran amor, Adina, y no puedo soportarlo, siento como si anduviera por aquí implorando mi cariño y me matan los remordimientos, no consigo olvidarla, lo he intentado todo. Mujeres, vino, orgías, a veces creo... sí, creo que deberías prepararme un elixir para que la pueda olvidar, para que el dolor que siento sea más llevadero, te lo ruego, Arlaja.

–Mi señor, no hay mejor elixir para olvidar que amar de nuevo. Si amáis de nuevo a una joven dulce y virtuosa como lo era Adina, el dolor será menor. A una joven bella y buena que os comprenda y os mime.

–Ninguna en el harén cumple esas características, son unas ambiciosas a las que sólo preocupan las joyas y las riquezas. En el pueblo tampoco puedo buscarla, estaría mal visto que el sultán tenga amores con una joven de Granada, la gente pensaría que descuido más aún mis tareas de Estado, y sería muy humillante para Aixa. Pero, es cierto, que a veces sueño con un nuevo amor que me llene tanto como me llenaba el de Adina. ¿Por qué, Arlaja, por qué cometería yo ese error tan estúpido y de consecuencias tan irreparables? Cuando Adina me vio con la otra mujer, de la que ni siquiera yo tenía claro el nombre, se encogió de dolor, como si la más poderosa de las dagas la hubiera atravesado. La llamé: «¡Adina! ¿Qué te pasa, Adina?», pero empezó a correr sin escucharme, enloquecida. Fui tras ella, no pude alcanzarla. Fue entonces cuando un golpe seco rompió el silencio de la noche.

–No os atormentéis más.

–Quería abrazarla y besarla pero, ahí estaba el cuerpo de mi Adina, en el fondo de ese foso, con la sangre cubriendo sus hermosos cabellos, muerta.

–Hay que olvidar, pasar página. La vida es un misterio insondable.

–Para mayor desgracia, Aixa robó su cuerpo, yo quería enterrarla en la Rauda Real, lo entregó a las alimañas hambrientas, que la devoraron en un instante.

–No desesperéis, un nuevo amor puede estar más cerca de lo que creéis.

–A Aixa no la amo, me repugna físicamente y el harén me hastía; sería fabuloso volver a amar a una sola mujer. Llevaría la paz y pureza a mi cansado espíritu.

–Mi señor, ¿Isabel?

–Ya veremos qué hacer con ella, que en todo momento la cuiden bien. Me marcho antes de que las lágrimas por el recuerdo de Adina inunden mis ojos y todos me vean llorar. No sólo cometí el error de serle infiel... fueron más cosas. La negué, tantas veces como me interesó. Mientras estaba con aquella mujer negué a mi Adina con mis propios labios. «No, no la amo, y nunca la he amado, ¡sólo son habladurías!», dije, y ella lo escuchó todo escondida tras las cortinas, no pudo resistirlo, es lógico que un corazón bueno y sin dobleces como el suyo no pudiera soportar mi dureza, mi maldad y ahora sí, soy yo quien debe sufrir; es justo pero también es cierto que llevo así desde su muerte, y estoy al límite de mis fuerzas. Necesito tu elixir. Por culpa de este dolor estoy descuidando mi reino.

–Mi señor, venid con frecuencia a visitarnos, charlad conmigo de todas vuestras preocupaciones, os hará mucho bien. Dejad de atormentaros, no cometáis errores similares en el futuro, encarad los problemas del reino, centraos en lo importante, debéis purificaros.

–Efectivamente, tu sabiduría es beneficiosa para mí. ¡Qué gran fortuna haberte recuperado y tenerte entre nosotros!

–La próxima vez que vengáis, tendré un remedio que alivie vuestra tristeza por la pérdida de Adina. Lo prometo.

Mulay toca levemente el hombro de Arlaja. Luego se marcha seguido de su guardia personal.

–Parecéis dos enamorados– le digo a Arlaja.

Me dirijo a la pequeña ventana. El sultán sube a su caballo negro y se pierde entre las choperas. No sé si lo que siento es indignación, pena o ambas cosas. Sobre todo estoy decepcionada, el rey sólo me ha hablado para criticar a los cristianos, tenía la esperanza de conocerlo mejor en esta ocasión, pero a pesar de tenerme frente a él no me ha hecho ni caso. Ha estado ensimismado, lejano, con la mirada ausente y expresión de comenzar a llorar de un momento a otro.

Arla me mira en silencio, nos hemos vuelto a sentar. El séquito de Mulay abandonó la habitación cuando lo hizo su rey, y ahora sólo quedamos unas seis personas alrededor de la suntuosa mesa adornada con ramas de azahar y hojas de parra. Hubiera deseado explicarle que sé tocar el clavicordio y preguntar si no sería posible, al menos, que me trajeran este instrumento que tanto anima mi alma y dulcifica mi temperamento.

–El rey tiene el corazón roto y una vida muy complicada –dice Arla, meditabunda.

–¿Quién se lo rompió? ¿Fue Aixa?

–No, una joven a la que amó mucho y tuvo un final desgraciado que el rey no se perdona.

VEINTIDÓS

En mi estancia nunca faltan bandejas llenas de confituras y dulces ni un tocador sobre el que descansan delicados peines de marfil, con púas de distintos grosores; agua con esencias y toda clase de adornos para el pelo. Arla me ayuda a quitarme la ropa que con tanto cuidado me puse para el almuerzo junto al rey de la Alhambra. No ha servido de nada lo elegante que me arreglé, no se dignó a prestarme atención.

Oímos cómo llaman a la última oración del día mientras pienso en ese amor que tanto atormenta a Mulay Hacen.

–¿Por qué se ha ido tan pronto?

–Por asuntos de Estado.

–¿Volverá?

Arla hace un gesto de duda.

–No me preguntes por el rey. Es enigmático e imprevisible, al mismo tiempo alegre y melancólico, romántico y duro, ardiente como las brasas y frío como la nieve. Todo un enigma. Hay que saber comprenderlo, no es nada fácil.

Arla se va a rezar mientras me entretengo con un libro en árabe, que no entiendo pero me gustaría entender.

Los días transcurren tranquilos e incluso felices en este nuevo mundo mío. Ya han pasado siete desde que vino a visitarnos Mulay Hacen. Paseo por el jardín y juego con los animales pero no me permiten montar a caballo. El criado negro sonríe cada vez que me cruzo con él, como advirtiéndome de que tratar de huir es una tontería. Grande como una torre, daría miedo al propio miedo. Aunque parece tener buen corazón…

Nunca me canso de estar en el jardín, me gusta investigar cada rincón, ¿habrá tesoros ocultos en alguna parte? En Martos siempre se hablaba de que los moros escondían sus tesoros en los sitios más inverosímiles, por si acaso los castellanos los atacábamos de repente.

Me hacen gracia las hormigas, ¿dónde tendrán su hormiguero? Las sigo, las sigo y las sigo hasta que veo un considerable agujero en el suelo. Me pregunto cómo será el refugio de estos extraños seres, me gustaría adentrarme en su hogar para verlo. Ser, de repente, pequeñita. Mi padre siempre me relataba la vida de una niña que se convirtió en la princesa de las hormigas. Vivía con ellas, alejada de los humanos, en un suntuoso palacio hecho de miguitas de pan, granos de trigo, trocitos de tela… todo primoroso, aseado y con muy buen gusto.

Junto al hormiguero descubro un pequeño pasadizo en el muro del jardín. Miro a todos lados y, como nadie me ve, me cuelo dentro.

–Qué largo es, ¿a dónde llegará? –la curiosidad me hace avanzar y avanzar, cada vez está más oscuro. Tengo miedo pero al mismo tiempo afán de aventura, después de tantos días sin hacer nada, del jardín a mi cama y de mi cama a la habitación de Arla.

Rezo mientras avanzo.

–Dios te salve, María, llena eres de gracia-, el aire se vuelve casi irrespirable y dejo de ver la luz del hueco por el que entré. De repente recuerdo al criado gigantón que a veces parece que me pisa los talones. Mira que si aparece por aquí… esa idea me da tanto miedo que empiezo a temblar. Pero me tranquilizo porque es imposible que ese gigantón quepa por este agujero, por aquí sólo pueden caber cosas pequeñas y finas como yo.

Oigo ruidos, quizás animales, o alguna rata. Para quitarme el miedo y el asco imagino que estoy en Martos, en una de mis aventuras de niña. Palpo una especie de recodo, y otro más, empiezo a ver claridad al final del túnel. Salgo con precaución, me duelen las manos de arrastrarme por la tierra. ¿Dónde estaré?

Tras la maleza veo una jaula gigantesca donde hay unas diez personas encerradas, casi grito de la impresión. Algunos están tumbados, pero no sé si dormidos o muertos. Cada detalle de las historias de cautivos que tantas veces escuché en Martos revive en mi mente. Y también la famosa crueldad de los granadinos y sus terribles torturas. Me acerco a la jaula, poco a poco, algunos llevan cruces de madera al cuello, pequeñas y humildes como las de los campesinos de mi padre. Una vez escuché que los moros no se las quitan para que los católicos comprueben cómo su Dios no los salva de las torturas que les imponen, por mucho que se dejen la voz rezando. Está claro que estas personas son cautivos cristianos que realizan duros trabajos para el Reino de Granada.

Ya me han visto pero no dicen nada, no se atreven a reaccionar, trato de no asustarlos.

–Soy cristiana como vosotros, no temáis –digo enseñándoles mi cruz.

Uno de los hombres se mueve, es un saco de huesos, está desnudo y lleno de heridas, me mira con unos ojos donde ya asoma la muerte y trata de coger mi mano pero no puedo resistir mi repulsión y me echo instintivamente para atrás.

–Si eres cristiana la Virgen te envía, ¡sálvanos!

El hombre señala y miro hacia donde me indica. Decenas de personas, tan famélicas como él, trabajan en el campo, con grilletes y vestidas con harapos.

–Cada día muere algunos de nosotros, es imposible escapar de la fiebre y del hambre.

El aspecto de los que trabajan da terror y pena, varios centinelas moros tan fieros como el que me cautivó los vigilan y azotan, no puedo creer que tanta crueldad sea real.

–Nos roban a nuestros hijos pequeños para adiestrarlos en el ejército y convertirlos en soldados sin sentimientos, que no conocen el cariño de una familia, de un padre y de una madre, que sólo saben matar a los nuestros en nombre de Alá sin piedad ni misericordia, que no rezan a Dios –consigue explicar una famélica mujer sin apenas pelo en la cabeza.

–Escóndete, ¡rápido! –me ordena el hombre mayor.

Me oculto mientras la indignación por lo que estoy viendo me estremece. Uno de los guardianes se acerca blandiendo un afilado sable. Ágil como un gato entro en el túnel, aterrorizada por si me ha visto. Ya están aquí sus fornidas piernas, me pego todo lo que puedo a la pared, con el corazón saltando como loco dentro de mi pecho.

Oigo un grito leve y unos chasquidos de látigo, me tapo la cara con las manos hasta que las pisadas del guardia se alejan. Me asomo de nuevo, con cuidado, el pobre miserable que me ha hablado está cubierto de sangre.

–Me azota porque estoy enfermo, ya no valgo para trabajar pero quiere que muera en medio de la más lenta agonía, es la tortura que imponen aquí a los cautivos.

–Por Jesucristo Nuestro Señor…

–Trata de salvarnos, debes tener precaución, hacerlo todo pensándolo muy bien y con enorme atención. Ya sabes que estamos aquí. No nos olvides, por la Virgen nuestra madre.

Pienso en todo lo que padeció Nuestro Señor en la cruz y permito que las manos de ese pobre hombre cojan las mías. Unos asquerosos mendrugos de pan comidos de moscas están desperdigados por el suelo de la jaula.

–Eres un ángel, ¡vete y no nos olvides!

Entro en el túnel lo más rápido que puedo, ya no me importa la oscuridad, la imagen de ese pobre hombre y del resto de los prisioneros ocupa toda mi mente. Muerte, tortura, maldad, grilletes… ¡es verdad! Todo lo que contaba mi padre en Martos es cierto, por eso siempre tenía tanto miedo de que me escapara.

Un sentimiento de nostalgia por mi bondadoso padre se apodera de mí. Salgo del túnel, el jardín está solitario, tengo toda la ropa manchada de tierra y sangre en una mano. No se me ocurre otra cosa que sumergirme en el estanque. El agua me reconforta.

–¿Es posible tanta crueldad a sólo unos pasos de distancia de una vida tan agradable como la que llevamos aquí? –me pregunto, completamente destrozada.

–¡Uuhhhh! ¿Qué haces en el estanque, florecita silvestre? –Taher aparece detrás del limonero, con una cesta de mimbre llena de amapolas y retamas.

–Tengo calor –es lo único que se me ocurre decir–. No puedo soportar esta temperatura.

–¿Calor? ¡Uhhh! Estás loquita, golondrinita. ¡Si hoy ha refrescado! Como te vea Arlaja ahí metida te la vas a ganar.

–No pasa nada, Taher, no exageres.

–Vamos a comprobarlo, porque ahí la tienes, intrépido pajarito de las nieves –susurra Taher guiñándome un ojo.

–¿Pero se puede saber?

–Me he caído, Arlaja, ha sido sin querer.

–Bueno, sal de ahí –Arlaja parece tranquila.

Confío en que el agua haya lavado todas las manchas de tierra y la sangre de mis arañazos. Salgo disimulando. Arla me acompaña a mi habitación y me da ropa limpia.

–Aquí tienes vestidos nuevos, el rey ha ordenado que te arregles según tus costumbres y la costurera te ha confeccionado estas cotardias y faldas de estilo verdugo, tan de moda en Castilla.

–¡Son muy lujosos!

–En Granada sólo nos gustan las cosas bonitas.

Beso la cara de Arla y me miro al espejo. Siempre me hace ilusión tener nuevos vestidos. ¡También hay zapatos! Y todo lo necesario para tocarme la cabeza con mantillas y bonetes.

–¡Qué guapa estoy!

La cruz de mi madre queda muy bien con la maravillosa falda acampanada armada con aros. A pesar de tantos lujos no puedo olvidar la escena terrible que he visto hace un rato.

Paso la noche muy agitada, con pesadillas, despertándome continuamente al acordarme de los prisioneros cristianos. Al día siguiente llueve, todos parecen ocupados, sólo pienso en volver a ayudar a los cautivos. Si pudiera llevarles comida...

Bajo a la cocina, han llegado provisiones porque hay enormes sacos por todas partes, esperando ser colocados en su sitio.

Meto la mano en uno de ellos y me encuentro con la carne un poco pegajosa e inconfundible de los dátiles.

–¡Los dátiles son perfectos para llevarlos a los cautivos!

A toda velocidad lleno un hatillo que he confeccionado sin que me vieran; me pregunto si se darán cuenta de que faltan dátiles aunque el saco es enorme, por si acaso meto la mano en el de al lado, son garbanzos duros como piedras, imposibles de comer y, en el tercer saco, harina. Se me ocurre mirar en la basura, ¿dónde estará? Por fin encuentro el saco de los desperdicios. Hay varios trozos de pan y fruta muy madura, pero perfectamente comestibles, así que lo cojo todo y lo meto en el hatillo, que ya está adquiriendo dimensiones considerables.

Alguien ha dejado una faca a la vista y la guardo rápidamente; también veo un cuenco lleno de racimos de uva y escojo unos cuantos. Creo que por hoy es suficiente, mejor me voy antes de que me descubran.

Salgo de la cocina, feliz, mi plan de ayuda a los prisioneros cristianos marcha de maravilla, sólo queda llegar hasta el jardín, que está desierto, perfumado y en calma bajo la lluvia. Recorro el túnel veloz como el rayo, los prisioneros hacen zanjas en el campo, chorreando de agua, para ellos todas las horas del día se destinan a trabajar. Algunos caen pero vuelven a levantarse, asustados, aunque hoy no parece haber guardias. Mi amigo de ayer está tumbado en la misma posición que lo dejé.

–¡Eh! –susurro.

Me mira y la esperanza ilumina su cara.

–Santa María, Madre de Dios, gracias por escucharnos.

–Esconde ésto, comida y una faca –digo entregándole el hatillo–. Mañana vuelvo.

En la casa todos están muy animados.

–Van a los baños, me dice Arla.

–¿Y no podemos ir nosotras?

–No, tú te vas a bañar como siempre, en tu alcoba, ya iremos con ellas otro día.

–¿Por qué no podemos ir ahora? Deseo saber cómo es bañarse con un grupo de mujeres, escucharlas reír y hablar de sus cosas. Hacer amigas.

–El próximo día, ¿de acuerdo?

A pesar de estar rodeada de pompas de jabón, metida dentro de mi tina con agua calentita, no puedo parar de pensar en esa pobre gente que ha depositado en mí sus últimas esperanzas. ¡Tengo que salvarlos como sea! ¿Qué estará ocurriendo al otro lado del túnel? Espero que estén comiendo los dátiles y las uvas que les he llevado, sin que nadie los sorprenda.

–La doncella es bella como un ángel de Dios –dice un prisionero a otro.

–¿Estás seguro de que no es la Virgen en persona que ha venido a ayudarnos?

–No lo sé, no lo sé –dice mi amigo fortalecido por la energía de los dátiles.

Los imagino quedarse dormidos, desnudos, sucios y hambrientos, pero con la ilusión de que vuelva mañana para continuar ayudándolos. «Sí, me digo a mí misma, tengo que conseguir sacarlos de allí».

La noche pasa rápida. En cuanto abro los ojos, con los primeros rayos de luz, empiezo a prepararme para mi nueva aventura.

Me muestro tan educada, amable y sonriente con todos en la casa que me da la sensación de que no pueden imaginar que sea capaz de hacer algo tan prohibido como colarme por ese largo túnel y ayudar a los cautivos.

Bajo a la cocina, hay una vasija de aceite y un enorme pan, también un extraño utensilio de metal que nunca he visto antes pero corta muy bien, lo echo todo a mi hatillo y me voy directa al jardín.

Recorrer el túnel cada vez me resulta más familiar, apenas tengo miedo, salvo por algún ruidito. Por un momento, temo que mi amigo ya no esté esperándome, que haya muerto, pero no, continúa ahí y sonríe al verme.

–Me llamo Salazar, ¿y tú?

–Isabel de Solís.

–¿También estás cautiva?

–Sí, pero a mí me tratan bien, como si fuera una invitada.

–Querrán intercambiarte por algo importante, así que te ayudaremos a escapar, dame lo que hayas traído, vete rápido y trata de volver mañana.

Suelto el contenido del hatillo a toda prisa.

Por la noche, ya en mi cama, espero que mis amigos estén comiendo el pan con aceite, cogiendo fuerzas. Ya tienen facas, si consigo hacerme con tres o cuatro herramientas más, podrán intentar su liberación.

Mi vida se limita a portarme de maravilla en la casa, escabullirme para tratar de alimentar a los cristianos y darle vueltas a la cabeza pensando la manera de salvarlos.

Taher está hoy muy pesado. Se acerca peligrosamente al lugar donde está el túnel, seguro que no tiene ni idea de que existe, ¿o quizás sí?

–Ven, mariposita, te voy a enseñar unas flores nuevas que han nacido junto a la acequia del fondo, frente a la nueva huerta.

–No, Taher, que estoy cansada, muchas gracias.

En mi delantal llevo cuatro cuchillos y dos facas que he robado del armario de la cocina, también un pequeño punzón, un recipiente de cuajada y unas almendras garrapiñadas todavía calentitas.

–¿Por qué no quieres verlas? Es sólo un momento… estás arisca, pálida, ¿qué te pasa mariposita?

–Me duele la cabeza, querido Taher.

Con tanto pensar en salvar a mis amigos prisioneros he olvidado, incluso, que existe el rey Mulay.

–Alabado seas, mi Señor, oigo a mis espaldas.

El sultán en persona entra al jardín, apuesto y orgulloso entre los macizos de rosas.

–¡Taher! –vocifera a su manera autoritaria.

El jardinero se arrodilla a sus pies y yo me quedo callada. Estoy vestida de castellana, con la cara descubierta, llevo varios cuchillos en un hatillo y en mi mente la intención de escapar a ver a los cautivos. Por un momento, pienso que el rey grita así porque me han descubierto y todo mi cuerpo tiembla de terror.

–Quiero que busques la granada más grande del reino y me la entregues. El rey Fernando, como respuesta a mi ataque de Zahara me ha contestado que «arrancará grano a grano todos los granos de mi granada». Quiero que me consigas la granada más grande que jamás se haya visto, voy a llenarla de tierra y enviársela, como burla.

No sé qué pensar ni hacer. Sonrío tratando de mostrarme seductora. El rey me mira pero ni me habla. Susurra algo a Taher, que continúa haciendo su reverencia y desaparece por donde ha venido. Me siento tan mal que necesito sentarme, y creo que no es sólo por los nervios de que me descubriera con mi cargamento. Estoy triste de que Mulay Hacen me ignore de esta manera. Ni siquiera me ha saludado ni mucho menos me ha preguntado cómo estoy. ¿Quién se cree que es? ¡Jamás nadie me desairó de esta manera! Cuando venga mi padre a por mí, con mis Reyes Católicos capitaneando un feroz ejército, se va a enterar de quién es la hija del alcaide de Solís y de la duquesa de Fontes. ¡Y tendrá su merecido por maleducado!

Taher sale disparado a dar órdenes a los jardineros. Vuelvo al túnel. Lo recorro como un conejo avispado. La jaula sigue tal y como la dejé, con idéntico aspecto de desolación.

–Salazar ha muerto –me anuncia una mujer prisionera con la que nunca he hablado–. Fue de madrugada, en medio de un terrible dolor, pidió que te diéramos las gracias de su parte por todo lo que haces por nosotros, que rezaría por ti.

Una oleada de indignación me agita de pies a cabeza.

–Te ha dejado esta carta –me indica otro de los presos tendiéndome un arrugado pliego de papel.

Desolada por la suerte de Salazar, les entrego el hatillo cargado de las cosas que he cogido en la casa.

–Ha venido el rey, ¡mira qué cruel es con nosotros! –añade la mujer con un gesto de espanto.

Mulay Hacen inspecciona a un grupo de cautivos que aran el campo, seleccionando a algunos de ellos. Siento terror y me marcho corriendo, no puedo creer que nadie vigile la entrada de este agujero. El rostro adusto de Mulay Hacen y su capa adamascada ondeando al viento me acompañan mientras recorro el túnel oscuro. «Qué cruel eres Mulay», murmuran mis labios.

Si algún día escapan, los cristianos asaltarán esta casa entrando por el túnel, pondrán una cruz en la *qubba* y no tendrán piedad con sus habitantes, igual que los moros no la tienen con los prisioneros. Continuaré ayudándolos con todas mis fuerzas. ¡Es mi deber! Ellos me corresponderán para que pueda volver a Martos.

Me despierto sobresaltada, todavía no ha amanecido, no sé lo que ocurre, se oye gente hablando y corriendo por los pasillos.

–¿Qué pasa, Arlaja?

–Alguien ha ayudado a escapar a los cautivos. ¡Pero los encontraremos!, deben andar cerca.

–Por fin lo han conseguido –pienso en silencio. Y me alegro.

–Tenemos un traidor entre nosotros, y pobre de él cuando el sultán lo descubra.

Un escalofrío me recorre. Recuerdo la carta que guardo en la almohada donde una mujer llamada Aldonza solicita que localice a su pariente de Toledo para que reúna dinero suficiente y la libre del cruel cautiverio que sufre desde hace seis años. Alguien llama a la puerta, tiemblo del susto.

–¡Vamos, el rey quiere vernos a todos inmediatamente!

Salimos al jardín. No he tenido tiempo de recoger mi cabello rubio, que vuela sobre mi cara. Mulay habla, uno por uno, con todos los habitantes de la casa. Inquisidor. Poco a poco se acerca a nosotras, Arla hace una enorme reverencia y yo cierro los ojos.

–Inclínate –me indica. Lo hago a la manera cristiana.

El rey se acerca a Arla y le susurra al oído. El tiempo se detiene.

–El sultán ordena que vuelvas a tu alcoba, este problema no te incumbe, y tu presencia aquí no le interesa.

Una vez en mi estancia, sin poder conciliar el sueño, pienso qué suerte habrán corrido mis amigos. Ojalá no los atrapen. Y me pregunto, ¿cómo es posible que el rey no haya sospechado de mí?

VEINTITRÉS

Los días transcurren lentos, sin problemas ni novedades. Han tapiado la entrada del tunel. Me entretengo aprendiendo palabras en árabe, paseando y hablando con todos los habitantes de la casa.

El rey viene a menudo, en ocasiones solicita que Arlaja y yo acudamos a su presencia, entonces me mira de arriba abajo, pensativo.

–¿Qué voy a hacer contigo?

–Mi señor, ¡no me metáis en una jaula!

Una carcajada se le escapa y retumba en la habitación, hasta el punto de que me asusto.

–No quieres acabar como los cristianos, ¿verdad?

–¡No, mi señor!, suplico inclinándome, como he visto hacer algunas veces a Arlaja.

–Pues pórtate bien y sé buena. –Mulay hace un gesto con la mano que significa que me marche–. Desaparece de mi vista hasta que decida lo que voy a hacer contigo. ¿Deseas continuar viviendo en esta alquería de la Vega?

Por el tono de su voz creo que no tiene intención de hacerme daño.

–Me gustaría conocer la Alhambra, Arla siempre me dice que es donde me corresponde vivir –contesto probando suerte.

–Ya veremos lo de la Alhambra, ¿no estás bien aquí, alguien te trata mal, acaso crees que en la tétrica corte de tu reina Católica tendrías estos lujos y comodidades?

El rey vuelve a reír. Intento averiguar qué le hace tanta gracia pero no me atrevo ni a preguntar, vaya a enfadarse, como con él nunca se sabe…

–Ni pavos reales, pájaros de colores o danzarinas, tampoco música, ni albercas para bañarse, ni almohadones de plumas, en la Corte de tu reina no hay nada de eso…

Me quedo pensativa, ¡está hiriendo mi orgullo!

–La reina tiene una magnífica colección de pintura flamenca. También capillas de niños cantores que hacen las delicias de quienes los escuchan. Y posee muchos libros –replico.

–Sobre todo biblias, ¿verdad, cautiva? No me interesa tu conversación. Ya hemos hablado más de la cuenta, ¡márchate!

Una vez en mi alcoba me quito el pesado caftán y me tumbo apesadumbrada en mi diván de madera tallado con pájaros y flores. Llaman a la puerta y me sobresalto. Aparece Arla vestida de gris perla, el color que utiliza los días lluviosos, para estar en sintonía con la naturaleza. Ella es así.

–El rey solicita entrar –anuncia.

Casi no tengo tiempo de cubrirme con un ligero chal celeste bordado en plata cuando abre la puerta con una actitud extraña.

Luego viene hasta mi cama y, absorto, toca la colcha bordada, como añorando alguna sensación muy querida. Arlaja y yo permanecemos en silencio. Se dirige a la ventana, mira hacia el horizonte, entorna los ojos, nostálgico.

–Este paisaje le encantaba a una querida amiga mía, ¿te gusta a ti?

Sin esperar respuesta, Mulay abandona mi alcoba. Arlaja le sigue.

–Mi señor, antes de dormir, debéis quemar estas flores secas. Es un remedio para aliviar vuestro pesar, os permitirá volver a abrir los ojos al amor. Y tomad, también, estas píldoras de valeriana y tila.

Leo en los labios del rey una sola palabra. Puede ser «gracias». A continuación, se marcha.

Me intriga este hombre contradictorio, que está y a la vez no está, que aparece y desaparece. Me gustaría verlo con más frecuencia, que me explicara cosas de Granada, de su vida y de su corazón, en definitiva, ser su amiga. Por eso he vuelto a contar los días desde que vi a Mulay por última vez. Ya van quince, con sus soles y sus lunas.

Cuando Mulay aparece la servidumbre se inquieta, temen que esté enfadado, que sea demasiado autoritario, que esté especialmente caprichoso y sus caprichos sean difíciles de cumplir. Pero a mí no me da miedo, aún rodeado de gente parece solitario. Deseo que vuelva y, aunque sea por un instante, poder contemplarlo. Con mis preguntas provoco que me hablen de él, pero sus temerosos criados se mantienen herméticos.

–Hoy organizamos una fastuosa cena y debes estar espléndida –dice Arla extendiendo sobre la cama un fabuloso vestido–. El rey ha ordenado que te lo pongas, le apetece ver mucha belleza a su alrededor. También ha enviado nueva vestimenta para la servidumbre, ¿no es fabuloso?

Asiento con la cabeza ante tanta generosidad.

De un envoltorio, Arla saca unas telas de colores y otras de brocados.

–Para que tú y yo nos hagamos los vestidos que nos apetezca, es seda de Valencia.

De repente, y por primera vez, siento celos.

–¿El rey está enamorado de ti, Arlaja? ¿Es por eso que cuando viene siempre te llama y a mí me ignora? ¡Contéstame, te lo ordeno! No voy a continuar disimulando, siempre te he contado mis secretos. ¿Es por eso que nos hace regalos?

–¿Sientes algo por el rey? –pregunta Arlaja, muy seria, sosteniendo las sedas en la mano.

–Es el mismo sentimiento que mis primas me contaron que tenían al enamorarse. Su imagen no abandona mi mente. Amo su voz, su cara, sus ojos e incluso, a veces, su malhumor. Sobre todo amo su sonrisa y la dulzura de la que intuyo es capaz. Desde el primer momento que lo vi, estoy perdida en una tormenta de emociones. Si es duro conmigo, maleducado o me ignora, casi deseo la muerte y me consumo. Cuando pienso, Arlaja, que puede estar enamorado de ti, sólo me queda hacerme de hierro por fuera y, por dentro, llorar las lágrimas más amargas de mi vida.

Arlaja me abraza.

–No sufras, niña.

–Sí, Arla querida, las más amargas porque nunca he amado como lo amo a él. ¡No puedo controlar este sentimiento que arrasa mi interior!

–Es cierto que he notado reacciones tuyas que me han hecho pensar que el rey te atraía. Pero esperaba que fueras tú quien diera el primer paso para contármelo. Deja de llorar, coge tu ropa y vamos a mi alcoba. Te vestirás allí, mi pequeña enamorada.

Arlaja y yo vamos de la mano. Sollozo quedamente.

–¿Tiene cura el amor? –pregunto a Arlaja.

Mi amiga se queda seria y meditabunda. Nos paramos junto a un candil. La llama danza en sus pupilas.

–No, Isabel, cuando es amor verdadero, no tiene cura y te atrapa de por vida.

–Entonces, ¿qué va a ser de mí?

–Todo tiene solución, ya verás.

Una vez en su estancia, Arlaja cierra la puerta con una doble vuelta de llave. Abriendo su libro de hechizos, susurra.

–Debe existir algo infalible que, al menos, facilite las cosas y deje el camino libre de los obstáculos del pasado.

Arlaja lee, muy concentrada, sobre las páginas del volumen.

–Sabes que nunca he amado. Pero desde que vi al sultán sueño con sus besos, sus caricias y su amor…

Arlaja traza sobre el suelo una estrella de cinco puntas con polvo de añil, la rodea de velas rojas. Su amiga, la lechuza Limli, no se inmuta ante estas operaciones y lo observa todo junto al candil de aceite. Arlaja pide que me desnude, luego indica:

–Pisa en el centro de la estrella.

La maga comienza a entonar una melodía ininteligible y a encender las velas. Oigo el canto de las zumayas, que parecen voces humanas y, a veces, me asustan.

–¿Qué brujería vas a hacer?

–Un hechizo que propicie que esta noche sea especial.

–El rey jamás se va a fijar en mí. Según me han contado siempre está enamorado.

–Cierra los ojos, imagina que Abu-I-Hasan Ali te ama. Sólo así el universo se confabulará para cumplir tus deseos. Concéntrate mucho, Isabel. Concéntrate.

Arlaja danza, esotérica, a mi alrededor. Cierro los ojos y me dejo llevar por la imagen del rey y su voz.

La casa está más hermosa aún que la noche que, por primera vez, vi a Mulay Hacen. La cena vuelve a celebrarse en el jardín, adornado con tapices y cojines. Cientos de velas marcan los senderos y rodean las fuentes y los arbustos de rosas. El tiempo es excelente, a esta época los granadinos la llaman «verano del membrillo», simpáticas salamanquesas del tamaño de mi dedo meñique trepan por las paredes. Me he cubierto la cara y la cabeza con una ligera toca bordada que sólo deja mis ojos al descubierto. Arlaja me los ha embellecido con pigmentos y me ha pintado las uñas con alheña, como las lleva ella.

Tengo apetito y pruebo hasta diez platos de ensaladas diferentes: berenjena, zanahoria, setas... También sirven deliciosos cuartos de cordero asado.

En un platito hay sal y otra especia, que no sé cómo se llama, para quien quiera darle un poco más de sabor a la carne. Por supuesto lo hago, me sorprende el toque exquisito y desconocido.

Comemos de un enorme recipiente redondo, con las manos. A pesar de ser tan elegantes, los invitados hacen algo que jamás me habrían permitido a mí, chuparse los dedos, aunque reconozco que alguna vez lo hago a escondidas, porque me encanta. Se chupan los dedos con toda naturalidad, pero no resulta feo. El rey ocupa el sitio de honor, rodeado de los notables, y los demás situados según su rango. Parece que hoy no quiere saber nada de Arlaja, de hecho nos han sentado en el lugar de los criados y Arla se siente humillada.

–Se nota que estás disgustada –le digo bajito.

–Esto es una humillación, pertenezco a su consejo. ¿Por qué nos pone tan lejos?, casi no podemos verle.

–Tú perteneces a su consejo, pero yo soy una cautiva. Y tu hechizo «atrapa sultanes» no está funcionando.

–Eso ya lo veremos –contesta Arlaja, segura de sí misma.

Mulay nos mira de vez en cuando.

–Parece que disfruta manteniéndonos apartadas –dice Arlaja enfadada.

Los criados retiran el cordero y traen humeante pollo con ciruelas.

–El sultán os envía este vino, de una cosecha especial, hecha para él en los viñedos del Valle de Lecrín, pide que lo probéis.

Sabe a pasas y a sol. Mi copa vuelve a estar llena enseguida. Arlaja ni ha tocado la suya.

–Abu-I-Hasan Ali quiere que te sientes cerca de él para que conozcas a su gente de confianza –indica un sirviente. Me he bebido tres copas de vino ya.

Nerviosa y algo achispada, trato de controlarme.

–Soy una dama. Soy Isabel de Solís, mi padre es el alcaide de Martos y mi madre duquesa de Fontes. Debo aprender a relacionarme con estas gentes tan distintas.

–Necesito ir a mi alcoba. Isabel, haz exactamente lo que te indiquen.

No me importa que Arla se marche, me siento cómoda aunque hablen en árabe, algunas palabras las entiendo.

–¿Te gusta nuestra lengua? –me pregunta Mulay Hacen.

–Sí –contesto feliz de que se dirija a mí.

–¿Y nuestras comidas?

–Son deliciosas.

El rey señala una de las bandejas, repleta de mazapán.

–Pruébalo, está recién hecho.

Cojo un trozo, es suave y se funde en el paladar de una manera que me obliga a cerrar los ojos.

–Y esto otro, seguro que nunca lo has probado.

Me acercan una fuente de cerámica blanca con dibujos de hojas, flores y granadas.

–El recipiente es precioso –digo con toda la amabilidad que me permiten mis nervios.

–Nuestra cerámica es famosa –comenta el rey con orgullo. Se vende en muchos lugares: Egipto, Constantinopla, Chipre... ¡El mundo es muy grande! Pero tú, cautiva, seguro que no has viajado mucho más allá del lugar donde naciste.

–No –protesto–. He ido muchas veces a Castilla... me encanta descubrir lugares nuevos y paisajes que engrandecen el alma. Cuando vivía en Martos soñaba con visitar Granada y, por supuesto, la Alhambra.

–Y dime, ahora que estás entre nosotros descubriendo nuevas maneras, ¿te avergüenza comer del mismo recipiente que todos?

–Un poco, no estoy acostumbrada…

En un plato pequeño me sirven comida para mí sola.

–Ahí tienes, pruébalo, esto se llama *asida* y es una de mis comidas favoritas: gachas de harina de trigo, manteca y miel, espolvoreadas con azúcar molido.

Toda la magia del entorno en el que me encuentro estalla ahora en mi boca. Es como si el mundo que vivo se estuviera traduciendo en sabores. Las novedades están ante mi vista, pero también mi paladar experimenta nuevas sensaciones.

–Mezcláis lo dulce con lo salado y resulta exquisito.

Vuelvo a beber para vencer los nervios, no puedo parar de moverme ni de parlotear. El vino me calma o, al menos, esa es mi sensación. ¡Es delicioso!

–Las uvas de Granada dan un vino excelente –dice el rey sonriendo de una manera cautivadora–. Las de Málaga, también. Nuestra tierra está tocada por la generosidad de Alá.

En ese momento me acuerdo de la historia del cristiano que se niega a volver a su tierra porque quiere seguir comiendo cuscús.

¿La cuento, no la cuento? Si no hablo al rey le pareceré aburrida, sosa y sin interés. Incluso, maleducada.

–Un cristiano de Baeza que fue hecho cautivo... –comienzo a decir.

El rey hace su irresistible gesto con la mano derecha, animándome a continuar. Lleva un anillo en forma de serpiente que me perturba. Para mí, la serpiente simboliza la encarnación del mal.

–¿Qué le ocurrió?

–Después de pasar más de un año encarcelado se llegó a un acuerdo para intercambiar prisioneros.

–¿Y? –pregunta el rey mientras bebe un refrescante sorbete de manzana.

–El cristiano –prosigo reuniendo toda mi concentración– no quería volver a Baeza, decía que en su tierra no había cuscús y que él necesitaba comer cuscús a diario. Sin cuscús no podía vivir.

Estalla en carcajadas. Me siento tan satisfecha como una Sherezade castellana. Afortunadamente, mi copa vuelve a estar llena de vino.

–Pero ese no es el fin de la historia…

¿Será el vino? No sé muy bien lo que estoy haciendo, sólo sé que me he sentado más cerca y él me lo ha permitido.

–Sus carceleros tuvieron que escribir una carta a la familia del cristiano pidiendo que, por Alá, vinieran a buscarlo ya de una vez y se lo llevaran.

El rey ríe tanto que sus carcajadas resuenan por todo el jardín como la más preciosa de las músicas para mis oídos. Me siento flotar, he olvidado que soy una cautiva, no me acuerdo de que mi padre quizás está muerto, no me acuerdo de que me han raptado, me da igual si Arla está o no a mi lado… ni siquiera me doy cuenta de que todos empiezan, poco a poco, a marcharse.

Nos quedamos el rey y yo, riendo por nada, bajo el precioso cielo de grandes estrellas.

–¿Paseamos? –pregunta con galantería.

Estoy en la gloria y todo me parece bien, la noche es deliciosa, la temperatura cálida, los jazmines embriagadores.

El rey me coge de la mano y estoy feliz a su lado, avanzando por un camino iluminado por la luna. La casa, encerrada en su hermoso palmeral, va quedando cada vez más atrás y la brisa entre los chopos parece arrullarme.

–¿Cómo se llamaba tu padre? –pregunto.

–Sidi Sad.

–¿Y por qué ya no es rey, ha muerto?

–Lo mandé al exilio, era demasiado mayor para gobernar. Granada está mucho mejor conmigo como primer mandatario y era hora de que mi padre descansara.

–¿Vivía en la Alhambra?

–Sí, vivíamos todos en la Alhambra.

Llegamos a un estanque que ilumina la luna. El rey extiende en el suelo un manto con cenefa de seda coloreada que lleva sobre los hombros y me pide que nos sentemos. Hace calor y la luna no puede estar más grande y redonda. Mulay ha traído copas y una jarrita de vino.

–¿Me ofreces un poco?

–¿No estarás bebiendo demasiado? –comenta mientras me sirve.

Bebo el vino de un trago, recostándome sobre la hierba.

–¿Aquí pedís deseos cuando veis una estrella fugaz? –pregunto.

–Claro que sí, eso se hace en todos los lugares del mundo. Las estrellas fugaces son las risas de Alá cruzando el firmamento.

Creo que el vino me ha embriagado tanto que ya no soy exactamente yo.

–Tengo muchas ganas de bañarme, este estanque me recuerda a mis travesuras de niña, cuando me escapaba del castillo y mi padre tenía miedo de que me capturaran los moros. Hablo sin pensar, transportada por el vino.

–¿Cómo te gusta que te llamen? Abu-I-Hasan Ali es un nombre complicado.

–¿Cómo deseas llamarme tú? –contesta curioso.

–Desde que era una niña he oído hablar de ti. En mi tierra te llaman Mulay. Tienes fama de ser muy cruel y mujeriego.

–¿Qué más dicen de mí?

–Cosas espantosas, como que mataste a una familia entera, los Abencerrajes. Cuentan que los invitaste a una cena en la Alhambra para anunciar que tu padre renunciaba al trono, pero era un engaño, y según iban pasando al salón más lujoso, tus hombres les metían una toalla en la boca para que no gritaran, y luego les cortaban la cabeza sobre una fuente.

–¡Fue en defensa propia! Si no los hubiera eliminado me habrían matado ellos a mí. Todos ambicionan el trono de Granada, pero es a mí a quien corresponde por derecho. Ni a Chiquito, ni a mi padre, ni a mi hermano el Zagal. ¡Sólo a mí! ¿Crees que si fuera tan cruel te habría tratado como lo hago? ¿Acaso alguien en esta casa te ha ofendido, te ha insultado, te lo ha hecho pasar mal?

–Conmigo estáis siendo muy respetuoso.

–Y continuaré siéndolo.

Me acuerdo de la imagen de los prisioneros en la jaula que descubrí al otro lado del túnel, y de la crueldad del emir de Granada con ellos. De mi padre tampoco sé nada.

El turbante del rey lleva una pluma y piedras preciosas.

–¿Cómo os ponéis esto?

Me veo deshaciendo el turbante, se deja, observándome con una expresión que no acierto a descifrar. Aparece un pelo encanecido que desprende un perfume delicioso. Debió ser un hermoso cabello negro y fuerte en su momento, pero así me gusta igualmente.

–Ahora me toca a mí. Descúbrete.

La luna brilla sobre nosotros como una lámpara de infinita hermosura.

Adelanto la cara para que el sultán me quite el pañuelo que sólo deja ver mis ojos, lo hace con destreza y dulzura. Me desprendo de los vestidos y el calzado y entro, poco a poco, en el agua. La ropa blanca que llevo debajo se moja.

–No te comportas como una dama cristiana.

–Ya no sé muy bien lo que soy, estoy confusa. Así me bañaba siempre en Martos, cuando me escapaba en secreto con mi perro Jacobo. Ven conmigo, se está muy bien en el agua.

El rey se despoja de la túnica interior de lino blanco y entra en el agua de plata. Le doy la mano derecha y me coge también la izquierda. Lo beso en los labios, tal y como el cristiano Serafín besó a Arlaja antes de morir. El rey de la Alhambra se queda quieto. Vuelvo a besarlo atraída por una fuerza irresistible. Me corresponde con pasión. Es el amor que ha llegado a mi vida. Bajo el agua, el sultán Mulay Hacen, me hace suya.

Veinticuatro

El rey duerme plácidamente, el pelo revuelto sobre la frente le da un aspecto de chico travieso. Ni tengo vergüenza ni me arrepiento de nada. Todo ha ocurrido según lo que tantas veces me explicó Arla, y yacer con él me parece lo mejor que me ha sucedido jamás. Los pájaros trinan y el sol lo inunda todo.

–Ahora sé lo que es el amor –digo bajito–. Y me encanta.

El sultán sonríe levemente sin abrir los ojos.

–¿Nunca has dormido así con un hombre?

–Lo habría hecho, pero tu ejército me capturó justo el día de mi boda con Hernando, al pie del altar.

–Y ahora, conoces el amor precisamente de quien mandó capturarte.

–¿Tú mandaste capturarme?

–Claro, te quería sólo para mí.

Me doy cuenta de que está mintiendo, pero suena bien y me río.

–Más bien ordenaste saquear mi castillo y hacer esclavos, y el destino quiso que me tocara a mí llegar hasta aquí –digo con desparpajo.

–¿Y quieres que te devuelva a tu mundo o prefieres quedarte conmigo?

–Todos dicen que mi padre está vivo pero presiento que no es así. Por favor, tú no puedes mentirme, dime si padre vive o está muerto; la primera noche que llegué a esta casa soñé que se había reunido con mi madre en el cielo, rodeados de ángeles, juntos por fin.

El rey calla y ciñe mi cintura entre sus brazos.

–Madre murió al nacer yo –es ahora cuando empiezo a emocionarme–. Soy lo único que mi padre tiene en este mundo, por eso, si está vivo, necesito reunirme con él.

–Te voy a hacer muy feliz en mi reino de Granada, te cuidaré como nunca soñaste que te cuidarían. Lo prometo.

–¿Es tu forma de decir que mi padre no está vivo?

–Se ha reunido en tu cielo con su esposa, tu Dios y tu Virgen María.

Ahora sí lloro con desconsuelo, abrazada a Mulay.

–Padre –susurro.

–Yo seré más que tu padre –dice enternecido el rey.

El día continúa despertando con una belleza arrebatadora, ajeno a la tristeza que me embarga por la muerte de padre.

–Tu vida cambió anoche. –Mulay hace una pausa larga, retira los cabellos de mi cara–. Y creo que la mía también –añade sin dejar de sonreír.

En la casa, todo está tranquilo, la fiesta duró hasta tarde. Sólo nos ha visto el gigantesco negro, pero ni un músculo de sorpresa se mueve en su cara. Entramos juntos en mi habitación. Sus manos recorren de nuevo mi cara, mis hombros, mi estómago, mis piernas.

–Mira qué bella eres –dice girándome hacia el espejo–. Las rosas en su jarroncito de oro también se reflejan. Parece una pintura.

La luna del espejo nos devuelve nuestra imagen. ¿Cuántas veces habrá hecho lo mismo con otras mujeres? Y, de repente, recuerdo que está casado. Un angustioso sentimiento de culpa se apodera de mí.

–Mi religión no me permite.... –mi voz suena temblorosa.

Empiezo a hacer una lista de mis pecados, mentalmente, y no sé cuál es más grave. Él es musulmán y yo cristiana, me he entregado sin estar casada, él lo está, su religión le permite yacer con todas las mujeres que desee.

–¡Dios mío, cuánto he pecado! ¡Debo confesarme!

El rey trata de calmar mi tremenda inquietud.

–Tendrás que cambiar tus valores, tus principios y tu mentalidad. Ahora vives en un mundo distinto, no debes preocuparte de nada, yo te protejo y te quiero, te defenderé de todo.

–No tengo nada claro. Mi mundo se tambalea. ¡Estoy sola! Y enamorada.

–Deja de preocuparte. Estás mucho más guapa cuando sonríes.

Mulay me besa.

–Y cuando tú sonríes, Mulay, el mundo se vuelve maravilloso.

–Sonrío tan pocas veces...

–El día que te conocí no paraste de sonreír.

–Planeábabamos la toma de Zahara. Esa noche me sentía pletórico, triunfador, lleno de fuerza.

–¿Conseguisteis tomar la ciudad?

–Sí –dice con gesto grave–. Lo conseguimos, pero no estés preocupada por ese tipo de asuntos. Nunca son del todo agradables, aunque necesarios para dominar de una vez a los cristianos.

Paso mis manos por su cara para alejar su mueca de pesadumbre. Se deja hacer, sonriente. Me aprieta contra su corazón y creo que junto a él he encontrado el lugar que me pertenece, me siento protegida.

–No tengas miedo de nada –la voz de Mulay suena tranquilizadora– Arlaja está a tu lado y yo también.

Suspiro hondamente. Dos veces.

–¿Me quieres? –pregunto con temor a que responda algo que me haga sufrir.

–Me temo que sí.

Mira alrededor, parece nostálgico.

–En esta habitación he sido muy feliz.

–¿Con otras mujeres? –pregunto abatida. Me duele el corazón imaginándolo.

–Con una mujer a la que amé mucho. Y ahora, a ti, te voy a amar incluso más que a ella, y sin cometer errores. Errores de juventud… malditos errores de juventud.

La inquietud me devora, no sé si debo preguntar, pero una fuerza interior que no puedo parar me lleva a hacerlo.

–¿Dónde está? ¿Por qué ya no la amas? ¿Te cansaste de ella?

A la vez que hablo tengo ganas de llorar y un nudo en la garganta, se me empañan los ojos, me duele el corazón imaginando que pueda hartarse de mí también. Él tiene a su disposición a las mujeres más bellas del mundo… es tan importante. A su lado soy una pueblerina.

–Ya no está, murió. Jamás me habría cansado de ella, era un ser especial, dulce, bueno, y me amaba de verdad.

–¿La mataste tú? –mi voz suena casi altanera. Mulay se queda pensativo y da la sensación de que las nubes más negras del cielo surcan su cara y se instalan en su mirada.

–Puede que sí, quizás fue culpa mía, la maté de amor y llevaba un hijo mío –murmura llevándose las manos a su rostro de piel oscura.

–Me horroriza tu respuesta. ¡Me horroriza! –exclamo poniéndome en pie.

–Todo fue un error, a ti no te ocurrirá nada malo, no me volveré a equivocar.

El rey acaricia mi cuello.

–Ven –susurra.

–¿Querrás tener un hijo conmigo? –pregunto con temor.

–Todos los que quieras. Serán los niños más guapos del reino.

Acaricio la idea de un hijo suyo, se me viene a la imaginación un pequeñín con sus ojos, con su color de pelo, con su estatura y su forma de ser y de hablar.

–Quizás –reflexiono–. Quizás nuestros hijos podrían simbolizar la paz entre nuestros pueblos…

–Eres una niña si hablas así. La paz entre nuestros pueblos es del todo imposible. Antes o después, uno acabará con el otro sin piedad. Esto se ha convertido en algo más que una lucha territorial, es una guerra de ambición y es una guerra religiosa. Pero no me gusta hablar contigo de guerras. Tú estás aquí para hacerme feliz. ¿Cuáles son tus flores favoritas?

–Los jazmines, por su olor y su forma: parecen estrellitas.

Mulay sonríe, enigmático, silencioso, es imposible que exista una persona en el mundo que me guste más que él.

–Debo marcharme a la Alhambra, voy a ordenar que te traigan el desayuno a tus aposentos, imagino que tienes hambre.

–Sí, mucha.

–Volveré en cuanto pueda, te lo prometo.

El rey me besa en los labios, rodeo su cuello con mis brazos, no me apetece que se vaya pero debe hacerlo y no lo retengo. Cierra la puerta y yo cierro los ojos para sentir mejor el sueño de amor que he vivido en las últimas horas, esa sensación nueva, desconocida, que me hace navegar por un mar de dulzura y felicidad. El tiempo se ha parado y lo que me invade es lo más parecido a volar. Arlaja entra seguida de dos criadas. Urniam deposita ante mí una bandeja llena de frutas y un pequeño jarroncito con jazmines. El rey ya ha dicho que son mis flores favoritas y, rápidamente me las traen, ¡qué detalle!

La pequeña Amina, bajita y oscura de piel, sirve una comida que huele deliciosa. Las dos criadas tienen la misión de agradarme y complacerme.

–He pasado la noche con el rey. Tu hechizo «atrapa sultanes» funcionó –suspiro abrazando a Arlaja.

¿Es posible que en la casa haya una alegría especial? Todo el mundo me mira con cariño y cierta esperanza.

–Esperan que devuelvas la cordura y estabilidad al sultán para que pueda retomar los asuntos de Estado con el equilibrio que es debido, hasta ahora ha estado desquiciado y ha hecho sufrir al pueblo, me explica Arla.

–¿Yo responsable de devolverle la cordura y la estabilidad?

–Sí, confiamos en ti, Isabel.

No puedo creerlo, ¿tendré capacidad para algo tan delicado?

Arla abre el armario y me viste con una bata larga, bordada, muy bonita y cómoda, por la que sólo hay que meter la cabeza y los brazos. Es de color blanco y los bordados son pequeñas hojas de árbol en tonos rosa, rojo y amarillo pálido.

–Era tu destino, mi pequeña, estaba escrito que el rey de la Alhambra te amaría y tú a él –me indica mientras centra el cinturón, ancho, de seda con pedrería.

Un silencio denso circula entren ambas.

–Pero tengo miedo de la responsabilidad que recae sobre mis hombros.

–Deja que tus sentimientos fluyan y no te preocupes de nada más.

–Pero Arla, también tengo miedo de que no me quiera sólo a mí, eso no lo podré soportar, esta mañana me ha dicho que en esta misma habitación amó mucho a una mujer. ¿Y si no consigue olvidarla?

–Te va a querer, te va a amar, ya lo verás.

Con este enorme cinturón rematado con un rubí me siento una reina y más señora que en mi propio castillo de Martos. Son los privilegios por amar al rey de la Alhambra.

Arla pone delante de mí un plato con unas tortitas que no he visto hasta ahora.

–Para que vayas conociendo los gustos del sultán, aquí tienes una de las cosas que más le gusta cuando se levanta por la mañana; se llaman almojábanas y son tortas de queso blanco. Se sirven muy calientes, y puedes comerlas con canela o con esta deliciosa miel de azahar.

Las criadas me acomodan sobre los mullidos cojines.

–¡Me encantan! –digo con un gritito.

–Este es ya tu mundo, Isabel. Y el rey, tu dueño y tu señor.

–Me siento suya, con muchas ganas de agradarle y hacerle feliz, de que sonría, de que la vida le parezca de nuevo deliciosa y atrayente.

–Todo está escrito, Isabel.

–No, Arla, has sido tú la que ha escrito mi destino y mi vida, ¿crees que no lo sé?

Arlaja está sentada al borde de mi cama, como la primera vez que la vi, en Martos, todo parece tan lejano...

–¿Tú sabías que esto iba a ocurrir, que el rey me iba a amar?

–Claro que sí, está escrito en las estrellas, aunque no te lo creas del todo.

Suspiro, entre resignada y divertida.

–Eres una auténtica brujita.

–Una brujita que quiere lo mejor para ti.

–Prueba, ¡está buenísimo!

–¿Qué te creías? El rey tiene un gusto exquisito y ha ordenado que todos en esta casa te hagan muy, muy feliz.

Intento parecer despreocupada.

–Tienes suerte, cristiana, mira dónde has acabado, en el corazón del rey de la Alhambra –dice Arlaja pellizcándome una mejilla–. Y, además, ya eres una mujer.

–Me dolió muchísimo durante unos momentos, pero resistí tal y como me dijiste.

–Toda tu vida debe encaminarse ahora a hacer feliz al rey.

–Es lo que más quiero en el mundo.

El día transcurre lentamente. Me da un poco de vergüenza salir de mi habitación, todos saben ya que he dormido con el rey y me mirarán. Rezo un poco para matar el tiempo y tranquilizarme y me pongo de rodillas junto a la cama.

–Dios te salve, María, llena eres de Gracia, el Señor es contigo, Bendita tú eres entre todas las mujeres y Bendito es el fruto de tu vientre, Jesús.

Arlaja interrumpe mis oraciones.

–El jardinero quiere enseñarte algo.

El huerto está delicioso, la tierra perfumada, los pájaros cantan felices, todo parece celebrar que me siento enamorada.

–Buenos días, ¿cómo está la señora?

Se acerca a mi oído, confidencial y simpático.

–Así lo ha ordenado el rey, que te llamemos señora. Todos sabemos ya que eres su nueva amada y debes permitir que te agasajemos.

Me adentro con Taher entre unos arcos tapados por plantas silvestres.

–Esta zona no la conoces aún.

Hay grandes jaulas con pájaros exóticos, pequeñas ardillas que trepan por los árboles, conejitos enanos de largas orejas que se acercan, mimosos, parecen domesticados. Es como si Mulay supiera mis gustos, lo que me apasiona, incluidos los animales, y lo pusiera todo a mis pies para mi felicidad.

–Los favoritos del sultán, se llaman «enamorados».

Taher me enseña una pareja de pajaritos pequeños de colores que se arrullan el uno al otro.

–Los pavos reales te van a encantar. El macho es bellísimo, la hembra muy fea. En secreto los llamamos Mulay y Aixa.

Al escuchar el nombre de Aixa siento un golpe desagradable en el corazón.

–Ay, Isabel ¿te molesta recordar que Aixa es su esposa? Tendrás que acostumbrarte.

–En mi mundo…

–¿Crees que en tu mundo todo es puro? También hay caballeros casados que tienen romances con mujeres que no son sus esposas.

–Pero, ¿cómo te atreves? –digo enojada.

–No quiero ofenderte, Isabel, sólo trato de que veas las cosas desde un punto de vista flexible.

–Pues céntrate en el jardín –contesto airada.

Se me vienen a la cabeza historias que escuché en Martos y en Castilla. Es cierto… don Pablo de Herrera mantuvo amoríos con una mujer que no era su esposa. ¡Pero al menos tenían el decoro de llevarlos en secreto! Y se dice que incluso don Fernando de Aragón tiene algunas hijas naturales que se han hecho religiosas.

–Mira qué espectáculo.

El suelo está lleno de plumas de la hermosa cola del pavo. Taher recoge algunas y me las entrega.

–Qué suaves...

–Esta es la grandeza de Alá –dice Taher con convencimiento.

El centro de la pluma es verde esmeralda. Hipnotiza.

–¿Te gustaría llenar un jarrón con estas plumas y llevarlas a tus aposentos?

Un soplo de ternura por el jardinero inunda mi corazón. ¡Sólo trata de agradarme!

–Taher, tú eres el primero con quien conversé cuando llegué a esta casa y fuiste muy amable conmigo. ¿Recuerdas cuando pensé que eras el rey?

Me mira, cordial, con sus enormes ojos dulces como la miel.

–¿Cuántos años tienes? –me pregunta.

–Dieciocho.

–Entonces, falta una.

Taher recoge una pluma más del suelo y la añade al fantástico ramillete.

Comienza un nuevo atardecer y no pierdo la esperanza de que Mulay aparezca de un momento a otro. ¡No viene desde hace una semana! El sol tiñe de rosa el cielo y creo que va a abrir la puerta, entrar y abrazarme. Estoy impaciente, como todos los días me he arreglado con mucha atención. He elegido una alegre pulsera de plata con piedras de lapislázuli que dejó sobre la almohada antes de marcharse.

–¿Crees que vendrá?

–No lo sé, Isabel. Su vida es muy complicada.

Las plumas de pavo real, metidas en el jarrón, se cimbrean con la brisa que se filtra por la celosía. Si fueran flores se habrían marchitado con la espera. Imagino que acaricio al sultán con una de estas plumas tan suaves, imagino mil maneras de besarlo y de decirle que lo amo.

Pero no viene, una noche más, no acude a mi lado. ¿Con quién estará? Necesito beber algo relajante porque me siento morir de pena, y Arla me prepara una infusión de hierbas, ¿será narcótica? La tristeza me convierte en un ser muy débil. Me acurruco entre mis almohadones. Es lo único de lo que soy capaz.

–¿Tú otra vez entrando aquí sin permiso? –murmuro. Es la misma mujer de la otra noche.

–¿Dónde estás, mi amor? –la escucho decir con una voz tan dulce que resulta dolorosa.

Se perfuma y se peina. Viste exactamente igual que el otro día. Está descalza y tiene los pies ensangrentados pero no deja huellas sobre la alfombra de piel de carnero.

–¿Dónde estás? Ven a abrazarme –repite sin cesar.

–Si no te vas me volveré loca –sollozo–. ¿Por qué vienes? ¿Qué quieres decirme? Me das miedo, ¡márchate!

–Mulay, Mulay –repite sombría.

Me pregunto cuántas veces habrá dormido esta mujer con el sultán en el diván donde descanso. Es obvio que lo ama. No puedo soportarlo y grito con todas mis fuerzas, pero los sonidos se apagan antes de salir de mi garganta. Ella desaparece. Mulay no ha venido ni he recibido mensaje alguno.

–¡Te has burlado de mí, rey de la Alhambra! –sollozo entre las sábanas.

Estoy nerviosa y la ansiedad ha acelerado mi pulso. Voy hacia la ventana, la calma de la noche es total, lágrimas silenciosas caen por mis mejillas. Quizás, ahora que me he entregado a él ya no le intereso, incluso me desprecia. Qué tremenda angustia ¡yo sí le amo! El error fue mío. Fui yo quien se precipitó. A través de la celosía las ramas de los árboles se agitan. Un pájaro chilla, desagradable, y su grito contribuye a aumentar esta pena que no soy capaz de controlar. El rey no ha venido a verme. ¡Qué desgarradora añoranza siento de todo lo mío!

No quiero pavos reales, quiero oír a mi gallo *Nicolás* cantar por la mañana y visitarlo en su corral. No necesito comer estas comidas complejas, me conformo con los platos sencillos de Martos. No quiero ser la amante del sultán, prefiero la vida en mi viejo castillo y ser la esposa de un leal castellano como Hernando.

Padre, madre, quiero enfermar y morir, reunirme con vosotros, este no es mi mundo, estoy sola rodeada de desconocidos, sin saber qué va a ser de mí. Estaréis avergonzados de mi comportamiento, no me habéis educado para comportarme como una mujer cualquiera.

El rey tampoco valorará que haya sido tan fácil. ¡Llevadme al cielo con vosotros, llevadme junto a mi Dios, enviadme la muerte que me liberará de mi dolor y mi tristeza!

La noche es tan oscura como mis pensamientos. ¿Cómo ha podido ser tan cruel no viniendo a verme? ¿De qué materia piensa él que estoy hecha? No puedo soportar este martirio en mi corazón.

El amanecer me sorprende dando vueltas por mi estancia. Oigo un débil zureo. Una paloma revolotea en el alféizar de mi ventana, lleva un rollito de papel atado a una de sus patas.

–¿Será para mí este mensaje?

Lo abro decidida a enterarme de lo que dice. Me tiemblan las manos. «Isabel, te echo de menos», está escrito junto al dibujo de una pequeña flor.

No puedo creerlo. ¿De verdad estoy en Granada, realmente me han capturado los moros y mi padre ha muerto, de verdad me ama el rey, es cierto lo que dice este papel? ¿Cuántas veces ha venido esta paloma hasta aquí para traer mensajes a las amantes del sultán? ¿Y esa mujer, era un fantasma o un sueño? Pensaba que había conocido al hombre que me haría feliz y que él sentiría exactamente lo mismo por mí... sin embargo no viene a verme, a mi estancia sólo acuden el espíritu de su amante y una paloma con absurdos mensajes.

Odio esta eterna nube de perfume flotando sobre mí, quiero respirar la pureza de mi campo. No quiero nenúfares, tampoco pétalos de rosa sobre mi cama, quiero el verde de mis olivos. No quiero estos elegantes criados a los que no entiendo, añoro las voces, gritos y peleas de mis sirvientes de Martos, a mi gallo *Ni-*

colás cantando por la mañana, a Rafaela regañando con Antonio. A Tana, siempre andrajosa, y al descarado Martín. ¿Qué cruel destino me ha traído hasta aquí? Virgen María, te he fallado. También te he fallado a ti, mi reina Isabel y a ti, padre.

Mi corazón pertenece al rey desde el momento que lo vi, está en sus manos, puede hacer lo que quiera con él, me he enamorado ¿qué será de mí si no corresponde a mi amor y se burla de mis sentimientos? ¿Me permitirán el consuelo de marcharme de aquí para encerrarme en un convento? Mis queridas primas ¡os comprendo tan bien ahora! Sólo me queda rezar para afrontar mi destino y reunir fuerzas. Estoy sola, completamente sola y aterrada en un mundo extraño.

Veinticinco

–Me han dicho que has conocido a la cristiana en la Vega.

Aixa interrogaba al rey. Abu-I-Hasan Ali tenía un aspecto a medio camino entre huidizo y soñador.

–Me comentan que es bellísima, refinada y podremos sacarle mucho partido.

Mulay frunció la frente con un gesto extraño. Entonces, Aixa tuvo la sospecha de que no habría intercambios con la cristiana, que una más iba al harén de cabeza, a continuar ocasionando gastos. Hizo caso omiso a sus sensaciones y continuó insistiendo.

–Te ordeno que me hables y me sugieras qué vamos a pedir a cambio de entregar a la cristiana. He pensado un año de no pagar parias a los Reyes Católicos. La reina Isabel aceptará, estoy segura. Nos vendrá bien para recuperarnos económicamente, bajar los impuestos, darle esa alegría al pueblo.

Mulay permanecía en silencio. Pensaba en la cristiana, en su dulzura, en cómo se había entregado a él, con esa naturalidad, sin miedo, abriéndole su corazón, regalándole su sensualidad. Sin pedir a cambio joyas o beneficios. Y, efectivamente, no iba a intercambiarla.

Esa cristiana se quedaba allí, en la almunia de la Vega, para su disfrute personal. Ya la echaba de menos. «La amaré con el amor puro con el que amé a Adina. Es lo que su voz y su cara y su cuerpo me inspiran, amarla bien, como merece. Me hastían las mujerzuelas del harén, necesito volver a ser feliz. Pequeña y desprotegida Isabel, ¿qué sería de ella si yo no la cuidara, habrá recibido mi mensaje con la paloma? Seguro que sí, *Plata* conoce muy bien el camino hacia la Vega y lo recorre feliz. Es una buena paloma mensajera, la mejor que he tenido jamás».

Cuántas veces la paloma había llevado mensajes a la pobre Adina a esa misma ventana: «Adina, esta noche no puedo acudir pero te llevo en el corazón», «Adina, llegaré de madrugada, descansa mientras tanto», «Adina, mi esposa está insoportable, debo quedarme en la Alhambra, escaparé en cuanto pueda», «Adina, báñate en agua de rosas, que iré a almorzar contigo».

–Un año sin parias, ¿me escuchas, Mulay?

–¡Tú aquí no mandas! –contestó el rey violentamente.

–¡Quiero bajar los impuestos al pueblo! –gritó la sultana–. ¡Es absolutamente necesario, pagan mucho, cada vez más familias están cayendo en la pobreza!

–Por el momento, la cautiva se queda en la Vega y nada de intercambios, ya veremos más adelante.

–Eres imposible, esa perra cristiana es lo único verdaderamente valioso con lo que contamos ahora para negociar con los castellanos. La reina Isabel querrá encontrarla a toda costa.

Aixa desesperaba ante la terquedad de Mulay, tensa, sus ojos echaban fuego.

–¡Te ordeno!

–¡Tú no ordenas nada, el sultán soy yo! –bramó dando un puñetazo sobre la mesa que asustó a todo el consejo.

–Si no fuera por mí, Granada estaría ya en manos de los cristianos. Me he ganado mi derecho a hablar y a reinar. Tenía la esperanza, cuando nos reunimos la otra noche, de que hubieras cambiado. Pero cada vez eres más mayor y más irresponsable.

Boabdil va por el mismo camino, ¡dos pusilánimes en un reino donde se necesitan hombres cabales!

Un profundo silencio inundó la sala. Todos los presentes mantenían la mirada baja ante el discurso encolerizado de la sultana.

–No tenemos solución –prosiguió Aixa–. Los castellanos acabarán con nosotros más rápido de lo que piensas. No disponemos de su artillería ni su organización para la guerra, ni sus ganas de luchar. ¡Aquí no hay ganas de nada, sólo de placeres! A veces quisiera que la Alhambra y toda su belleza desaparecieran. Y vivir en casas de lona o de adobe, como hace la reina Isabel cuando monta un campamento. Porque es la Alhambra, la magia de este edificio, la que nos impide percibir la realidad. ¡Y la realidad es que nuestro mundo se está desmoronando! Y ahora poseemos a una cautiva codiciada por la reina de Castilla como si fuera su propia hija, y tú no quieres que negociemos con ella para nuestro beneficio, ¡quieres quedártela para amarla como el más grande de los estúpidos! Y yo estoy harta. ¡Harta de que tu harén cada vez sea mayor! ¡Harta del dinero que nos cuestan todas esas necias amantes tuyas! Ahora bien, ya se ha acabado tanta ociosidad y tantos lujos para esas mujeres, ¿te enteras? Mañana mismo las voy a mandar a los talleres de cerámica, a que trabajen, porque estamos en guerra y todos tenemos que trabajar. Nuestra cerámica cada vez tiene más demanda y hace falta personal en los talleres. Por las mañanas las voy a poner a trabajar. ¡A trabajar, tanto si te gusta como si no!

Mulay observaba a Aixa, debía ser justo con ella, dar algún apoyo a esa mujer que tanto luchaba por el reino de Granada.

–Que trabajen mientras pienso qué hacer con la cristiana –se limitó a decir.

Sonrió con la idea de que las perezosas del harén se pusieran a trabajar. ¿Cómo recibiría Laula la noticia? Ella que era tan altiva y orgullosa. ¿Cómo se lo tomaría Mennska?

–Está bien que hagan algo. Eres una buena reina, Aixa, lo controlas todo y tus decisiones son correctas y justas.

Aixa moderó su ira.

–También es necesario no descuidar la producción de papel. Aumentar el número de hombres que lo transportan a Quéntar y de allí hasta Murcia, para que salga con destino al Mediterráneo.

En un impulso, Mulay cogió las manos de Aixa y las besó. Su mirada se volvió dulce como en los primeros años de su matrimonio. Dulce de gratitud.

–Márchate, por favor –solicitó la sultana. –Ya sabes lo que deseo.

Aixa no lo miró a los ojos. Se turbó tanto como en sus tiempos de recién casada.

Un silencio surgió entre ambos. Pero no era ese silencio turbio y lleno de amenazas de otras veces, era un silencio cómplice que parecía anunciar algo de paz entre esas dos personas que habían llegado a odiarse tanto.

–Necesito seguir pensando, Mulay, márchate. Aunque, antes de marcharte, debes prometerme algo.

–Lo que quieras, Aixa. Te lo mereces.

–Quiero… –y Aixa respiró profundamente.

–Pide y te lo concederé. Cumpliré mi promesa. La cumpliré por Alá.

–Ordeno que esa cristiana jamás pise la Alhambra.

–Se quedará en la Vega, te lo prometo, Aixa.

–Si esa cautiva pisa el suelo de la Alhambra, me alejaré para siempre. Y mi único objetivo será luchar contra ti.

–Tú eres la reina de la Alhambra, la cautiva se quedará en la Vega, a las mujeres del harén las pondremos a trabajar y todo funcionará como debe ser.

Aixa no confiaba demasiado pero… al menos disfrutaba de esa repentina «cordialidad» con su marido. Ya era hora de no pelear más, ni discutir, ni odiarse, era hora de empezar una vida de unión, de lucha por su reino. Sonrió levemente. Ojalá cumpla su promesa –se dijo.

–Mañana por la mañana, después de la primera oración, necesito que tratemos unos asuntos sobre Alhama.

–Aquí estaré.

–Otra cosa verdaderamente importante que te exijo.

–Dime, mi sultana –la interrumpió, adulador.

–Que le cambies el nombre a la cautiva el tiempo que se quede aquí. No quiero que se llame Isabel.

–¿Cómo quieres que se llame?

–No lo sé, me da igual, pero Isabel no. Isabel es el nombre de mi enemiga, la reina católica. Ya he sufrido demasiado. He sufrido desde el momento que cortaste la cabeza a mi marido y delante de su cuerpo sangrante me obligaste a casarme contigo. Y sabes bien que no te casaste conmigo por amor, sino para demostrar tu poder y tu fuerza. Son muchas las noches en las que he tenido pesadillas con la mirada horrenda de esa cabeza tirada en el suelo.

–También le corté la lengua, no lo olvides, Aixa. Se atrevió a insultarme y le di su merecido –recordó Mulay Hacen a todos mientras abandonaba el Salón del Trono.

La sultana se sentó en un escabel y miró la piel avejentada de sus manos. Suspiró. «Como esta vez me desobedezcas, como traigas a esa cautiva a la ciudad real, a la Alhambra, te esperan las mayores torturas y seré yo, tu esposa, a quien más habrás de temer».

Abu-I-Hasan Ali salió en dirección a las caballerizas con el corazón palpitando de impaciencia por volver a ver a Isabel.

–¡*Alhazán*, vamos a reunirnos con la bella cautiva!

Alhazán era su caballo favorito, el que tantas veces lo había llevado a encontrarse con su querida Adina. La vida le había vuelto a dar la oportunidad de amar y él no iba a desaprovecharla.

Mientras cabalgaba entre las huertas de la hermosa y prolífica Vega de Granada, hablaba con su caballo. *Alhazán* parecía entenderle. Para afirmar, relinchaba dos veces, y para negar sólo una.

–*Alhazán*, ¿qué nombre pondremos a mi nuevo amor?

Maryah siempre le había sonado bien. Pero quería decir «linda de apariencia» y sabía que a Aixa le molestaría. Adeela significaba algo similar, y a Aixa tampoco le haría ninguna gracia. Dilek, «deseo».

Sí, Dilek le gustaba, pero quizás más para una amante, Isabel era un amor puro. De repente recordó cómo brillaban las estrellas la noche que amó a la joven cristiana hasta el amanecer.

–Se llamará Soraya, «lucero del alba».

Alhazán relinchó dos veces y aceleró el paso.

Veintiséis

Un día más y sin noticias de Mulay, ni siquiera palomas mensajeras. Bajo al jardín para ahuyentar la melancolía. Taher me ha prometido enseñarme todos los tipos de rosas y sus nombres, pero nada me hace olvidar la enorme tristeza que siento a causa de la ausencia de mi amado.

Los peces dorados del estanque, que en otras ocasiones me han divertido tanto con sus movimientos bajo el agua hoy no me hacen gracia... me resultan torpes y feos. Las criadas van de acá para allá. Sura habla perfectamente mi lengua, Aanisa también.

–Sura.

–Decidme, señora.

–Que venga Arlaja.

–Enseguida la busco.

El deambular de los peces bajo el agua me parece un sinsentido.

–¿Prefieres a Arlaja antes que a mí? –dice la voz de Mulay a mis espaldas.

Toda la pena que siento se desvanece como por arte de magia.

–¡Mulay! –exclamo lanzándome a sus brazos–. Te he echado de menos. Creí que no me amabas ya, que todo había sido una burla cruel, un juego indecente.

–¿No recibiste el mensaje de *Plata*?

–Sólo una noche.

–Tengo novedades para ti –dice abrazándome–. ¿No es costumbre vuestra bautizaros?

Me río, ¡qué feliz soy junto a él! En un instante, mi pesadumbre se ha evaporado.

–Claro, pero yo ya estoy bautizada, me llamo Isabel como mi reina y como mi madre, la duquesa de Fontes –digo alegremente.

–¡Ah! ¿Te llamas Isabel?

–¡Claro que sí! ¿Es una broma? ¿Has olvidado mi nombre?

–Pero Isabel, qué más.

–¿No lo sabes? Isabel de Solís. Mi señor, no te burles de mí.

Mulay sonríe mientras caminamos hacia el estanque donde nos amamos esa inolvidable primera noche. La casa queda atrás, rodeada de palmeras. Estoy un poco nerviosa pero tan contenta que me siento ligera. Cuando llegamos a la pequeña acequia, un fastuoso banquete nos espera servido sobre la hierba. Hay pastelitos muy pequeños, de todos los colores; carne con frutos secos, frutas, bizcochos y varias jarras con bebidas.

Dos criados nos esperan muy serios, completamente inmóviles. Es obvio que están acostumbrados a mirar sin ver, a oír sin escuchar, que no son como mis criados, siempre cotillas y entrometidos sin disciplina. Mulay empieza a desnudarme, me cubre de besos, sus manos ya están bajo mi faldilla.

–¡Pero ellos nos miran, debes parar! –digo escandalizada– te ruego que vayamos a mi estancia.

–No están mirando nada.

El sultán hace un gesto con la mano y dice algo que no entiendo. Los criados no se marchan pero se vuelven de espaldas.

Estoy desnuda sobre la hierba. El rey da una palmada y uno de los criados viene hacia nosotros, me asusto, trato de cubrirme pero me lo impide.

–No temas, cierra los ojos, sólo es vino dulce mezclado con agua de burbujas traída de Busquistar, del corazón ardiente de la Alpujarra.

Los cierro avergonzada, no me gusta nada este juego extravagante. Noto cómo el líquido recorre mi cuerpo y abro los ojos.

–Voy a morir –digo– esto me parece vergonzoso, indignante. Mulay me besa para hacerme callar.

–No tiene nada de indignante, Isabel. Así el amor es más divertido, no se hace monótono, quiero enseñarte cosas sofisticadas.

–Por favor, ¡déjame! No me hace gracia.

–Voy a bautizarte hoy, de nuevo.

–Pero, ¿estás loco? Eso es pecado.

–Aquí no es pecado. Yo soy tu rey y quiero bautizarte de nuevo. Además, creo que te va a gustar el nombre que he elegido.

–Creía que me amabas, ¿por qué me sometes a estas torturas? No puedo más. Yo no soy una mujer cualquiera de tu harén. Soy noble como tú. Hija del señor de Solís y de la duquesa de Fontes. ¡Cómo tengo que decírtelo para que me respetes! –las lágrimas ruedan por mis mejillas.

–Mi amada Isabel, nunca debes avergonzarte de lo que haces conmigo, te voy a enseñar a amarme como ninguna lo ha hecho.

Cuando Mulay habla así los celos se apoderan de mi corazón.

–¡No quiero que estés con ninguna otra!

–Veo que eres más difícil de lo que pensaba, ninguna mujer se ha atrevido, jamás, a decirme lo que debo hacer. Nunca he soportado a las personas obsesivas, exigentes y latazos.

Mulay se pone serio.

–No te enojes. Ten piedad de mi dolor. Me he entregado a ti. Te amo. No me hagas sufrir hablando así. No me menosprecies.

–No estoy enojado ni te menosprecio.

–Arlaja nunca me ha hablado de estos juegos, tengo que preguntarle para saber más –digo tapándome con mi mantilla y tratando de justificar mi pudor.

–La primera noche estabas tan desinhibida que pensé que eras diferente.

–Me afectó ese fantástico vino tuyo, estaba muy nerviosa.

Mulay pone un dedo sobre mis labios.

–He pensado en Soraya, ¿te gusta Soraya?

Veo que no tengo escapatoria, que no puedo permanecer con mi nombre cristiano.

–Me gusta, sí, me gusta –digo bajito y resignada.

–Soraya significa «lucero del alba». Te he puesto este nombre porque la noche que te amé, las estrellas brillaban enormes, sobre nuestras cabezas. Y, al amanecer, colgado del firmamento, el lucero del alba nos bendecía con sus destellos.

Me tranquilizo, eso sí me parece bonito y cortés. Qué precioso significado.

–¿No puedo seguir llamándome Isabel? ¿Estás seguro? Mi padre me puso ese nombre por mi madre y por la reina –insisto.

–Isabel es un nombre precioso pero aquí, mi querida niña, no puedes llamarte como la reina de Castilla. Mi esposa, Aixa, no lo permite.

El rey pronuncia estas palabras con toda naturalidad, pero me hieren profundamente.

–Tu esposa… –digo quedamente. No puedo evitar las lágrimas–. Tu esposa... has vuelto a olvidar que soy católica y castellana.

Me da la sensación de que Mulay trata de no perder la paciencia.

–Es mi esposa sólo oficialmente –dice acariciándome el pelo.

Me siento mal, despreciada y lloro con el corazón encogido. ¿Cuántas horribles humillaciones me esperan?

–En mi alma –dice Mulay, despacito–. En mi corazón y en mi alma, mi esposa eres tú.

Me besa en los labios y es suficiente para calmarme, aunque mi respiración continúa entrecortada. Una bandada de patos nada en el agua siguiendo a su madre.

–Vienen a saludarte, Soraya.

Trato de sonreír. Las familias de patitos siempre me han enternecido. ¡Qué sola me siento de repente! El comportamiento contradictorio de Mulay y sus palabras me decepcionan. ¡No entiendo sus modales! Hernando jamás me habría tratado así.

–Qué raro me resulta llamarme Soraya. Reconozco que me gusta. Aunque siento que estoy traicionando algo muy profundo. Te ruego que no te burles de mi religión ni de mis creencias.

El sultán besa ahora mis párpados.

–Sabía que te iba a gustar, amada mía.

Me reconforta cuando me llama amada mía.

–Dime otra vez amada mía.

–Amada mía.

Ahora, Mulay habla en árabe.

–No te entiendo –protesto dulcemente.

–A partir de ahora, clases con un profesor. Tu casa está ya en el reino nazarí.

No doy crédito a lo que escucho. ¡Qué misteriosa es la vida!

–Mulay, desde que Arla vino a vivir con nosotros me cantaba en árabe y te confieso…

–¿Qué confiesas? Cuéntamelo como si fuera tu sacerdote.

–Que desde pequeña el sonido de vuestra lengua me parece bellísimo.

Nos hemos subido a la misma hamaca en la que dormimos la primera noche y Mulay me abraza dulcemente. Me hacen gracia sus arruguitas. Cuando lo vuelvo a mirar está profundamente dormido, muy guapo.

Adoro descansar en esta hamaca, al aire libre bajo finos toldos y rodeada de velas cuyo olor aleja a los insectos. Recuerdo las cartas entre padre y la reina Isabel, y cómo hablaban de los placeres y la sofisticación de al-Andalus. «Disfrutan dando placer a los sentidos, ahí tenemos mucho a favor. Mientras Mulay se dedica al placer, nosotros nos dedicaremos a la guerra», decía la reina a mi padre en una de sus muchas cartas.

Vuelvo a ponerme algo celosa al recordar la palabra «placer», pero estoy tan a gusto y me siento tan cansada que me quedo dormida. A la mañana siguiente, Mulay coge mi mano y nos dirigimos hacia una hermosa galería porticada que desemboca en un fresco patio inundado de rosales trepadores. Pasamos bajo un arco decorado con atauriques.

–Tengo una sorpresa para ti, para que nunca dudes que mi corazón te pertenece. ¿Sabes qué nombre vamos a poner a esta estancia que he mandado construir para ti?

–No –contesto. Y la voz me sale como la de un pajarito.

–La vamos a llamar «Jardín de Soraya», ¿te gusta?

–Mucho.

Nos paramos frente a una jaula donde se arrulla una pareja de esos pájaros tan lindos que llaman «enamorados». Hay una inscripción tallada entre los barrotes.

–Dime qué pone –dice Mulay, cariñoso.

–Mulay.

–¿Y aquí?

–Soraya.

–¿Y quiénes son Mulay y Soraya?

–Nosotros.

–Tú eres la dueña de mi corazón, así lo quiere Alá, que es único y grande.

Sí, verdaderamente Alá es grande. Y a pesar de las cosas que me duelen y me extrañan, creo que voy a ser feliz.

Veintisiete

El verano de mi llegada a la tierra de los moros dio paso al otoño dorado con olor a membrillos y castañas asadas y ahora un invierno, frío pero luminoso, convierte el rocío en escarcha.

La nieve blanca cubre la Sierra como el más bello y luminoso de los mantos y mi amor por Mulay es tan grande como el cielo. Cada vez que se marcha siento una mezcla de celos y de miedo a no volver a verlo. Temo un ataque por sorpresa, una algarada, una invasión repentina de los castellanos o que alguna belleza del harén lo seduzca y lo aparte de mi lado para siempre.

Al final, nada de eso ocurre… pasan los días y mi gran felicidad consiste en estar a su lado y cumplir sus caprichos. ¡El también cumple los míos! Aunque no podemos vernos tanto como desearíamos o, al menos, tanto como desearía yo. ¡Siempre está ocupado!

Anoche, cuando ya estaba casi dormida, Mulay Hacen llegó sin avisar y la noche entre sus brazos ha sido tan dulce como todas.

Mientras bebe una taza de leche humeante y moja pan en unos huevos hervidos le recito las palabras que he aprendido en árabe.

Luego me hace escribirlas. Disfruto con la grafía, bella y elegante. Me gustaría que esta paz no terminara nunca. El otoño ha sido plácido y en lo que va de invierno no ha ocurrido nada grave, todo está en calma. El calor de los braseros es tan agradable que no dan ganas de salir de la cama y, mucho menos, de nuestra magnífica alcoba con hermosas celosías de lazo y un techo que parece el cielo cuajado de estrellas.

–Debería irme a la Alhambra, me esperan para tratar unos asuntos urgentes. Y llego tarde, como siempre –dice incorporándose.

La nieve cubre las ramas de las palmeras, es bonito contemplar cómo caen los copos, en Martos nunca ha nevado tanto como en Granada. Mulay parece optimista.

–Este tiempo es bueno para el campo –comenta quitándose las babuchas y entrando, de nuevo, a nuestra confortable cama.

En la Alhambra, el panorama era mucho menos apacible. Aixa maldecía a Mulay y a la reina Católica, al ejército castellano que había tenido el valor de cruzar la sierra de Alhama, en pleno invierno, para tomar el pequeño pueblecito termal donde gran parte de la aristocracia de Granada, se marchaba cada verano para pasar sus vacaciones. Había sido durante la noche. Entraron con cañones y disparando armas de fuego y no tuvieron piedad.

A Aixa le dolía pensar en las casas saqueadas, en las joyas, las sedas, los muebles, las vajillas y, sobre todo, en los cientos de cautivos de su pueblo, humillados y hechos presos por los castellanos.

¡Qué vejaciones y torturas tendrán que soportar! El dolor de cualquiera de sus súbditos era un suplicio para ella. La impaciencia y la desesperación la devoraban. Alhama había sido tomada, y su marido perdiendo el tiempo con la maldita cristiana.

–¡Sharra! –gritó histérica.

La criada entró, apresuradamente.

–Ve a ver si el caballo del sultán está en las caballerizas.

–¿Cuál de ellos, mi señora?

–El que siempre lleva cuando va a ver a sus amantes, *Alhazán*. Sharra se apresuró a cumplir la orden. Ella había sido una de las primeras concubinas de Mulay. Era de la edad de Aixa, aunque mucho más bella que la sultana. Pasó del harén a convertirse en ayuda de cámara de la reina porque nunca se habían llevado mal y, con los años, la complicidad había crecido entre ellas. Incluso, criticando secretamente a Abu-I-Hasan-Ali se divertían y desahogaban.

–Mi señora, *Alhazán* no está, me dicen que el rey partió a ver a la cristiana ayer por la tarde, después de su reunión con vos.

Aixa gritó enfurecida.

–¡Nunca cumple su palabra, maldito sea! Habíamos quedado en tratar unos graves asuntos esta mañana.

Abrió su arcón de un golpe y se cambió de ropa. Vestida casi como un hombre, sólo la delataba el velo sobre su cara. Una gruesa pelliza de piel de conejo la cubría convirtiéndola en una silueta de pelo, sin apenas formas.

–¡Vamos a la Vega!

Aixa cabalgaba mucho más rápido que Sharra. Mientras la nieve la salpicaba, maldijo la de veces que había tenido que recorrer ese mismo camino para arrancar a Abu-I-Hasan-Ali de los brazos de Adina y obligarlo a que cumpliera sus tareas de sultán. En una ocasión llegó un enviado especial de Damasco para entrevistarse con él, pero no apareció porque estaba extasiado con Adina y los problemas de su reino parecían darle exactamente igual. ¡Cómo se enfadó el embajador! Consiguió apaciguarlo, pero aquella actitud creó cierta distancia diplomática, algo que no se podían permitir.

Ahí estaba la alquería, encerrada entre palmeras, rodeada por el murmullo del río Genil. Aixa enganchó el caballo a una aldaba en la pared. Sharra aún no había llegado.

–Nunca aprenderá a galopar, es inútil –murmuró mientras daba un fuerte aldabonazo en la puerta.

Los criados se postraron al paso de Aixa. No era la primera vez que presenciaban esa escena que se había repetido en muchas ocasiones, y con violencia, cuando el sultán estaba locamente enamorado de la bella y dulce Adina.

–¿Es que nadie vigila la entrada aquí? ¡Si en vez de ser yo apareciera un tropel de cristianos os pillarían a todos tomando vuestras bebidas al calor del fuego, hablando de chismes y estupideces! ¡Noro! ¿Tú también holgazaneando? Veo que sois unos depravados. La última vez que vine ordené que pusieras una aldaba más fuerte en la pared, ¡la que hay es ridícula y cualquier caballo menos el tonto de *Alhazán* puede arrancarla! ¡Sois unos vagos indeseables!

El fiel gigantón negro se arrodilló y pidió perdón al paso de la sultana, que lo ignoró.

Aixa conocía a la perfección el camino a la alcoba de Adina, tremendos recuerdos volvieron a su memoria, abrió la puerta violentamente. Su marido yacía en la cama con una joven de belleza turbadora, pelo, piel y ojos claros. Aixa sintió de nuevo rabia por no haber sido hermosa, una sensación que en su juventud fue tan dura para ella, que moldeó su carácter. Por fin había llegado a esa edad que le permitía ser libre del amor, de la belleza, de las esclavitudes de la juventud.

Una mujer enjuta y poco agraciada viene hacia nosotros sin ningún tipo de miramientos.

–¡Mulay! –exclamo con miedo, sobresaltada. ¿Quién es esta espantosa anciana?

Tiene una autoridad que impone, se nota que está acostumbrada a mandar. Lleva un enorme bastón con empuñadura de ágata. A Mulay ni siquiera lo mira, sus ojos recorren mi cuerpo y mi rostro, con desprecio. Tiene la nariz fea, los ojos saltones, profundas arrugas…

Arlaja aparece, nunca la he visto tan nerviosa.

–Mi señora –dice, postrándose ante esa mujer, que no le hace caso.

Sin quitarme los ojos de encima da un tremendo golpe con su bastón, en el suelo. Las copas que descansan en la mesa, tintinean.

–Nuestro reino peligra definitivamente, los castellanos han tomado Alhama y tú aquí, ¡irresponsable! Debería darte vergüenza hacerte llamar rey.

Mulay, hundido, se tapa la cara con las manos.

–¡No, no, no puede ser!, ¡Alhama, mi Alhama! Diego de Merlo, el sevillano, seguro que lo ha organizado él.

–¡Pues claro que lo ha organizado Diego de Merlo, con su amigo Fernández de Córdova, eres un verdadero bufón! Ha conseguido reunir a un gran número de gentes que, soñando con las riquezas de Alhama, se han unido a ese impostor. Ahora son dueños de nuestro oro, nuestra plata, nuestros caballos, nuestro ganado, nuestras casas y nuestra agua, la valiosa y apetecible agua de Alhama, que tantos beneficios tiene para la salud.

Arlaja está derrotada y murmura como Mulay: ¡Alhama, Alhama!

Los sirvientes comienzan a llegar, entran sin protocolo a nuestra estancia y sollozan pronunciando un mismo nombre: Alhama, Alhama.

–¡Mi Alhama no, mi Alhama no! –exclama Mulay como loco y casi perdiendo el control.

–¡Tu Alhama! Sí, la han tomado los cristianos, ya no es nuestra. Yo sospechaba algo y quería organizar a un grupo de hombres para que partieran hacia allí. ¡Pero tú los habías enviado a la Alpujarra a perder el tiempo! Y ahora, Alhama, la perla del reino, ya no nos pertenece.

–¿Dónde está Alhama? –pregunto asustada.

–Muy cerca, muy cerca, demasiado cerca.

–Esta es la represalia por el golpe de mano que diste en Zahara. ¿A quién se le ocurre gastar tanta energía en esa bufonada de Zahara? ¡Mira lo que has conseguido, que nos quedemos sin nuestra Alhama! Fuiste cruel en Zahara, demasiado cruel, injustamente cruel. Cuando apareciste con tu espantoso botín de mutilados por las calles de Granada, el pueblo maldijo tu fiereza, Mulay. Las mujeres lloraron al ver cómo habías matado a los hijos pequeños de las cristianas, las ventanas se cerraron a tu paso y el oráculo,

Mulay, el oráculo en el que tanto crees, anunció que ese macabro saqueo tuyo traería espantosas consecuencias.

–Yo creía –Mulay se incorpora, pálido, vacilante.

La que deduzco que es Aixa rompe de un bastonazo las copas de cristal. Los trozos saltan por toda la habitación. El vino mancha de rojo las paredes como un mal presagio. Estoy asustada. El asunto es grave.

–Te exijo que vengas inmediatamente a la Alhambra, hay que convocar a nuestros amigos y que acudan de Damasco, de Egipto, de Constantinopla, de Marruecos, para ayudarnos contra los castellanos. La caída de Alhama es un golpe letal para el reino de Granada y para todo el islam. La guerra contra los castellanos adquiere tintes dramáticos y no pararé hasta vencerlos, aunque para eso tenga que morir.

Un silencio sepulcral, sólo interrumpido por sollozos y lamentos, se apodera de la casa. Yo no puedo aguantar más, y me pongo a llorar también.

Aixa me mira con una mueca de asco.

–Detesto a las lloronas –dice tirándome del pelo–. ¡Siempre te buscas absurdas amantes débiles! ¿Por qué no alguna vez a una inteligente y fuerte?

Ni Mulay ni Arlaja se atreven a hacer ni decir nada a mi favor. Me escondo tras la espalda de Mulay.

–¡Perra cristiana! –me grita mirando el mechón de cabello que ha quedado entre sus dedos– ¡Por tu culpa este idiota desatiende sus obligaciones de sultán y se viene aquí, a perder el tiempo en la Vega, como si viviéramos días de paz!

Tengo tanto miedo que creo que me voy a desmayar, además es injusta, jamás lo retengo, siempre estoy sola, esperando y esperando los días se me hacen interminables. Aixa se acerca a mi cuello, me taladra con sus ojos negros.

–¡Pero qué hace con esa cruz puesta, sois todos unos peleles y tú el primero Mulay, tú el primero! ¿Cómo puedes abrazar a esa mujer cuando de su cuello cuelga una cruz católica? ¡Es verdaderamente asqueroso!

Aixa, de un tirón, me arranca la cruz de mi madre. Y me escupe, rabiosa.

–¡Ahora mismo para la Alhambra, inmediatamente, despreciable depravado!

La reina sale de la habitación, a los pocos minutos escuchamos los cascos de su caballo que, a toda velocidad, se aleja de la casa. Mulay se levanta de la cama, apesadumbrado. De repente, parece diez años mayor.

–Te ruego, Arlaja, que sigas a la reina hasta la Alhambra y la calmes, a continuación iré yo. Hay que recuperar Alhama.

Arla me besa y recoge, del suelo, mi cruz.

–Sé valiente –dice entregándomela, pero a mí sólo se me ocurre llorar más fuerte.

Arlaja cierra la puerta, Mulay y yo volvemos a quedarnos solos, seca mis lágrimas con sus besos.

–Ya has visto cómo es Aixa, dura como una roca, no parará hasta destruir nuestra relación o, al menos hasta que te conviertas al islam. Está convencida de que los problemas del reino se deben a que tengo una amante cristiana –dice mientras se viste a toda prisa–. Puede que se resigne a que estés aquí y no comerciemos contigo pero debes convertirte cuanto antes. Todo se ha vuelto muy complicado.

–¡No os parece suficiente con haberme cambiado el nombre!

–Te vas convertir al islam. Te permito que guardes tu cruz en un lugar seguro para que nadie la descubra.

–Era de mi madre y, al llevarla, la siento cerca. ¿Puedo rezar en secreto? ¿Hasta dónde pretendéis que me traicione a mí misma?

Cada vez parece más agotado y siento compasión por él.

–¿Rezar a tu Dios? No debes, pero si te sientes mejor y eso te da fuerzas para afrontar los muchos problemas que tendremos a partir de ahora, hazlo.

–No me imagino rezando a Alá.

–Orar es lo mismo para todos, Dios es único y grande, Arlaja te enseñará lo que debes saber. A partir de mañana rezarás cinco veces al día, mirando a la Meca, cumplirás el Ramadán y celebrarás todas las fiestas, exactamente, igual que nosotros.

–De acuerdo –susurro–. Te quiero tanto que sólo puedo cumplir tu voluntad.

–Así debes hacerlo, no debes darme más problemas de los que ya tengo. Soy mucho mayor que tú, podría ser tu padre, en cualquier momento puedo faltar, ya no me encuentro tan bien físicamente como antes, incluso empieza a fallarme la vista.

–No me asustes, Mulay. Yo sin ti…

–Debes aprender a estar sin mí, dejar de ser mimada y caprichosa. Nuestra vida es muy difícil, ya has visto que los cristianos atacan en cualquier momento, puedo morir en combate, pueden pasar muchas cosas, por eso es importante que te instruyas en nuestra cultura, que seas musulmana, que aprendas perfectamente nuestro idioma y te integres.

–Sí, mi señor –digo sumisa.

–Otra opción es que te devuelva a Castilla.

–Eso significa separarnos y yo te quiero.

–Y yo a ti, Isabel de Solís… Soraya.

–Ahora te tienes que marchar, ¿verdad?

–Me quedo contigo mientras preparan mi caballo. No voy a ir a la Alhambra, voy directamente a Alhama, de incógnito.

Mulay da unas palmadas.

–Noro, traed mi gabán y mi túnica de cristiano. Pindan y tú vendréis conmigo. Nos vamos a Alhama.

–Me ha dado mucho miedo cuando Aixa me ha escupido, creía que iba a matarme.

–No se atreve, porque eso significaría la guerra entre nosotros y lo único que interesa ahora es permanecer unidos y luchar contra los enemigos de Alá. Castilla es un reino poderoso, organizado, mientras que nosotros cada día estamos más perdidos, somos más pequeños, la situación no es fácil. Nuestros súbditos están enfadados conmigo, creen que no cumplo con mis obligaciones como debería. En estos últimos años, Aixa los ha vuelto contra mí, pero todos en esta casa tienen la orden de hacerte feliz, si alguien te insultara o molestara en algo, por ser mi favorita, dímelo para que sea castigado.

–Todos son amables. Con Taher me llevo muy bien, me gusta pasear por tu jardín, observar a los animales, salir cuando hace frío y las gotas de agua se congelan sobre las ramas. El jardín es mi refugio, incluso he conseguido que Taher me permitiera sembrar unas plantas aromáticas con mis propias manos ¿Aixa va a volver? Tengo miedo, nunca estoy tranquila. Me siento sola, desvalida.

–Hay que procurar no enfadarla, no debes retenerme si tengo que marcharme por asuntos de Estado, ¿de acuerdo? Contigo soy demasiado débil, te lo consiento todo, pero ahora existe un grave problema con Alhama. Creo que no podré venir en unos días, y más con este tiempo tan frío. Los caminos están helados, los caballos resbalan, es peligroso. Pueden pasar meses hasta que todo se calme.

–Pero te voy a echar mucho de menos.

–¡Basta ya de quejarte! –grita enojado–. Debo marcharme, de Aixa y de mí depende la felicidad de muchas personas.

Mulay me ofrece sus labios y todo mi amor va en ese beso.

–Vendré tan pronto como pueda. Ten paciencia. Utiliza la cabeza. Sé fuerte.

Cierro los ojos, a partir de ahora todo será más dificil. Más aún. Oigo cómo se alejan los caballos de Mulay y sus hombres hacia un destino incierto. ¿Tan valiosa es Alhama como para que mi amado arriesgue su vida? La suave lluvia que caía se ha convertido en una torrencial tormenta que me enerva. Hay truenos y relámpagos. Camino, nerviosa, de acá para allá. Arlaja va hacia la Alhambra. No quiero pensar que Mulay Hacen se dirige a Alhama, tan sólo acompañado de dos hombres y en medio de esta brutal tempestad. ¿Qué ocurriría si me faltara, qué sería de mi vida, de mi destino? Soy consciente de cómo sufriría mi corazón si a Mulay Hacen le ocurriera algo terrible… Quizás en mi cruz encuentre consuelo a tanto tormento, a todas estas preguntas sin respuesta. La saco del escondite improvisado que le he buscado para esconderla de la sultana. Ese escondite es un secreto que no confesaré ni siquiera a Mulay.

Me vuelvo a acostar, pero tengo la sensación de que alguien parece destaparme. Huele a perfume. A un perfume denso ¿otra pesadilla?

–Amado, ¿dónde estás? –susurran muy cerca de mí.

El fantasma ha vuelto. Agarro mi cruz y rezo con todas mis fuerzas.

–Vuelve a mí –dice la mujer de siempre, apareciendo en su nebulosa. Se sienta al borde de mi cama. Haciendo acopio de fuerzas trato de tocarle el hombro para cerciorarme de si es real o no, pero mi mano atraviesa el aire. Definitivamente, no es de carne y hueso. Su alma está atrapada en una historia trágica de la que no puede salir. ¿Y si me ocurriera igual que a ella?

–Mulay no está aquí –le digo, sin esperanza de que me escuche. Debes marcharte, no lo vas a encontrar.

–Mi amor, ven a mí.

La voz suena cada vez más suave hasta que deja de oírse. El corazón me late tanto que creo que va a escapar de mi pecho. El dolor empieza a construir su hogar en mi corazón. Y yo, me siento demasiado débil, perdida y sola para expulsarlo.

VEINTIOCHO

El amanecer me sorprende despierta pero llena de buenas intenciones ¡se ha acabado el no hacer nada, pensar en fantasmas, llorar por la ausencia de Mulay y estar temerosa de Aixa! Mi vida debe cambiar o me volveré loca.

Hoy tengo clases de árabe y de Corán, ¡incluso de danza! Me he empeñado en aprender a bailar y Arlaja, en secreto, me va a enseñar unos pasos de los sensuales bailes granadinos. Será una manera de desahogarme y matar el tiempo. Cuando vuelva Mulay, victorioso, de Alhama, le demostraré lo mucho que he sido capaz de aprender. Debo ser digna de él y no andar siempre lloriqueando, como me dijo la sultana. ¡Menudo carácter tiene! A pesar de mi buena predisposición no me siento bien físicamente.

–Tengo el estómago algo revuelto –confieso a mi criada.

–No me extraña, señora. Conocemos un remedio que suele funcionar. Espesar la leche con piedras calientes retiene el estómago pero no sé si le gustará.

–Me parece bien probarlo. En Granada estoy descubriendo cosas que jamás imaginé que existirían.

–Debéis saber que la escena de ayer la hemos vivido muchas veces. Es costumbre de Aixa aparecer de repente, arrancar a su esposo de los brazos de sus amantes y llevarlo a la Alhambra.

Hago como que no me afecta el comentario, pero duele imaginar a Mulay con otras mujeres y que me recuerden que está casado.

–¿Sabes, Sura? Hoy voy a concentrarme en estudiar. No puedo estar sin hacer nada, siempre he sido muy aplicada. Sé coser, bordar y todas las artes caseras. E incluso he hilado algún que otro jubón de mi padre, cuando me aburría en Martos, aunque lo que más me gusta es leer. Soy una gran lectora. La reina Isabel me elogió ante toda la Corte por haber conseguido terminar *De Consolatione* de Boecio, en latín, una obra dificilísima de entender, especialmente para una joven de mi edad. Domino la música y taño la dulzaina de arpa, el tamborino, el clavicémbalo y el rabel.

–Señora, ¿se quedará en su habitación o prefiere ir al salón de los libros?

–Iré al salón de los libros.

–Lo prepararé inmediatamente, avivaré los braseros y perfumaré la estancia con agua de mirto, que ayuda a despejar la mente.

La clase de árabe me gusta. Estoy aprendiendo cosas básicas: «Buenos días, buenas noches, Alá es grande y misericordioso, sólo Alá es vencedor, pan, leche, tengo hambre»... mi profesor es un hombre que al parecer domina más de quince lenguas.

–¿Hablaremos también en castellano? –le pregunto–. No me gustaría olvidarlo.

–Si el sultán accede practicaremos todas las lenguas que deseéis.

–También sé algo de sajón y de franco –digo orgullosa.

–Son dos lenguas muy importantes y bellas.

–El sajón me encanta, me recuerda a una amiga que tenía en la Corte de la reina Isabel. Vino acompañando a su marido, un arquero que perdió todos los dientes batallando contra los infieles.

–No debéis equivocaros hablando así, mi señora.

–No entiendo a qué se refiere usted.

Mi profesor sonríe tratando de no perder la paciencia.

–Pensad un poco. Habéis cometido un gran error.

Intento recordar, palabra por palabra, lo que he dicho.

–Señora, estamos en el reino de Granada y el sultán es el hombre que os ama. Ahora, los infieles no somos nosotros, sino los castellanos.

–¡Ah! Comprendo.

–A los castellanos podéis llamarlos infieles todas las veces que queráis, pero jamás a nosotros. Nosotros no somos infieles, los infieles son ellos.

–No volveré a equivocarme –se me escapa un suave «si Aixa me escuchara».

El mes de diciembre transcurre, lento y aburrido. Sin noticias de Mulay Hacen. Ha habido espantosas tormentas un día sí y otro no y, por una conversación que escuché sin querer, cuando me dirigía a la cocina, me he enterado que algunos miembros de la servidumbre, los más religiosos, creen que la toma de Alhama es el castigo de Alá al rey Mulay Hacen por tener una amante cristiana. ¡Qué estupidez que me ha hecho llorar durante varias noches!

Sueño con que llegue la Navidad, pero cuando llega, nadie la celebra. Al parecer, en Granada sí que se celebra algo, con el argumento de que es el natalicio del profeta, pero es una fiesta de la que los más religiosos no son partidarios, ya que la equiparan con la Navidad de los cristianos. Desde luego, en la almunia de la Vega nadie hace nada y me resulta desolador. Arlaja y yo pasamos Nochebuena a solas, comiendo en silencio, cada una con nostalgia de sus seres queridos. Yo, de mi padre y de Mulay Hacen y Arlaja, de sus hijas y de Almuet. Mis primeras Navidades sin padre, lejos de mi castillo y de Martos…

–Si no me hubieran capturado, ahora estaría celebrando las fiestas con mi esposo Hernando, sentada junto a mi querido padre, que no habría muerto… y embarazada, con total seguridad. Sin embargo, mírame, completamente sola en un palacete perdido en medio de un lugar solitario. Un palacete pensado para las amantes del sultán, un palacete de pecado, donde nadie me quiere y me echan la culpa de cosas que no tienen nada que ver conmigo, como la conquista de Alhama por los católicos, las tormentas, las inundaciones, las heladas… ¡según esta gente supersticiosa todo lo malo que ocurre es por mi culpa!

–Basta ya, Isabel. Estás deprimida y te comprendo. Son unas fechas muy importantes para ti.

–¿Recuerdas cuando todos los habitantes del castillo nos reuníamos para cantar el nacimiento de Dios acompañados de zambombas y panderos, comíamos pan de aceite, pucheros de garbanzos con rico tocino y tierna carne de cerdo, asadura encebollada, tortillas, mazapanes, turrones, dulces de manzana, sidra fresca y peñascos de almendras y miel?

–Ciertamente, eran unos días muy bonitos. Siempre nos dividíamos en dos grupos para cantar. ¿Quieres que lo hagamos ahora? Así la noche será más alegre. Tú harás la voz de las mujeres y yo la de los hombres.

Pastorcito, dónde vives –comienza Arlaja.
Allá en lo alto del cerro –respondo.
Quién te cuida, tu rebaño
Allí me lo guarda el perro…

Cuando acabamos de cantar, siento un soplo de alegría en mi corazón. Es mi villancico favorito junto con Adeste Fideles. De mis Navidades en Martos echo de menos el sentimiento de pertenecer a una gran familia. Padre era generoso con todos los criados y ellos se esmeraban en agradarnos. Yo regalaba a Tana vestidos que ya no utilizaba y sus ojitos de color miel siempre me sorprendían con destellos de felicidad. ¡Ay, pequeña Tana! ¿Conseguirás casarte algún día? Dios apenas te ha premiado con ningún don, aunque yo siento por ti un gran afecto. Y, simplemente cambiándote de ropa, lavándote los churretes de la cara y peinándote, ¡pareces otra!

Al día siguiente, 25 de diciembre, se me ocurre que puedo enseñar algunos villancicos a los habitantes de la casa. Bajo a la cocina pero nadie parece estar de muy buen humor, así que me limito a coger una pera reluciente y comérmela para matar el tiempo.

Estoy tan aburrida y desesperada por la ausencia eterna de Mulay. No sé nada de él, ¡me siento muy inquieta! Ojalá apareciera, pero la nieve nos ha dejado incomunicados, según me han dicho. Si al menos tuviera un hijo suyo que me consolara de su ausencia... Lo añoro y ni un instante desparece de mí.

–¿Cuándo dejaremos de estar incomunicados?

–No lo sé. Hay mucha nieve y los caminos continúan intransitables.

–¿Tenemos suficiente comida?

–Claro que sí, nuestra huerta es fértil, y siempre tomamos precauciones de salar carnes y pescados.

Diciembre y enero concluyen. Todo sería tan bello si estuviera aquí Mulay, la nieve me parecería romántica y el paisaje delicioso. Disfrutaría, incluso, con el canto de las zumayas, que tanta impresión me causan. Arla y yo matamos el tiempo saliendo a coger frutos del bosque, musgo, muérdago. Por las noches, duermo inquieta por si aparece de nuevo ese fantasma que me atormenta. Prefiero no hablar de ese asunto, no vaya a ser que alguien piense que estoy perdiendo la cabeza.

–Las cosas marchan mal, pero olvido los problemas cuando te veo.

El rey de la Alhambra aparece en mi estancia envuelto en una espectacular saya de armiño blanco. Extiende sobre mi diván otra igual a la suya.

–Para recompensarte por mi larga ausencia. Fue del todo imposible venir antes.

Me la pone sobre los hombros y nos abrazamos apasionadamente.

–Tienes el porte de una verdadera reina.

Mulay propone pasear con nuestros abrigos nuevos.

–Y tengo más sorpresas. ¿No me hablabas de tu caballo de Martos, blanco como la nieve, de largas crines y el relincho más alegre que pueda existir?

No puedo creerlo. Es mi caballo, *Doménico*, ¡mi caballo querido! Ahí está, bajo mi ventana.

–Pero, ¿cómo lo has encontrado?

–Nada es imposible para el rey de Granada.

Doménico me reconoce al instante y relincha de alegría. Beso su noble cara y le doy palmaditas en su lomo.

–¡Vayamos a pasear! Lo necesito –exclamo.

Hace un frío tremendo, el aliento cálido forma intensas nubes de vapor delante de nuestra boca. ¡Qué belleza esta lluvia de copos delicados! Paseamos bajo la nieve, entre las huertas de la Vega. Todo parece helado excepto nuestro amor.

Tras un árbol creo ver una sombra humana, que desaparece al instante, como un fantasma invernal.

–Mulay, algunas noches, una mujer pasea por mi habitación y parece desesperada. No se lo he contado a nadie para que no me tomen por loca pero tengo miedo y su presencia me hace sentir desprotegida.

–¿Cómo es?

–Muy bella, con una voz muy dulce que no para de susurrar tu nombre.

–Es el espíritu de Adina, que todavía se pasea por esta casa. Adina no quiere salir de aquí pero es inofensiva, lo máximo que hace es desordenar los armarios buscando vestidos que la agraden, cantar melancólica, peinarse, pronunciar mi nombre y jugar con el agua de las fuentes. También mover cosas en la cocina, que era uno de sus lugares favoritos, y destapar a la gente mientras duerme, eso le encanta. No temas, Arlaja nos dará una solución.

–¿Qué ha pasado con Alhama?

–No me hables de Alhama, por favor.

En la cocina, Arlaja quema hierbas en la chimenea. La interrumpo.

–Arla, hay un fantasma en mi habitación, el espíritu de una mujer muy bella. El rey dice que busques una solución.

–Sí, yo también he tenido un cierto presentimiento, no me extraña que Adina no quiera abandonar esta casa. ¿Por qué no me has dicho que te estaba molestando? Hace tiempo que no me enfrento a un caso como éste.

–No quería que nadie me tomara por loca.

Arla mira su libro, pasa las páginas muy concentrada.

–Tienes que pedirle al rey que te regale siete pulseras de oro.

Cuando Adina las vea se dará cuenta de que te ama a ti, el brillo del oro la cegará, porque ella viene del mundo de la noche y el oro simboliza la pureza de la luz. Además, hay que poner junto a tu lecho un vaso de cristal con agua de rosas y un poco de arrayán. Así no volverá a molestarte.

–Corriendo, atravieso el zaguán dirigiéndome a la cámara donde Mulay estudia unos documentos.

–Antes de que te marches necesito siete pulseras de oro. Son para alejar el espíritu de Adina.

Mulay ni siquiera me contesta. Pero da dos palmadas y aparece su criado, el gigantón. El enorme negro porta un cofre labrado lleno de joyas deslumbrantes. Me quedo sin habla.

–¿Y todo ésto? –pregunto.

Mulay saca del cofre siete pulseras de oro, pero debe haber varias decenas. Me las pone una a una recitando las palabras que Arlaja me ha recomendado: «Adina, no vuelvas a venir, ya no te amo. ¡Márchate a tu mundo de tinieblas y no salgas más!» –ordena sombrío.

Miro a todos lados para cerciorarme de que el sortilegio ha surtido efecto. Entonces, se escucha un lúgubre suspiro que desciende hasta el fondo de la tierra. En las manos del sultán aparece una rosa blanca.

–Hemos conseguido que se marche. Dulce Adina, descansa para siempre. Y tú, Soraya, no me desconcentres, estoy trabajando antes de marcharme –ordena.

–¿Te marchas hoy mismo? ¡Acabas de llegar! –contesto impresionada por lo que acabo de ver. La rosa empieza a esfumarse.

–Sí, en un rato debo estar en palacio –y su voz suena inflexible.

No me quito mis pulseras ni siquiera para bañarme. Con ellas en mi muñeca me siento más segura, tintinean como las de Arlaja. Las hago sonar cuando me aburro.

Los días pasan sin que ocurra nada. A veces, Mulay manda palomas con mensajes cariñosos y dibujos para que no desespere. Trato de conservar la calma, de ser lógica, el rey de la Alhambra tiene tantos asuntos que tratar… pero me duele no poder vivir con él, estar separados por esta enorme Vega, por estas infinitas choperas que se mecen al viento, impasibles y ajenas a mi amor.

–¿Es que no hay manera de salir de este lugar? Pensaba que juntas iríamos al Albaicín y a conocer la Alhambra, a pasear por Granada, recorrer la Alcaicería, hacer todas las cosas que me contabas en Martos –recrimino a Arlaja.

–Debemos tener cuidado con la ira de Aixa. Además, hace demasiado frío, hay que esperar que el tiempo se vuelva algo más dulce.

Resignación. Paciencia. Arlaja asegura que las cosas van a cambiar, que ha consultado las estrellas y algo importante va a ocurrir muy pronto, algo trascendental y bueno para mí, porque dos pájaros cantaron al unísono, parados en su ventana, justo cuando ella encendía una vela blanca para adivinar el porvenir.

Esperar y esperar. En ocasiones, si estoy deprimida, tengo la sensación de que Mulay me engaña y me traiciona. ¿Y si en vez de estar luchando por Granada, como asegura, está pasando la noche con alguna de las mujeres de su harén? Todo el mundo me ha contado ya lo mucho que le gustan y cómo se deja manipular por ellas.

No quiero pensar en eso. Es espantoso, se me empaña el alma, lloro y al llorar, me apago.

VEINTINUEVE

Con las primeras flores de almendro, Mulay Hacen ha vuelto a su palacio de la vega. Lo acompañan unos aristócratas serios y circunspectos con los que se reúne todas las mañanas. No me atrevo a hablarles porque intuyo que no les resulto agradable. Yo, una cristiana... Preferirían, sin duda, que Mulay permaneciera junto a su esposa o cualquier esclava del harén en vez de conmigo. ¡Soy un elemento más de discordia para este reino! ¿Pero, qué puedo hacer yo? No tengo ni voz ni voto y Mulay me obliga a estar siempre alegre. Odia las quejas y los lamentos.

–Respétalos –me ha advertido Arlaja– sólo así podrás ganártelos poco a poco.

Los días de Mulay son para la política. Sus noches, me pertenecen. Sólo algunos viernes viaja a la Alhambra, para dirigir el rezo en la mezquita, deber que ha retomado tras descuidarlo durante un largo periodo de tiempo.

–¿Cuándo podré ir a la mezquita? –pregunto a veces. –Me gustaría verte ejercer tu tarea en calidad de príncipe de los creyentes.

–Aún no, Isabel –contesta tajante, cambiando de tema.

–¿Aixa acude a verte? ¿Van las mujeres del harén?

Si me pongo pesada haciendo preguntas, directamente, abandona nuestra estancia, dejándome abatida y triste. Entonces me obligo a dejar de sentir esa curiosidad que me atenaza el estómago y la garganta, por mi propio bienestar físico. ¡Sufro tanto en ocasiones!

–Siento náuseas –digo apartando la comida.

Sin venir a cuento, la sopa *harira* que tanto me gusta se vuelve detestable hasta el punto de que doy arcadas. Arlaja se acerca con una cadena de la que cuelga una medalla y la aproxima a mi vientre. También me toca el cuello. Tras unos instantes anuncia:

–Estás embarazada.

–¡Embarazada!

Mulay está reunido pero no me importa. Dando gracias al cielo, entro sin permiso en la sala decorada con una inscripción que repite, a lo largo de la pared: *Dios es refugio.*

–Estoy embarazada –digo al oído de Abu-I-Hasan Ali.

Los hombres que acompañan al sultán me miran. Rumorean entre ellos, contrariados por la interrupción.

–¡Silencio! –advierte el chambelán.

–Tener un hijo tuyo me llena de felicidad. Cuando termine esta audiencia acudiré a tu lado.

Me siento en un pequeño banquito del jardín para disfrutar, a solas, de esta nueva sensación.

–Padre, te habría gustado tanto conocer a tu nieto… ¿Cómo es posible que ya no estés conmigo?

Lágrimas de nostalgia por mi amado padre ruedan por mis mejillas. Lo recuerdo paseando junto a mí, lo recuerdo sentado junto a la chimenea; lo recuerdo leyéndome historias de santas y enseñándome a jugar a las cartas.

–Muchas veces, padre, tengo la esperanza de verte aparecer. De que tu muerte sólo fuera un rumor. Imagino que nos encontramos de nuevo y que cada noche, antes de dormir, vienes a darme tu bendición aunque ya no sea una niña. Qué tonta fui cuando, al crecer, te obligué a abandonar esa costumbre que tanto te agradaba. Me porté mal contigo y fui egoísta dándote aquellos disgustos cuando escapaba del castillo. Tus temores tenían fundamento. Ya me ves, finalmente estoy capturada por los moros. Y viviendo un amor tan fuerte con el sultán que no sé si lo habrías aceptado. ¿Lo habría admitido la duquesa de Fontes? Mis queridos padres, miradme desde el cielo. Voy a ser madre de unos hijos que os honrarán y hablarán maravillas de sus abuelos. Os harán sentir orgullosos.

Si mi hijo es varón, además, podrá aspirar al trono. ¡Eso sería magnífico porque estoy segura de que traería la paz! Y nadie, nunca más, se atrevería a humillarme. Ni los criados, que en ocasiones son desconfiados, aunque no me atrevo a denunciar a Mulay Hacen su comportamiento, ni los aristócratas ¡a veces los odio aunque luego los disculpo con la esperanza de que las cosas cambien! Ya me he informado de las leyes de los moros. Tener un hijo es la vía más rápida para hacerme respetar y ascender de posición.

Esta vez son lágrimas de felicidad, más que de rabia. Mulay Hacen las seca con sus ardientes besos.

–Lo tenía guardado para cuando llegara este momento.

Todavía con el corazón tocado por el recuerdo del alcaide de Solís, abro la bolsita verde con el escudo de la sedería de Granada que me entrega el sultán. Dentro hay un colgante de brillantes con forma de estrella que Mulay me pone al cuello.

–Hoy más que nunca recuerdo a mi padre, lo mucho que le habría gustado conocer a su nieto. Cómo habrían disfrutado juntos. Me pesa la soledad inmensa de mi niñez, añorando a mi madre, la duquesa de Fontes.

–Yo soy tu padre y tu madre, Soraya.

–Tú también lo eres todo para mí.

Arlaja nos mira enternecida, respetando nuestra intimidad. Ha llegado con dulces, vino y zumos.

–Echo de menos a mi padre, Arlaja. Lo echo de menos con todo mi corazón. Más que nunca.

Arlaja coge mis manos. Las besa.

–Ojalá estuviera entre nosotros. También añoro sus modales y su bondad. Su caballerosidad sin límites. Malditas guerras que nos separan de nuestros seres queridos. A mí de Almuet y de mis hijas. A ti, de tu padre.

–Vuelve a casarte, Arlaja. Olvida a Almuet, busca otro hombre.

–No, mi señor, prefiero vivir de los recuerdos. Entregarme a mi reino y a Isabel que, a partir de ahora, me va a necesitar más que nunca. El alcaide de Solís me la encomendó y jamás le fallaré. Ni a él, ni a mi querida niña Isabel.

–Cuando te pones seria olvidas llamarla Soraya y la nombras Isabel –comenta Mulay sin acritud, y dirigiéndose a mí, dice: te he regalado este colgante con forma de estrella para que recuerdes, siempre, que en Granada eres Soraya «lucero del alba». Por mi hijo y por la mujer que amo. ¡Por mi reino! –brinda a continuación.

El sultán da dos palmas y aparecen cinco músicos. Hasta altas horas permanecemos sentados escuchándolos, recostados el uno sobre el otro y en una completa paz. La estrella de brillantes que cuelga de mi cuello lanza destellos cuando la acarician las velas. Me cubro con una mantilla, elevo la vista al cielo, veo ramas de palmeras, árboles frutales, chopos meciéndose al viento y cipreses cimbreantes.

Mi embarazo avanza lentamente. Estoy de mal humor y Mulay no sabe muy bien cómo tratarme.

–Voy a estar un mes sin poder venir a verte, tengo que ir de un lado a otro de mi reino. Permanecer más tiempo en la Alhambra. Los problemas me asedian –anuncia, una mañana.

–¡Por favor, no puedo más, siempre aquí sola, esperando y esperando eternamente! ¡Llévame contigo o las penas y preocupaciones me harán perder a nuestro hijo!

Mulay se queda serio. Temo su reacción ¿dirá sí o dirá no?

–Aixa se pondrá como una furia, le prometí que jamás te llevaría a la Alhambra.

–¿Por qué no puede vivir ella aquí y yo contigo en la Alhambra?

–No me pidas imposibles. ¿Nunca dejarás de ser una niña, una criatura infantil que se niega a razonar?

–Pues llévame, haré todo lo que tú digas pero llévame, no me dejes, semanas y semanas esperando, embarazada. ¡Tengo miedo de estar lejos de ti!

Arlaja pone cara de pánico pero no dice nada.

–Nos vamos a la Alhambra, mañana será la última noche que Soraya duerma en esta almunia de la Vega. Quiero que la atiendan los médicos de la Alhambra, y tenerla cerca de mí cuando dé a luz. Tampoco soporto la idea de estar treinta días y treinta noches sin verla, quién sabe si más tiempo aún, y venir aquí constantemente me supone un gran problema.

Arla asiente con la cabeza, yo doy saltos de alegría. ¡Conoceré la Alhambra, casi no creo lo que estoy escuchando! Mi amado Mulay me lleva, por fin, a ese lugar donde tanto anhelo vivir. ¡Vivir para siempre!

–Se va a cumplir tu sueño –digo a Arla.

–¿Qué sueño? –Mulay siente curiosidad. Le encantan los horóscopos, los vaticinios, los oráculos y los pronósticos. A Arla le consulta constantemente–. Cuando estábamos en Martos, Arlaja me torturaba y torturaba diciéndome que no debía vivir entre los tristes muros de mi castillo, sino en la Alhambra, que a mi belleza le correspondía vivir en la Alhambra.

–Y es cierto –apunta Abu-I-Hasan-Ali.

El amanecer me sorprende sin haber conseguido descansar. Antes de que Mulay –que ha dormido como un niño– abra los ojos, saco mi cruz de su escondite en la pared y la guardo junto a mi pecho derecho, levemente más gordito que antes, debido a mi embarazo.

¡Por fin salgo de aquí! ¡Por fin conoceré Granada! La Alhambra y Granada son palabras que me suenan a libertad y belleza. Y, sobre todo, por fin parece llegar lo que tanto necesito: estar cerca de Mulay. Dormir con él cada noche sin que estas choperas inmensas nos separen.

El camino que hace meses hice maniatada y con los ojos vendados, a lomos de un caballo, lo repito hoy a la inversa, pero con todas las comodidades y con el rey de la Alhambra sentado a mi lado. A lo lejos, luce la nieve de la famosa Sierra del Sol. Arlaja está emocionada como una niña.

–¿Has visto una montaña más bella en tu vida? En ella encuentro todas las hierbas que necesito.

Me gusta especialmente uno de los picos que recorta el cielo azul y lo señalo con el dedo.

–Cuando muera desearía que me enterraran en la cima que estás señalando –confiesa Mulay.

–No hables de morir, me asustas.

El paisaje es una delicia.

–En este lugar, justo aquí, fue donde me capturaron los cristianos. Tuve suerte de dar con don Pedro y después con tu padre, el señor de Solís.

Arlaja y yo llevamos la cabeza cubierta, sólo se nos ven los ojos.

–Nadie diría que no he nacido en el reino de Granada, ¿verdad?

–Nadie –contesta Abu-I-Hasan-Ali, orgulloso.

–¡La Alhambra!

Arlaja señala una enorme fortaleza que se yergue, armoniosamente, sobre una bella colina.

–La colina de la *al-Sabika*, así se llama.

–Parece un barco gigantesco y majestuoso surcando la montaña.

–Espera a verla por dentro.

Miro a Mulay completamente fascinada, como si fuera el único responsable de esta maravilla que tenemos ante los ojos.

–¿La Alhambra la has construido tú?

–Cada uno de mis antepasados ha hecho una parte. En ocasiones, el nuevo sultán ha llegado a destruir todo lo que existía previamente, para volver a hacerlo a su manera, sólo para demostrar su poder. La Alhambra lleva siglos en pie. Y que Alá la guarde por siempre.

Doy saltitos en mi asiento deseando poner mis pies en este lugar cargado de leyendas del que todo el mundo habla desde Castilla a Martos. La Alhambra, el castillo rojo.

–*Qal 'at al-Hamra* –pronuncia Abu-I-Hasan-Ali con tono soñador–. «Detente en la Sabika y mira desde su explanada: la ciudad es la esposa que se muestra al monte, su marido».

–¡No sabía que fueras poeta!

–Estos versos no son míos pero los sé de memoria. Me gustan especialmente. ¿Nunca te he dicho que soy un gran aficionado a los poemas y la literatura?

–Claro que lo sé, Arlaja me lo contó. Me dijo que acogiste a una gran poeta llamada Munhya ¿continúa viviendo en la Alhambra?

–Deseaba marcharse a Marruecos y le permití partir. No podrás conocerla.

–Eso es Torres Bermejas, aquello el Generalife, con sus huertas abundantes y sus bosques, donde el sultán sale de caza. Y la Torre de la Vela que levantó Muhammad I, fundador de nuestra dinastía –señala Arlaja.

A lo largo del camino encontramos zocos de campesinos. Cada día salen a vender fruta, leche, huevos, hortalizas. Disfruto mirando cómo visten y la gracia con la que envuelven sus cabezas en telas variopintas. Un niño viene corriendo hacia nuestro carro con un ramillete de cebolletas frescas.

–¡Lánzamelas! –le grita Arlaja.

El jovencito es muy ágil cogiendo al vuelo la moneda que Arlaja le arroja a cambio.

–Aparta ese olor de aquí –pide Mulay.

Mi amiga, ruborizada, mete el manojo bajo el asiento.

–Están recién cogidas y son perfectas para…

–No me interesa, Arlaja– la interrumpe el sultán con gesto preocupado.

Atravesamos las colosales murallas de Granada que aparentan ser infranqueables. Están construidas con piedra de río. Los guardias nos paran sin saber que el sultán en persona es quien viaja en este carro. Al descubrirlo, se inclinan a nuestro paso tocando unos extraños instrumentos que recuerdan a las trompetas castellanas.

En algunos huecos de la muralla, los más pobres han improvisado sus viviendas. Se ven ropas secándose y ancianos reunidos en corro, sentados sobre el suelo. Las mujeres van y vienen andando con cestos llenos de ropa sobre sus cabezas.

–Menos mal que no saben quién eres. Últimamente, con los castellanos pisándonos los talones, el pueblo se ha hecho más intolerante. Hace veinte años, cuando Aixa y yo comenzamos a gobernar la convivencia era mucho más tranquila, casi nadie veía a los cristianos como un peligro, pero ahora tienen miedo y es lógico.

La gente deambula, unos tirando de sus carros llenos de frutas, otros cargados de telas; otros, caminando con los niños de la mano. Algunos venden agua, otros dulces, los hay tocando extraños instrumentos y los hay ociosos. Granada está llena de vida y es una gran ciudad.

Guardias a caballo vuelven a detenernos.

–Veo que hacéis bien vuestro trabajo –les felicita Mulay–. Ninguna rata enemiga será capaz de burlar la puerta de Elvira.

–¡Qué magnífico arco!– exclamo asombrada.

–Es la entrada principal a la medina– me explica Arlaja.

Atravesamos dos puertas forjadas de hierro que dan paso a un patio. A la derecha hay tres arcos más con bóvedas y luego un camino largo y recto custodiado por más guardias. Nunca he visto ningún lugar mejor vigilado.

–Aquí debo atender unos asuntos. Esperadme sentadas en el carro –nos ordena el sultán.

El tiempo pasa y Mulay no vuelve.

–¿Por qué tarda tanto?

Arlaja se encoge de hombros.

–Estará despachando con los jefes de la guardia, dando nuevas órdenes... ¡cualquiera sabe!

–Pero si continuamos deteniéndonos no podremos ver la Alhambra bajo la luz del sol, a pesar de que hemos salido muy temprano de la Vega.

Un hombre muy anciano y encorvado vestido con una larga túnica gris comienza a encender los candiles colocados en cada extremo del patio. Empiezo a impacientarme y a tener, incluso, miedo.

–Por favor, Arlaja, pregunta a este hombre dónde está el sultán. Bajemos del carro y vayamos a buscarlo.

–¡No, Isabel!

Desobedeciendo a Arlaja desciendo y voy hacia uno de los arcos. Allí está Mulay, completamente solo, comiendo unos dulces.

–¿Cómo es posible que desobedezcas? –me regaña–. Te dije que esperaras en el carro.

–¡Llevamos mucho rato ahí, tengo frío, quiero llegar a la Alhambra de una vez!

Mulay coge mis manos.

–Estás helada.

–¿Pero qué hacías ahí, solo, pensativo?

–No tengo por qué decírtelo, Soraya.

Me ayuda a subir, de nuevo, al carruaje. Las sombras de la noche ya lo inundan todo. Los granadinos se retiran a descansar. La Alhambra está sutilmente iluminada por antorchas y cada vez la tenemos más cerca. Empieza a vencerme el cansancio. Hemos esperado demasiado en ese patio. Me da la sensación de que no vamos directamente a la Alhambra, sino que damos vueltas sin sentido por la ciudad. Pero no digo nada. Continuamos el viaje, en silencio.

–La Puerta Monaita –dice Arlaja señalando otra espectacular construcción con un torreón defensivo.

–¿Cuántas puertas guardan Granada?

–Doce, y todas magníficas. Hechas con dura piedra de Sierra Elvira.

Abu-I-Hasan-Ali se muestra inquieto y no habla. Arlaja tiene un gesto apesadumbrado. Estoy muy cansada y he perdido la ilusión. Un mal presagio me ronda, pero desaparecerá mañana, cuando despierte en mi soñada Alhambra.

–Y aquí tenemos la puerta de la ciudad palatina –anuncia Arlaja.

De nuevo, el sultán baja del carro.

–Esperadme –indica sin dar más explicaciones.

–¿Dónde vas otra vez?

Es noche cerrada cuando regresa. El carro avanza, más despacio de lo que yo considero normal, por esta puerta construida con muchos recovecos.

–Está trazada así para coger desprevenido a cualquiera que pretenda realizar un asalto, resulta difícil avanzar si no se conoce.

–Sí, es ingenioso –digo sin entusiasmo.

Hay centinelas, algunas hogueras. Cantan los pájaros nocturnos. Me parece intuir que estamos dejando la Alhambra atrás, pero no digo nada. El cansancio me ha vencido y también la desesperación. Tengo ganas de protestar pero me contengo. Avanzamos por una calle empedrada paralelamente a una muralla que, obviamente, guarda los palacios.

–¿Nos alejamos de la Alhambra o se trata de una impresión mía? –pregunto.

–Estamos llegando a la puerta del Arrabal, que nos llevará al paseo de las Torres. Es una hermosa zona que comunica la Alhambra alta y el Generalife con los jardines del Partal.

Efectivamente, veo una construcción que me parece un palacete y respiro aliviada. Suena la música y huele muy bien a carne con especias. Sí, veo gente en la alberca, fuegos, candiles, columnas de mármol ¡La Alhambra! –me digo. ¡Por fin!

–El palacio de Yusuf I, especifica Arlaja. Estamos en los sofisticados jardines del Partal.

Sí, es aquí donde voy a vivir, respiro aliviada. Hemos llegado.

Efectivamente, a una orden de Mulay Hacen, el carruaje se acerca hasta el lugar donde reina la diversión. Hay bailarinas, criados portando bandejas. ¡No puede ser más que la fiesta sorpresa que mi amado ha dispuesto para recibirme en la Alhambra!

Sonrío. Arreglo mi cabello con las manos. Debo estar lo más atractiva posible. Casi no he terminado de pellizcarme las mejillas para sonrojar la piel cuando el carro vuelve a ponerse en marcha.

El Partal queda atrás. Entonces diviso, a mi derecha, un espléndido palacio y, a la izquierda, otro completamente blanco.

–El de nuestra izquierda es el Generalife y el de la derecha pertenece a una distinguida familia* –vuelve a explicarme Arlaja.

Debe ser en uno de ellos donde me hospedaré, trato de convencerme. ¡Qué misterioso resulta todo a estas horas de la noche! Sí, la noche siempre nos hace pensar en cosas terribles. Cosas de las que, cuando aparece el sol, nos reímos. La lluvia ha cubierto de musgo las paredes de la muralla. Hay hongos de distintos tamaños.

–Tienen propiedades muy especiales –comenta Arlaja tratando de sonreír. Ahora, el camino desciende. Se escucha el murmullo del río, ahí abajo. El viento agitando las ramas de los árboles. Distingo un tremendo foso con guardas que portan candiles. La luz de la luna recorta la silueta austera y solitaria de una serie de torres que empiezo a temer. De nuevo, nos detenemos. Esta vez, es Mulay Hacen quien me ayuda a descender.

–Pero, ¡aún estamos lejos! ¿Tengo que ir andando hasta el palacio? –protesto.

Nadie contesta y empiezo a enfadarme. Estamos al pie de una de las fortificaciones. Mulay saca una llave y abre él mismo.

–¿Otra vez nos vamos a detener? ¡Vayamos de una vez al corazón de la Alhambra!

---

* Actual Parador de San Francisco. Desde su jardín se contempla la Torre de la Cautiva. En la *qubba* está la tumba original de la Reina Isabel.

Mulay me empuja, disimuladamente, hacia el interior del edificio, completamente desnudo. La entrada es en recodo y apenas la han iluminado. La sensación es muy lúgubre.

–¡Pasa de una vez, deja de mirar a todos lados como una niña pequeña! –exclama con acritud tirando de mi brazo.

Llegamos a un salón de paredes ricamente decoradas. Con tres ventanales cerrados con celosías. Cuando quiero darme cuenta, Mulay no está con nosotras y oigo cómo la llave gira dos veces en la cerradura. Corro hacia la salida tras mi amado.

–No puedo creer que quiera meterme en este lugar estrecho y alejado de todo. ¿Dónde están los jardines y las fuentes, los estanques con peces, los miradores? –pregunto aterrada.

–Lo verás todo en su momento, tranquilízate, esta vivienda es provisional.

–Ese indeseable pretende encerrarme en esta torre. ¡Y tú eres su cómplice!

–¡Tú querías vivir en la Alhambra! ¡Sólo tratamos de evitar que Aixa sepa que estás aquí!

–Por eso nos hemos entretenido tanto en el camino, para llegar de incógnito, de noche, como hacen los ladrones y los criminales... ¿No podré salir jamás, de nuevo estoy prisionera, ésta es la vida que me espera, en una torre? ¿Para esto he venido a la Alhambra?

–Por el momento sólo saldrás cuando nosotros digamos, hay que ser discretos. Además, ¿no querías estar cerca del rey?

–Pero me siento cautiva, presa una vez más, ¡prefiero el Alcázar Genil donde puedo bajar al jardín, ir a la cocina, hablar con los criados, coger frutas y verduras de la huerta! –sollozo.

–Debes ser razonable. Es la única forma de que vivas en la Alhambra.

–¡Me ahogo, me asfixio, tengo miedo de que Aixa aparezca de repente y yo esté aquí, completamente sola!

–Mañana, de día, cambiarás de opinión. Lo que verás te va a maravillar ¿o es que ya no confías en mí?

–Eres lo único que tengo en mi vida. ¡El sultán me miente y me manipula a su antojo!

–No debes hablar así. El sultán te ama.

–Si me amara no me escondería de la gente, no me escondería de Aixa, no sería todo un secreto. Lucharía por nuestro amor sin importarle las consecuencias y lo proclamaría al mundo.

–Cálmate. No es tan fácil.

–¡No quiero calmarme, quiero que Aixa se vaya de aquí, quiero pasear cuando me apetezca, sin tener que esconderme! ¿Dónde vive Aixa? ¡Dime! ¿Dónde vive Aixa? Y no me vayas a decir que en otra torre.

–Aixa es la sultana madre y vive donde le corresponde, en la zona de palacio.

–¡Y yo qué soy, dime quién soy! En las entrañas llevo un hijo de Abu-I-Hasan-Ali ¿eso no me otorga ningún privilegio?

–Tú eres la mujer a quien ama nuestro rey y la madre de su cuarto hijo.

–¿De su cuarto hijo, pero tiene otros hijos?

–Soraya, Mulay es de la edad de tu padre, ¿tú no te das cuenta que es normal que haya vivido una vida?

–¿Y quién es la madre de sus hijos? ¿O son varias?

–Es Aixa, la sultana.

–Creía que la detestaba.

–Nunca ha estado enamorado de ella, pero al comienzo de su matrimonio se llevaban bien, fue una época muy buena para el pueblo, de paz y prosperidad. ¡Te estoy hablando de hace veinte años!

–¿Cómo se llaman los tres hijos de Mulay?

–Boabdil y Yusuf los varones, Aixa la princesa.

–¿Qué edad tienen?

–La princesa, catorce. Boabdil y Yusuf son los mayores.

–Jamás me ha hablado de sus hijos, no sabía que existían. Me siento engañada una vez más. Si hubiera sabido todo esto jamás me habría enamorado. Siempre se muestra como si fuera totalmente libre. ¡Ahora es demasiado tarde para dejar de quererle!

–Imagino que no hubo necesidad de que conocieras nada de sus hijos, no querría entristecerte, el plan de Mulay era que vivieras en la almunia de la Vega.

–¿Y que nunca pisara la Alhambra?

–Exactamente, pero la has pisado porque así está escrito en tu destino.

–Quiero un marido para mí sola. ¡No quiero compartirlo con nadie! Nunca soy feliz. Siempre hay algo que me hace desgraciada.

–El emir te ama mucho. No amaba con esa intensidad desde que se enamoró de Adina.

–Si su espíritu vuelve a aparecerse creo que moriré de pavor. ¿Adina vivió en esta torre también, hace lo mismo con todas las mujeres?

–No debes ser tan mal pensada. Adina vivió en el harén. Cuando Aixa la echó de la Alhambra, Mulay la llevó a la Vega, no estés preocupada, Adina no volverá a molestarte porque, además, te protegen las siete pulseras de oro ¿o es que no te acuerdas que son tu talismán?

–Estoy muy cansada, tengo hambre –digo hastiada, cambiando de tema.

Arlaja saca alimentos de una bolsa de tela. Me siento decepcionada, ni siquiera han preparado bandejas con frutas y dulces, ni siquiera hay flores para recibirme, sólo una torre por la que pretenden que esté agradecida. Los días aquí se me harán eternos.

–Quiero leche caliente –ordeno, antipática.

–De acuerdo, pero tendrás que esperarme aquí –contesta Arla con paciencia, volteando un reloj de arena que hay sobre una pequeña mesa de taracea.

–Antes de que la arena termine de caer, estaré de vuelta.

Me quedo mirando los granos diminutos, es imposible que exista en el mundo una mujer más desgraciada que yo. Sollozo, me toco el vientre hinchado. Si al menos mi hijo ya hubiera nacido para hacerme compañía... la arena está a punto de terminarse y Arlaja aún no ha vuelto. Voy hacia la puerta decidida a salir, pero está cerrada con llave.

–¿Encerrada por mi propia Arlaja? –Siento ganas de aporrear el grueso portón pero me da miedo– ¡estoy atrapada en una nueva cárcel!

La arena ha terminado de caer y Arla no aparece, el temor me invade y es cada vez más fuerte ¿Y si todo es una trampa? ¿Y si Arla y Mulay están conchabados? ¿Y si no es cierto que me quieren? ¿Y si en realidad pretenden encerrarme aquí hasta que muera?

Lloro desconsolada, tirada en el suelo, ni siquiera oigo el ruido de la cerradura.

–¿Te has vuelto loca, qué haces tirada ahí como un animal?

Arla ha vuelto con leche y una orcita de miel. Me prepara una taza humeante con tanto cariño que mis temores casi se evaporan, huele delicioso. Me enfado conmigo misma por dudar de Mulay y Arlaja.

–Por un momento he imaginado que tú y el rey no me queréis en realidad, que vuestro único propósito era encerrarme aquí hasta que muera –digo entre lágrimas.

–Durante el embarazo estarás más sensible que nunca, habrá momentos de felicidad y días que te sentirás desanimada, sin saber por qué, así funcionamos las mujeres. Vamos, caprichosa, bébete esta leche con miel. Te he traído algo exquisito que aún no has probado. Se llama *brivat*, carne con frutos secos envuelta en una pasta fina y deliciosa. Ya verás lo bien que te sienta. Mañana te deleitarán más especialidades culinarias propias de las cocinas reales de la Alhambra ¿qué te parece un sorbete de arrayán?

–¿Hacer eso es posible? –pregunto.

Arla cena conmigo, muy despacio, con sus movimientos elegantes de exótica reina. Trata de entretenerme hablando de temas variopintos.

–En al-Andalus, sólo la gente rica come pan blanco. La mayoría lo toma moreno y, los más pobres, ácimo. Aunque yo estoy de acuerdo con las teorías de Ibn Faldan. Afirma que los mejores para la salud son el moreno y el ácimo. El ácimo está recomendado para las personas que deben realizar enormes esfuerzos físicos.

–Entonces no es para mí, que lo único que voy a hacer es estar sentada en esta torre esperando que Mulay o tú aparezcáis, mientras mi barriga crece y crece.

–Sólo será por un tiempo, Isabel. Debemos dormir, el día ha sido duro y largo.

–¿Mulay vendrá con nosotras?

–Esta primera noche, no. Estaremos tú y yo. El sultán tiene asuntos que resolver y mañana parte, muy temprano.

–¿Ni siquiera se despedirá?

–No lo sé. Quiere que seas fuerte y te adaptes a esta nueva situación.

Subimos al segundo piso de la torre. No hay ventanas, tan sólo unas pequeñas rendijas por las que apenas cabe una mano. El suelo está cubierto de una gruesa alfombra de lana. Allí, en un rincón, veo mi lecho.

–No puedo creerlo, ¿una cama de verdad, como las de mi tierra?

–Sí, Isabel, para que te sientas menos sola. Era la sorpresa del sultán.

Toco la noble madera, los barrotes, las cortinas del dosel que me apartan de miradas indiscretas.

Cambio mi ropa de viaje por la de dormir y entro en mi lecho, satisfecha de encontrar una cama alta y confortable. Arlaja me arropa como cuando era una niña.

–Que sueñes con los ángeles –dice besándome en la frente.

–No apagues el candil, por favor –le suplico.

–No lo apagaré, Isabel –contesta mientras se acomoda a los pies de mi cama para velar mi sueño, como tantas veces ha hecho a lo largo de mi niñez.

Está amaneciendo. Por fin, un día nuevo comienza. Abro los ojos y no sé muy bien dónde estoy.

–Soraya, levántate –Arla me pellizca el pie, cariñosa, como en los viejos tiempos. Sólo que aquí, las únicas cortinas que puede correr son las del dosel de mi cama, porque en las paredes no hay ventanas, ni balcones.

–Ven a descubrir tu palacio –sugiere calzando mis pies y cubriéndome con una acogedora saya.

Bajamos al salón que de noche me pareció tan lúgubre.

–Reconoce que es maravilloso –insiste Arlaja.

Efectivamente, las paredes y los arcos están bellamente labrados. Preciosos zócalos y alicatados de colores aportan alegría a una estancia propia de una princesa. Y el techo de madera corona el aposento más bello que jamás han pisado mis pies.

–Si pudiera salir de aquí sería la morada perfecta. El problema es que estoy encerrada –susurro.

Tres ventanas enormes tapadas con celosías se asoman al espectacular paisaje. Miro hacia abajo, entre los huecos de la madera, el foso es tan profundo que siento vértigo. En lo más profundo, el río.

Arlaja trata de explicar el paraje que mis ojos recorren.

–¿Ves allí enfrente? Esa enorme finca blanca es el Generalife.

–¿Y esa otra torre? –pregunto sobrecogida, mirando por los ventanales de la derecha. –¿Vive alguien allí? ¿Quizás otra castellana cautiva?

–No, Isabel, se trata de un lugar defensivo, ocupado por soldados.

Arlaja me atrae hacia la ventana de la izquierda.

–El Albaicín, mi querido barrio, un laberinto de calles estrechas y cipreses donde todos los vecinos somos como una gran familia. Ahí vivía yo –comenta emocionada.

El paisaje es de ensueño. La ciudad late ahí abajo. Quisiera mezclarme con sus gentes.

–¿No puedo ver más? Distinguí una puerta cerrada en la zona del dormitorio ¿dónde lleva?

–A una azotea, mi querida niña, donde no puedes subir, es peligroso que alguien te descubra y denuncie a Aixa tu presencia aquí. Confórmate con estas bellas ventanas. Sentada sobre tus cojines podrás observar, tras las celosías, todo lo que ocurre. Y continuarás las clases de árabe y de Corán.

–¿Podré tañer música y bailar?

–Nada debe despertar la sospecha de que alguien vive aquí. Ten precaución, Isabel.

Cada vez que Arla o Mulay se marchan, cierran la pesada puerta con llave. Es cierto que me tratan con mucho cariño, y más desde que perdí a mi hijo al caerme por las escaleras de este edificio donde permanezco encerrada, día y noche.

–Pronto tendrás otro –me dice Mulay– pero yo me siento muy triste y desconsolada, sigo pensando que llevo encima la maldición del castillo de Martos.

La pérdida de mi pequeño fue desgarradora. Al caer por las escaleras sentí cómo su corazoncito se paraba dentro de mi ser. Y pedí a Dios, desesperada, que se llevara mi vida en vez de la suya. Tirada en medio de un charco de sangre, traté de pedir auxilio, pero las fuerzas sólo me permitían tratar de controlar, con las manos, la hemorragia que surgía de mi vientre y se escapaba entre mis piernas. «Si consigo pararla, quizás mi hijo tenga aún alguna posibilidad de sobrevivir», era mi único pensamiento. Pero no conseguí nada. Una vez más estaba sola. Completamente sola. Granada sólo me ha traído soledad. El amor con Mulay Hacen, aislamiento y amargura sin fin. El dolor del golpe, al caerme, era insignificante comparado con el padecimiento de perder a mi hijo. Cuando volví a abrir los ojos la sangre ya estaba seca a mi alrededor. El olor me produjo arcadas. Anochecía. Ningún ser humano había aparecido para socorrerme y no me podía mover. La luna y las estrellas asomaron en el firmamento y yo seguía allí tirada, con mis manos sobre mi vientre, pero ya sin sollozar. Muda. Desolada. Una suave lluvia empezó a caer, como si el cielo llorara mi adversidad y los ángeles fueran los únicos testigos de mi tragedia.

¿Cómo habría sido mi hijo? Con él ha desaparecido la única posibilidad que tengo de ocupar el lugar al que aspiro junto a Mulay. Sin descendencia masculina, según dictan las leyes del Reino de Granada, continuaré siendo una simple concubina. La favorita, sí, pero concubina a fin de cuentas, y eso no lo puede soportar mi orgullo. ¡Soy hija de la duquesa de Fontes y del alcaide de Martos, vivo encerrada en una torre, apartada del mundo en plena juventud! Me caí por la mañana, al llegar la noche nadie había acudido aún a socorrerme.

–Si no hubiera estado sola, si alguien hubiera podido avisar a los médicos, mi hijo se habría salvado, ¡estoy segura! ¿No dicen que vuestra cirugía es la más avanzada de Occidente? –echo en cara a Mulay Hacen cuando desespero.

Para animarme, el sultán me ha traído una gatita blanca, de enormes e inteligentes ojos grises.

–Te hará compañía y jugaréis juntas. Es tan mimosa como tú conmigo cuando no estás enfadada ni rabiosa.

Trato de olvidar mi terrible desgracia. Para ello, me concentro en las paredes llenas de versos. Uno de ellos, llamado «El alba» y perteneciente al Corán, me aporta cierto consuelo y ganas de vivir: «*El Señor del alba es mi refugio del mal que me hacen sus criaturas, del miedo que me da la oscuridad cuando se extiende, del mal de la envidia…* ».

Los días trascurren monótonos, entre las lecciones y los juegos con mi gata *Ipek*. Le he puesto este nombre porque es suave como la seda. Lo que más le gusta a *Ipek* es seguirme a todos lados y, cuando estoy sentada, trepar hasta acurrucarse en mi hombro, hecha una cálida bolita. También disfruta mordisqueando mis dedos y jugando entre ellos con sus lindas patitas. En definitiva, no me deja sola ni un segundo, y eso me agrada.

Poco a poco empiezo a coger cierto cariño a la torre. Mi maestro me traduce los versos escritos en las paredes, incluso los he aprendido de memoria, son de un célebre poeta, Ibn al–Yayyab, que al parecer también fue ministro hace unos años. Algunas frases me gustan: *«Torre grandiosa entre las torres de las que la Alhambra se enorgullece por tenerla como corona».*

Otro poema asegura que la bóveda está tocada por las estrellas, concretamente por la constelación de las Pléyades y la de Piscis. Arla me ha dicho que como nací en el mes de marzo, ese es mi signo, por tanto estas son mis estrellas amigas, mis protectoras, las guardianas de mi vida.

–Piscis siempre quiere el bien, ama la paz, huye de la confrontación, anhela la belleza. Así es Piscis, un horóscopo que nunca hace el mal –me explicó Arla una noche que Mulay tardaba en volver.

–¿Y Abu-I-Hasan-Ali qué signo es?

–Capricornio, duro como la roca, con los pies muy bien puestos en el suelo, cabezota y ardiente. Capricornio tiene dotes de mando y siempre consigue lo que se propone. Sois muy distintos. Tú eres como el agua dulce y pacífica de un riachuelo, inofensivo y placentero. Él un volcán que todo lo arrasa con su energía.

Entre la ventana del centro y la de la izquierda hay otro poema, que habla de la belleza del techo de madera. Es cierto, es muy hermoso, a veces me duermo con la mirada fija en este techo, y entonces tengo dulces sueños.

–Maestro, ¿quién ha construido esta torre?

–Cristianos forzados.

–¿Qué clase de cristianos son esos?

–Esclavos cristianos que se han convertido al islam.

–¿Me obligarán a mí a levantar torres? –pregunto aterrorizada.

–Dudo que os espere el cometido de levantar torres. A no ser que el sultán os retire su amparo. Mirad ahí, leed lo que pone.

–Qué sería de mí si el sultán decidiera abandonarme –susurro.

Mi tutor don Mohamed me obliga a leer un verso, junto a la puerta de entrada, para que olvide estos funestos pensamientos.

–«*Torre defensiva por fuera, por dentro, palacio*» –recito despacio, con dificultad. Sí, incluso los poemas dicen que estoy en un palacio, en una calahorra ¡Es una jaula de oro!

Al menos, ya nunca faltan las flores, los dulces, y algunas cosas que me hacen la vida más feliz. Pero al otro lado de estas paredes oigo a la gente hablar, oigo música, oigo cómo se desplazan hacia la mezquita o los baños. Siento una soledad profunda, una impotencia devastadora y me veo, a mí misma, como a una pobre mujer. Mi condición, mi alto linaje, no sirven de nada entre estas gentes.

Mulay duerme conmigo cuando está en Granada. Aunque también me he enterado que, en ocasiones, se marcha a dormir a sus aposentos y ni siquiera me visita.

–Soraya, debo descansar y tú no me dejas dormir con tu charla. Por eso, a veces, me retiro a mis aposentos, para estar fresco y despejado al amanecer.

–¡Mentiroso! ¡Sé qué te vas al harén! –me desespero.

–Me ofendes, Soraya. ¡Nunca he tratado a nadie como te trato a ti! Además, ya te he dicho que a mí, ninguna mujer me dice lo que debo hacer. ¡Ni siquiera a mi esposa se lo consiento! –grita enojado.

Cuando Mulay habla así, incluso caigo enferma de abatimiento. Si me siento celosa o injustamente tratada, siento deseo de abalanzarme a él y pegarle.

–¡Para esto me capturas, me arrancas de mi mundo, para serme infiel! ¿Por qué no me dejaste con Hernando! El es católico y jamás habría mancillado mi nombre. ¿Por qué me secuestraste? ¡Te odio, Mulay!

Si discutimos, el sultán desaparece durante varias noches.

–Espero que te hayas dado cuenta de que, cuando te pones celosa, me alejo de ti– es su breve y contundente explicación.

–Te amo, ten piedad de mí, no me hagas daño. Enclaustrada, mi existencia no es fácil. Soy joven, la pasión corre por mis venas. Me gustaría que todo fuera como debe ser. Poder pasear contigo, conocer a tus amigos, ver rostros aparte del tuyo, el de Arlaja y el de mi maestro. Ni siquiera las tres sirvientas que acuden a limpiar, me hablan jamás. Vienen cubiertas, hacen su trabajo y se marchan. Mulay, ten piedad de mi dolor.

A pesar de todo, mi principal deseo es que el día discurra muy rápido y, por fin, escuchar el ruido de la cerradura que anuncia su llegada. Unos días viene triste, otros enfadado, otros eufórico, otros deprimido. Hace dos noches se quejaba de dolor de estómago y hay veces que las preocupaciones le impiden dormir y se levanta para, a la luz de las velas, estudiar o leer.

Me gustaría poder escoger la tela de su ropa y de sus turbantes, su calzado, pero no puedo salir de aquí, de esta torre misteriosa que cada día se va llenando de más y más cosas mías. Vestidos y babuchas, maquillaje, perfumes y, por supuesto, las joyas con las que Mulay me demuestra su amor y me consuela de todas esas muchas cosas que no puede darme, como exhibirse conmigo libremente o llevarme a fiestas y recepciones.

¿Por qué no puedo vivir una existencia normal? Casada con Hernando habría sido dichosa, disfrutando junto a mis hijos. Con libertad para viajar, rezar en la capilla, pasear por el campo, hablar con quien quisiera. Me pregunto qué he hecho mal para que la vida me trate así, intento recordar a quién he podido ofender. Yo no he hecho otra cosa que ser buena y resignada, salvo alguna travesura infantil sin maldad.

Cuando Mulay me ha contestado de forma desagradable o me hace sufrir por algún motivo, pienso en esa existencia mía que los granadinos interrumpieron. Pero cuando pasa el mal rato, de nuevo siento en mi corazón cuánto amo al sultán y, también, que no podría cambiarlo por nada. Entonces bailo, recorro la torre con mis danzas frenéticas, con mis mejores joyas y la ropa más sensual. Perfumo mi pelo para que, al moverlo, un dulce aroma impregne el ambiente. Bailo imaginando música en mi cabeza, mezclando los pasos de mis danzas castellanas con los de las bailarinas de Granada. Imaginando que soy capaz de volar, de torre en torre, como un hada traviesa. Saltando de la Torre de los Picos, a la Torre del Cadí, de la Torre de las Infantas a la Torre del Agua. Y así hasta llegar a las estancias de Aixa, en el corazón de la Alhambra. Y decirle: «Es a mí a quien el sultán ama».

Algún día todo se normalizará, incluso podré casarme con él, y me quedaré embarazada de nuevo, me digo a mí misma en esos momentos de optimismo. En mis interminables ratos de soledad, también me atormento pensando que me pueda ocurrir como a mi madre, que mi cuerpo tenga dificultades para concebir o dar a luz, y recuerdo al hijo que perdí al caerme por las escaleras.

–¡Malvado! Encerrarme aquí como a un animal salvaje. ¡Mulay no tiene corazón!

Mientras llega una nueva noche de amor con el rey de la Alhambra, que nunca se sabe cuándo va a aparecer, paso el tiempo contemplando las nubes que pasan, el sol que se pone ¡Qué aventura apasionante debe ser vivir fuera de aquí!

Por la mañana, los pájaros me despiertan con sus cantos y aleteos. Tengo la costumbre de dejarles pan y miguitas de dulces en el ventanuco. Y, cada día, acuden a por su comida. Son muy curiosos, los estudio a todos, creo que casi podría escribir un tratado. Los hay valientes y cobardes, tímidos y lanzados, maleducados y corteses. Los gorriones me resultan muy simpáticos, ¡dan unos saltitos tan divertidos! A los ruiseñores los adoro por su delicadeza. Mulay dice que el pájaro de la Alhambra es el ruiseñor. A veces, incluso, acude un halcón. Entonces, todos se alejan asustados. Entre los pájaros, tengo un amigo especial. Negro y con el pico naranja. Muy elegante. Come de mi mano y lo he bautizado con el nombre de *marqués*. ¡Tiene un punto aristocrático!

También me he encaprichado tanto de la gatita *Ipek* que no quiero separarme de ella ni siquiera durante las lecciones. Gracias a mis pájaros y a mi gatita me siento menos sola. El complicado Corán se me hace más llevadero si tengo cerca a mi *Ipek*, que se adormila sobre su cojín de seda cuando mi profesor, con una vara, le impide que suba hasta mi hombro. Su cara es tan linda y simpática, sus mohínes tan encantadores. Sólo acariciarla apacigua mi tristeza. Mulay me permite este capricho cuando yo, lo único que deseo, es salir de aquí. Día sí día no aparece con un regalo. Un brazalete de jade, una gargantilla de cuarzo rosa, un anillo de amatista con mi nombre y el suyo grabados por dentro…

–Pronto montarás a *Doménico*, que está perfectamente bien atendido en las cuadras, junto a *Alhazán* –me promete Mulay–. Daremos un largo paseo, disfrazados, para que no nos reconozcan.

Siempre me hace este tipo de promesas antes de desaparecer varios días. Incluso semanas. Y yo, ingenua, le creo.

La noche ha sido fría y la he pasado sola una vez más. La primavera tarda este año en llegar. Me despierto, sin ilusiones, para afrontar un nuevo día. Será como todos: monótono, rutinario y en soledad. En el ventanuco, los pájaros, reclaman mi presencia. Anoche no les dejé comida. No tengo ánimo de salir de mi lecho pero una respiración familiar que llega de la planta de abajo me hace incorporarme como un resorte.

–¡Mi perro *Jacobo*! –grito.

–Sentado junto a las ventanas, el emir sonríe.

–Lo he hecho traer desde Martos. Llevamos ya un buen rato esperando que despertaras.

–¡Qué guapo estás, *Jacobo*, y qué contenta yo de tenerte junto a mí!

–A partir de ahora, te llevaré de caza al Generalife –le dice dándole unas palmadas. Te pintaremos las patas con henna y una mano de Fátima sobre tu lomo para protegerte de cualquier peligro y darnos suerte en la cacería. Es nuestra costumbre.

–¡Yo también quiero ir de montería! –exclamo.

–No, Soraya, tú debes entretenerte con tus libros, tus alhajas, tus perfumes y tu bastidor. Y con los ruiseñores de la Alhambra que acuden a tu ventana.

–No me atormentes ¡Quiero ir a cazar junto a vosotros!

Pero el sultán da media vuelta.

–¡Contéstame, no me dejes así, prométeme que me llevarás!

–Sabes que no puedes salir de aquí. Te trato muy bien. Nunca he tratado a nadie así. ¿Qué más quieres?

–Ser libre. Disfrutar sin limitaciones del amor y de la vida junto a ti.

–No paro de trabajar para todos –dice enfadado–. Y tú te crees el centro del mundo. ¡Deja de atacarme y de insultarme! ¡Sólo piensas en ti!

Treinta

Hoy es mi cumpleaños pero el emir ni siquiera se ha acordado. Han pasado diez días desde que me dejó con la palabra en la boca, acusándome de creerme el centro del mundo. Sus palabras me hicieron mucho daño. ¡Qué injusto es capaz de ser a veces! Apenas he podido dormir recordando la escena y esta torre donde vivo me parece agobiante.

Pensé que amar a Mulay Hacen sería distinto. Pero es duro, muy duro. No me consuelan joyas ni vestidos. Sólo ser libre puede darme la verdadera felicidad.

–Lo abandonaré –me repito a mí misma–.Tiene que haber alguna forma de pedir ayuda a la reina Isabel para que me saque de aquí. Deseo irme lejos de este hombre inflexible y no verlo nunca más.

Cuando estoy desanimada me desconcentro en las lecciones. Entonces mi maestro se enfada porque me consuelo con mi gatita *Ipek* y mi perro *Jacobo*. ¡Siento un gran alivio acariciándoles, ellos jamás me niegan su afecto! Mulay sin embargo…

Jacobo, perfectamente educado por mi padre, sabe que cuando el maestro llega debe sentarse junto a la puerta de entrada o meterse debajo de la mesa, y no hacer ni un ruido. Hasta que don Mohamed, como yo le llamo, no cierra con llave tras él, parece que *Jacobo* no existe.

Noto que, en ocasiones, mi maestro se compadece de mí. Todos saben lo difícil que es tratar a Mulay Hacen. Hace poco escuché cómo le decía a Arla que me considera una víctima más de la convulsa situación histórica que atravesamos.

–Pobre niña, apartada de los suyos. Y amando a un hombre tan complicado. Porque la cautiva ama al sultán, incluso yo, que apenas entiendo de pasión, lo he notado.

–Lo quiere con toda su alma –contestó Arlaja.

–Lo imaginaba –dijo don Mohamed, cerrando el Corán y limpiando de tinta su pluma.

Últimamente, Mulay pasa las mañanas reunido con el consejo, al que también pertenece la sabia Arlaja y, por supuesto, Aixa. Según me cuentan, atacan a los castellanos con mesnadas que recorren la tierra enemiga casi a la ventura, saqueando poblados, incendiando alquerías, talando planes y huertos.

–Hace falta más organización, estas incursiones no sirven de nada, sólo para perder hombres valientes.

–Al menos, se atemorizan.

–No, no. Los castellanos funcionan estratégicamente, nuestra forma de lucha está quedando anticuada, ellos actúan juntos para conseguir sus objetivos con el menor desgaste posible. No se trata de lucirse individualmente, sino de luchar como un ejército.

–Trataremos de organizarnos, de diseñar un método y dirigirnos a nuestras metas sin divagar.

–El ejército de los católicos es muy numeroso. Tiene más de trece mil jinetes, unos cincuenta mil peones, cuenta incluso con tiendas de campaña dedicadas a curar a los heridos, gracias a eso mueren muchos menos hombres en el campo de batalla. Nosotros perdemos cientos de vidas mientras trasladamos a los lesionados a lugares donde puedan ser curados.

–Hay que instalar esas enfermerías también.

Aixa parecía satisfecha del punto que alcanzaban las negociaciones con su marido. Decidió cambiar de tema.

–Estoy contenta de que ya no vayas a la almunia de la Vega. Dime, ¿qué has hecho con aquella cristiana? Me imagino que te hartaste de ella. Debía de ser muy aburrida. ¡Tan llorona!

Callado, sin saber qué decir, Mulay se levantó de la mesa.

–Murió. La pobre, murió –fue su breve explicación.

Aixa sonrió, satisfecha.

–¿Estás diciendo la verdad? ¿Y de qué murió?

–De unas fiebres muy altas.

–Pobrecita –la voz de Aixa sonó sarcástica– seguramente tenía nostalgia de su Castilla, ¿no Mulay?

Han pasado dos meses desde mi terrible accidente. Durante muchas noches, el deseo de yacer con Mulay Hacen, desapareció completamente. Ni siquiera tenía ganas de verlo y cuando acudía, solícito, a tomarme entre sus brazos, lo rechazaba con una mueca de tristeza. Entonces acariciaba mis muñecas, me susurraba palabras cariñosas, y jugaba con mi pelo como un niño pequeño arrepentido de haberse portado mal.

Arlaja me hizo tomar, a diario, una pasta hecha con jengibre, flor de nuez moscada y de granado, almizcle e incienso, amasada con vino, que moldeaba con los dedos hasta darle la forma de un huevo de gallina.

–Volverás a sentir pasión –decía mientras me la hacía comer a pequeñas cucharadas.

Fui recuperándome, poco a poco, de la horrible sensación de vacío. Y esta mañana tengo la certeza de que he vuelto a quedarme embarazada. Creo que fue la noche que bebimos vino y Mulay Hacen me hizo embadurnar sus partes más íntimas con una pomada de azucena. Luego embadurnó las mías y la pasión volvió a nacer entre nosotros con la fuerza arrasadora de siempre. Al otro lado del biombo, un joven de voz bellísima, cantaba en mi idioma. El amanecer nos sorprendió amándonos. Cuando desperté, el rey de Granada ya había abandonado nuestro lecho. Pero sobre una bandeja dejó una nota y un cuenco con unas píldoras.

–Tómalas con un gran vaso de agua. Facilitan el embarazo, decía el papel.

Así lo hice y una satisfacción interior que no sé explicar, me dominó de inmediato. El sol entraba por los arcos de la Torre y la vida me pareció, en ese momento y después de tantos días de tristeza, algo que merecía la pena.

Sí, hoy estoy segura de que he vuelto a quedarme embarazada y quiero decírselo a todo el mundo, gritarlo para que se escuche en todas las torres y mi grito llegue a oídos de mi enemiga Aixa.

El emir recibe la noticia con gran alegría. También tiene la esperanza de poder legitimar mi situación con él tal y como mandan las leyes de su pueblo: con un hijo.

–Voy a hacerte la mujer más feliz de la tierra para que nuestro primogénito nazca sano y fuerte. Te concederé todos los caprichos y hoy vamos a empezar por el primero de ellos. Me tienes a tus pies, linda Soraya. Te concederé lo que pidas.

–Salir de aquí, ver qué hay más allá de esta torre, no deseo otra cosa que respirar fuera de estos muros.

–Así será.

Cuando el sultán se marcha Arlaja procede a vestirme tapándome de pies a cabeza, sólo deja una abertura para que pueda ver. ¡Por fin podré disfrutar de Granada!

Montadas en un tranquilo burrito que Arla guía con maestría, dejamos la torre. El sol comienza a salir cuando bajamos hacia Granada, la ciudad se ilumina poco a poco. Es un bonito espectáculo.

–Vamos a empezar visitando el zoco de la Alcaicería.

Los comerciantes están montando sus puestos, algunos cantan, el ambiente es alegre.

–Hoy hay venta de esclavos cristianos.

–¿Y quién los compra?

–Los ricos de Granada, sólo ellos pueden pagarlos, sobre todo los comerciantes de papel, seda y cerámica.

Me llaman la atención los puestos de especias, todas expuestas, cada una con su color y su olor, cerca de la mezquita aljama. Y también las cerámicas, azules, blancas y verdes, con flores o dibujos geométricos, las sedas, los tafetanes, las frutas. Me detengo ante un puesto de cuadernos con tapas de piel.

–El sultán me ha dicho que te compre lo que desees.

–¡Uno de estos cuadernos! Me recuerdan al diario que escribía mi padre. ¿Sabes Arla?, solía leer a escondidas el diario del señor de Solís, cuando él se iba a Castilla, me sabía todos los detalles de su vida.

–Eso no está bien ¡Entrometida!

Escojo un cuaderno muy grueso, de tapa rosada.

–Voy a escribir mi vida y mis pensamientos, igual que hacía mi amado padre. Eso aliviará mi soledad.

–También puedes dibujar.

–Dibujaré mi castillo de Martos, el semblante del alcaide de Solís, el paisaje que veía desde mi ventana, la Fuente de los Enamorados, para luego enseñarlo todo a mi hijo y que sepa de dónde viene, cuáles son sus orígenes.

–¿Echas de menos aquel mundo?

–Cuando discuto con el sultán, terriblemente. Añoro a mi padre y, por supuesto, la libertad. ¡En Martos hacía lo que me daba la real gana! Yo era la que mandaba. Sin embargo ahora…

–Mandas en el corazón del emir.

–Cuando el sultán y yo peleamos me dan unas ganas terribles de volver. Y siento la tentación de ponerme en contacto con la reina Isabel. Tú me ayudarías ¿verdad, Arlaja? En el caso de que quisiera volver, ¿me ayudarías?

Mientras subimos al Albaicín paramos en cada esquina, los aguadores nos ofrecen agua.

–Ésta es muy buena para el cutis.

–Y ésta para el pelo.

–Esta otra, directa de Cádiar, cura el reuma.

Arlaja saluda a mucha gente. Una mujer, incluso llora emocionada al verla y escuchar la historia de su rapto.

–Es Iriam, la hermana de mi madre– me explica Arlaja.

El Albaicín es caótico, simpático y amable. Parece que todo el mundo tiene mucho que hacer, pero se paran unos con otros a hablar largo y tendido, dejando de lado las tareas.

–¡Qué bonita e imponente se ve la Alhambra desde estas calles estrechas e intrincadas!

Arlaja, entusiasmada por recorrer de nuevo su barrio, decide que vayamos a su antigua casa, donde nos recibe una mujer joven que es la nueva esposa de Almuet.

–Soy Arlaja. He estado diez años cautiva de los cristianos, pero he vuelto a Granada y vengo a ver a mis hijas y a mi marido.

La mujer asiente, como alguien que lleva mucho tiempo esperando que esta situación se produzca y, cuando casi ha olvidado que pudiera ocurrir, sucede. No es simpática ni cálida con Arla, pero sí correcta, los nervios la hacen balbucear levemente.

–Jalilah está en el mercado y Jumanah anda lavando en el río.

En ese momento aparece Almuet.

–¡Qué alegría verte! ¡Pasad, estáis en vuestra casa, tomad un poco de agua fresca!

Atravesamos el humilde pero agradable patio con parra y nos sentamos en una pequeña habitación que sirve de dormitorio por la noche.

–Nada sigue igual, Almuet, ¡lo has cambiado todo!

Almuet mira a Arla, compasivo, y cambia de tema educadamente mientras las lágrimas inundan los ojos de mi querida Arla. Entonces, siento rabia por esta religión que se salta, sin más, el compromiso entre un hombre y su esposa.

–¿Es ella Isabel? –Almuet trata de ser hospitalario.

–Ahora me llamo Soraya –digo seria, no quiero que ese hombre que ha traicionado a mi Arla me llame por mi nombre de pila.

–Gracias, Soraya, por haber tratado bien a esta joya.

Las hijas de Arlaja no aparecen y tengo ganas de irme. Hago un gesto de aburrimiento que no le pasa desapercibido a mi querida amiga.

–Debemos partir –anuncia con cierta nostalgia en la voz–. Di a mis hijas que he venido a verlas.

Cuando llegamos a la Alhambra es de noche y hace frío, parece mentira que el día haya pasado tan rápido. Después de visitar a Almuet, Arla me llevó a la gran mezquita y allí rezamos, cada una por nuestros asuntos, aunque en mis oraciones jamás faltan ni Arla, ni Mulay, ni mis padres. Tampoco una plegaria para que mi embarazo transcurra como debe ser y pueda tener pronto a mi pequeño en mis brazos. Deseo que sea una réplica del sultán.

Mulay me recibe en nuestro lecho. Bebe una copa de vino y me colma de besos.

–¿Lo has pasado bien en tu excursión, qué te ha gustado más?

–Todo –susurro, quedándome adormilada entre sus brazos.

Un ruido ensordecedor nos despierta. Es como si una pandilla de gigantes o de animales salvajes estuviera derribando la torre.

–¿Qué pasa? ¿Atacan los cristianos?

Mulay se levanta de un salto y coge su enorme daga con puño de esmeraldas, de la que no se separa ni para descansar. Una voz de mujer que reconozco a la primera, grita descontrolada, furiosa.

–¡Maldito seas Mulay! ¡Indeseable mentiroso!

Aixa aparece con diez criadas, todas muy tapadas y portando antorchas, parecen fantasmas. Detrás, varios soldados con lanzas esperan órdenes.

–¡Maldito seas! –grita indignada Aixa.

Me escondo detrás del emir, cubriéndome con la manta.

–Virgencita mía, que esta loca no se dé cuenta de que estoy embarazada –suplico.

–¡Me prometiste que jamás la traerías a la Alhambra y lo has hecho! Y encima tienes la desvergüenza de decir que ha muerto de unas fiebres. Por supuesto, no te creí. ¡Idiota! ¿Por qué me ha tocado la desgracia de un marido que se ha vuelto un imbécil, un vago, un mujeriego y un irresponsable?

Los gritos de Aixa se oyen en toda la Alhambra, cada vez sube más gente a la torre, estoy tan nerviosa que creo que me voy a desmayar.

–¿Quién me ha traicionado? –pregunta Mulay indignado–. ¿Quién de vosotros le ha dicho a esta fiera que vivo aquí con mi cautiva?

–Lo he averiguado yo sola, solemne majadero. ¿O es que te piensas que no tengo ojos en la cara? Me veo obligada a vigilarte de cerca porque no confío en ti ¡Y con toda la razón!

–¡Calla, Aixa! –Mulay grita ahora más que nadie–. ¡Te prohíbo que me desacredites y menosprecies! Soraya ya es de los nuestros, ya no es ninguna infiel, se ha convertido, está aprendiendo árabe y quiere el bien de nuestro pueblo, tanto como tú y como yo.

–¿Que se ha convertido al islam? –grita la sultana con absoluto desprecio–. ¡Ser musulmán no es un juego de niños, es una convicción muy profunda y una manera de vivir! ¡Esta indeseable no tiene nada de musulmana, no ofendas mi religión, no te lo permito! ¡No mientas más!

Aixa se pasea por la habitación mirándolo todo y respirando como una fiera encerrada.

–Le cambié el nombre como ordenaste –explica Mulay Hacen. Ahora se llama Soraya.

La sultana nos mira con toda la intensidad de su desprecio. Con burla.

–Soraya– repite con tono ultrajado.

Rezo con toda la fuerza de la que soy capaz. «Dios mío, te pido que no encuentre la cruz». La escondí en un huequecito entre la pared y el suelo, el día que llegamos. Afortunadamente es de noche, no es fácil que la vea.

Aixa se para en seco, ilumina con la antorcha el rostro de Mulay que se asusta y da un paso hacia atrás.

–¡Basta ya, Aixa! –grita–. El sultán soy yo. ¡Soy yo! Y no permitiré que usurpes mis funciones. ¡Es intolerable! ¡Hablas constantemente de religión pero olvidas que la religión que tanto amas me permite poseer a tantas mujeres como desee!

Un nuevo rostro aparece por la escalera. Es un muchacho con unos rasgos que recuerdan a Mulay, pero más dulces y bondadosos.

Es muy guapo y refinado. No aparta sus ojos melancólicos de mí. Debe de ser Boabdil, el príncipe sucesor, pero ni Aixa ni Mulay se dan cuenta de su presencia.

–Madre, padre –susurra. Todas las miradas se dirigen al príncipe, que tiene los ojos verdes llenos de lágrimas–. Basta ya, dejad de discutir.

Aixa parece calmarse pero, de repente, grita a Mulay con furia:

–Mañana sin falta abandono la Alhambra, me voy a vivir a mi palacio de Dar al Horra, en el Albaicín. Me llevo a Boabdil, a Yusuf y a nuestra hija, desde allí te voy a hacer la guerra, seré tu principal enemiga. Me cueste lo que me cueste, te arrebataré el trono de la Alhambra. Te lo advertí, te advertí que no trajeras a la cautiva a la Alhambra.

–Aixa, no es el momento de enfrentarnos.

–Me has humillado demasiado. Prometiste no traer aquí a esta infiel y la has metido en mi casa, en mi propia casa. Tengo que limpiar el nombre de mi noble familia, por eso te voy a arrebatar el trono, para que tengas todo el tiempo del mundo de disfrutar de tu cautiva, ¿no te parece buena idea? ¡Vámonos de esta torre que apesta a infieles y a traición! Esto debe estar lleno de crucifijos y biblias de la cautiva. ¡Buscadlas y tiradlo todo al fuego! –ordena Aixa.

–¡Deja de echarle la culpa a quien no la tiene! Vosotras, ¡deteneos! No me retas porque la cautiva viva entre nosotros. ¡Lo haces porque quieres eliminarme, por tu ambición enfermiza de poder!

Aixa coge a Boabdil del brazo.

–Este es tu padre, míralo bien. Este anciano patético, corrupto y desleal, que sólo piensa en su propio placer. Este anciano que se atreve a traicionar nuestras leyes y a nuestro Dios. Míralo bien, porque desde hoy voy a luchar porque la próxima vez que tú y tus hermanos lo veáis esté muerto. ¡Muerto y camino de la tumba!

Boabdil se acerca a nosotros, luchando por detener su llanto.

–Padre, por favor, cambiad ¡No es demasiado tarde!

Abu-I-Hasan-Ali parece enternecerse con la petición de su hijo.

–Nuestro reino está en juego, esta joven es de mi edad, podría ser mi hermana y lo peor ¡es una cristiana!

–La amo, querido hijo, tanto como te amo a ti.

–No estás demostrando quererme, padre.

–Pues claro que no te quiere. Ni a ti ni a tus hermanos, tampoco quiere el bien de su reino se quiere a él y nada más que a él, sólo tienes que mirarlo aquí, en la cama con esta sucia arpía.

–Padre –dice Boabdil alargando la mano para acercarla al sultán.

–¡Vámonos de aquí, Boabdil! –grita Aixa autoritaria, cogiendo a su hijo del brazo y llevándolo con ella–. No te contamines tocando a tu sucio padre.

Aixa se marcha maldiciendo. Poco a poco recuperamos la tranquilidad.

–Es mejor no tenerla en la Alhambra, estaremos de maravilla cuando se vaya a su palacio de Dar al Horra, deseo que desaparezca por fin de nuestra vista.

Mulay está sombrío.

–Pero te quitará el trono y, entonces, ¿qué será de nosotros y de nuestro hijo?

–La repudiaré, dejará de ser mi esposa. Los mandaré, como muy cerca, a Siria. Tú serás la reina de la Alhambra y nuestro hijo, el único aspirante a sultán. Además, escucha muy bien, Soraya, a mí nadie me arrebata nada. ¡El poder es mío y sólo mío!

Algo me dice que las cosas no van a ser tan fáciles, pero callo. ¡Qué sé yo de asuntos de Estado! Mulay me coge de la mano, la idea de ser sultana y de que mi hijo acceda al trono es más de lo que jamás soñé. ¿Llegará a ocurrir y podré vivir alguna vez en paz? Estoy siempre tan nerviosa y triste que me da la sensación de que envejezco más rápido de lo que debería. Alrededor de mis ojos se han formado ya unas oscuras ojeras que antes no estaban, y creo que también mi mirada ha perdido brillo.

–No hace falta que sigamos en esta maldita torre. Jamás debí tratar de ser discreto, ha sido una equivocación ocultarte tanto tiempo. ¡Perdóname, Soraya! Desde el primer día tendrías que haber entrado por la puerta grande, pero pensé que sería mejor no provocar la ira de Aixa que, al final, como siempre, se entera de todo antes de lo preciso. ¡Vamos a mis aposentos, te gustarán!

Mulay me sube a su caballo. Atravesamos el largo pasillo de torres, el palacio de Yusuf I, los jardines del Partal y, por fin, entramos en el corazón de la Alhambra por un patio que llaman de los Arrayanes, perfumado con braseros, iluminado con faroles de oro, alfombrado de suaves telas. Suena música, saltan peces plateados entre los nenúfares, la luna se refleja en el agua. Y yo... estoy fascinada, con el pulso tembloroso al verme, después de tanta adversidad, por fin en la Alhambra.

–Tendrás todo el tiempo del mundo para disfrutar de tu palacio. Ahora vamos a dormir, necesito descansar.

Unos guardias muy fieros, inclinándose a nuestro paso, franquean la entrada a los aposentos del rey.

–Aquí duermo cuando no estoy contigo. Y no en el harén, como a veces me recriminas –dice Mulay dando dos palmas.

Hay libros por doquier, pero no colocados en la biblioteca, como los tenía siempre mi cuidadoso padre, que en cuanto terminaba de leer uno lo devolvía con delicadeza y respeto a su lugar. El emir tiene los libros por todos sitios. Tirados en el suelo, abiertos sobre las mesas y divanes. Avanzamos por la habitación sorteando volúmenes y papeles. ¡Qué terrible desorden! Pero me siento cómoda descubriendo aún más cosas de este hombre al que amo.

–Reúne a diez guardas y vigilad la puerta, por si a Aixa se le ocurriera venir aquí. Si lo hace, prendedla o amenazadla con la muerte.

–Señor, la sultana ya va camino de Dar al Horra.

–Todo marcha como debe ser –me dice cómplice. Luego ordena miel, leche caliente, higos, dátiles y requesón.

Enseguida entra un criado con la petición del sultán.

–Sobre la cama –indica.

No consigo descansar. Mi hijo se mueve dentro de mí, dando patadas. Mulay, sin embargo, duerme profundamente. Me gusta su perfil y escuchar su respiración, tan tranquila, como si no hubiera pasado nada anormal esta noche. El sultán está acostumbrado a las emociones fuertes y yo debería endurecerme. Mi mano derecha descansa en su mano izquierda y debido a mi embarazo, no rodea mi cintura con sus brazos, como suele hacer.

Un nuevo día, el primero en la Alhambra. Me incorporo, lucecitas redondas como monedas saltan por las paredes. Es el reflejo de una pequeña fuente que en este momento acaricia el sol.

–Arlaja, el futuro rey de la Alhambra ya da patadas dentro de mí, se ha pasado la noche así, sin parar de moverse.

–¿El futuro rey de Granada? No te entiendo.

Mulay va a repudiar a Aixa para casarse conmigo, nuestro hijo será su sucesor y yo la sultana, la única reina de Granada. Anoche me lo prometió.

–Pero, Isabel, ¿no entiendes?

–No me llames Isabel, por favor, llámame Soraya.

–¡El pueblo quiere a Aixa!

–Aprenderá a quererme a mí, me haré querer. Conseguiré el amor de todos.

Arlaja pone la mano en mi vientre.

–Mulay ya ha enviado una misiva a Aixa, anunciándole su repudio, la ha escrito esta noche.

–No creas que es tan fácil Isabel, no te vuelvas ambiciosa, no te beneficiará.

–He sufrido mucho. Y siento que ha llegado mi momento. Aixa lleva toda una vida con Mulay, es la madre de sus hijos. Pero me ha despreciado, me ha humillado. ¡Es justo que yo ocupe mi sitio junto al hombre que amo, sin necesidad de esconderme, ya he tenido demasiada paciencia! El tiempo pasa. Cuando llegué a Granada era casi una niña, ¡mírame ahora! Soy toda una mujer.

Treinta y uno

Mi hijo ha nacido sano y fuerte y es tan guapo y delicado como un príncipe.

Con él en mis brazos asistiré a la ceremonia de repudio de Aixa, que tendrá lugar antes de la caída del sol. ¡No pienso dejarlo solo en un día así, tengo miedo de una traición, de que lo rapten o, lo que es peor, le roben la vida! Arlaja le ha colgado una serie de extraños amuletos que lo protegerán de envidias, celos y maldades. Al séptimo día de su llegada al mundo le pusimos nombre, Nasr ben Ali. Aunque tengo un secreto. Cuando mi bebé y yo nos quedamos solos y nadie nos oye, le llamo Sancho, como mi padre. Entonces, me parece que sonríe.

Aixa acude a la Alhambra a la hora convenida, cubierta con un burka negro, como una viuda desolada. Hay más guardias de lo habitual vigilando cada rincón. Los estandartes rojos del reino nazarí, ondean al viento.

Se ha vestido a la manera tradicional, como un fantasma enlutado, sus vestidos negros datan de tiempo atrás. Ninguna de las mujeres de su familia ha sido repudiada, por eso nunca se han utilizado.

–Ella es la única que se ha visto obligada a vestir esos ropajes funestos y deshonrosos –me explica Arlaja con gesto apesadumbrado.

Se respira en el ambiente que hoy no es un día alegre en la Alhambra. Comienza la ceremonia. Mulay habla desde la segunda planta del Mexuar. Desde allí nos ve, pero nosotros no podemos distinguirlo a él. Estoy sobrecogida ante el esplendor y el rigor de este ritual.

Cuando Mulay baja al piso inferior, todos nos tumbamos sobre el suelo, incluida Aixa. Allí está el pobre Boabdil con sus hermanos. Los tres se han vestido de blanco. La hermana no se digna mirarme, sólo Boabdil me observa a ratos bajo su hermoso turbante de pedrería. Todos estamos nerviosos.

–Arrodíllate ante mí.

Aixa se arrodilla ante su marido, al que tanto había amado y que tanto la ha hecho sufrir. Parece estremecerse bajo sus negras vestimentas. Posa su frente sobre el frío mármol. El sultán susurra algo, inaudible, que sólo Aixa puede escuchar.

–Si piensas que mi corazón es duro te equivocas. En este momento, siento compasión y cierta nostalgia del tiempo glorioso que compartimos juntos, un tiempo durante el que conseguimos dar a nuestro pueblo paz y prosperidad. ¿Lloras, Aixa? Soy consciente de que te he hecho daño, pero también tú me lo has hecho a mí.

Todos vemos los labios de Mulay moverse, pero sin entender lo que dice. Si Aixa está respondiendo o no, es imposible saberlo, porque su rostro está completamente tapado.

–Lo que tengas que hacer, hazlo ya, no me tortures ni me deshonres por más tiempo. Soy la única mujer de mi familia que ha vestido estos ropajes de repudio, y los visto injustamente –responde Aixa con dureza.

–Este castigo es por muchas cosas pero, sobre todo, por haber expuesto el cuerpo de Adina a los cuervos.

–Por todos los medios, Mulay, voy a tratar de que el cuerpo de tu cautiva cristiana acabe igual, devorado por alimañas aún más feroces y hambrientas.

No sabemos lo que hablan ni lo que va a ocurrir. Yo tengo miedo de que Mulay se ablande y, finalmente, no la repudie.¡Deseo ser sultana! Estoy cansada de estar en tierra de nadie, necesito legitimar mi situación o me volveré loca. El emir hace un gesto y Aixa se arrodilla más aún.

Entonces, habla alto y claro.

–Yo, Abu-I-Hasan Ali, sultán de la Alhambra, te repudio. Aixa, ya no eres mi esposa ni eres reina de Granada. Deberás marcharte de palacio y, a partir de ahora, vivir en la sombra y dedicarte a labores piadosas.

Un silencio sepulcral se hace en la sala. Los escribanos, pálidos y demacrados, toman nota de la escena. Están muy disgustados.

–Tú que me repudias por una cristiana, tendrás tu merecido. Alá te castigará, todos aquí sois testigos de esta traición a nuestro pueblo y a nuestros antepasados –responde Aixa en voz alta, sin temor–. ¡No te tengo miedo, la justicia brillará como el sol!

–Vete de mi vista para siempre, esto no habría ocurrido si te hubieras limitado a tus tareas de madre, sin entrometerte en los asuntos del sultán, que no te incumben en absoluto.

–Alá todo lo ve y sabe, perfectamente, que de no ser por mí, la reina Católica sería la que esta noche dormiría donde duermes tú hoy con la cristiana, tan cómodo y rodeado de lujos. Sólo gracias a mi esfuerzo y tenacidad, este reino continúa en pie sin caer en manos de los infieles. Llegará el día en que te arrepientas de mi partida, cuando los castellanos conquisten estas tierras y nos sometan a la humillación de desposeernos de todo y destruir nuestro mundo. Despreciarán nuestro ilustre pueblo y brillante cultura. ¡No te tengo miedo! Ni tampoco de hablar así ante nuestros vasallos. ¡Que todo quede escrito hasta el fin de los tiempos!

–¡Vete de aquí con tus funestos vaticinios, nadie nos va a quitar nada, no salgas de Dar al Horra, y ni se te ocurra pisar la Alhambra sin pedirme permiso. Abandona la política!

La voz de Abu-I-Hasan-Ali resuena en el Mexuar, el lugar donde tantas veces Aixa ha resuelto asuntos de Estado, rodeada de los más insignes consejeros y embajadores, mientras el rey estaba divirtiéndose, despilfarrando el dinero, bebiendo y bailando con sus amantes.

¡Qué duro debe ser para Aixa este repudio! pienso, satisfecha de que la situación se haya resuelto a mi favor, pero también entristecida por la dureza de la escena. No, no odio a esa mujer, aunque me haya insultado y por su culpa haya derramado tantas lágrimas, pero me siento feliz de que se marche y, sobre todo, de que ya no sea la esposa del rey. ¿Se casará Mulay conmigo algún día? Quiero pedírselo, también lo he pasado francamente mal, y durante mucho tiempo, siendo la «otra», siempre en la sombra, privada de fiestas, de paseos, de amigos.

Algunos momentos han sido de una dureza terrible, me han dejado heridas que no se han terminado de curar y duelen muchísimo, aunque al final, el amor que siento por el rey consiga que perdone y olvide todo.

–Aixa ha sufrido mucho, es valiente, y aunque llegues a ser la nueva sultana, jamás debes despreciarla, y especialmente en público ¿me lo prometes? Para el pueblo, Aixa es un icono, casi una santa.

–Te lo prometo, Arlaja, jamás la despreciaré, aunque me haya escupido y haya escupido sobre mi cruz.

Aixa se marcha seguida de sus hijos y de un grupo de sirvientes. Todos caminan con la cabeza baja, menos ella, siempre altiva, orgullosa incluso bajo su burka. Mulay desaparece con dos jueces y me ignora completamente. Se le nota preocupado, quizás se sienta culpable.

–Mira Isabel, lo que dice esta inscripción que rodea el Mexuar: «El reino es de Dios, el poder es de Dios, la gloria es de Dios» –lee Arla con orgullo.

–Es igual que lo que nosotros decimos en misa, «tuyo es el poder y tuya es la gloria para siempre, Señor».

–Qué inteligente eres, Isabel.

Triste de que Mulay ni siquiera me haya mirado, me retiro a descansar. Nunca me acostumbro del todo a su desconcertante manera de actuar. Atravieso la zona de despachos donde venerables ancianos resuelven asuntos entre papeles y hacen cuentas, completamente en silencio. Inclinan la cabeza a mi paso, pero poco más. Es obvio que están contrariados por el repudio y me achacan toda la responsabilidad. Yo les sonrío, pero prácticamente me ignoran, ni siquiera con Arla son más efusivos. Sólo uno de ellos interrumpe sus tareas para saludarla un instante, pero no entiendo bien lo que se dicen.

–¿Me querrán algún día? –pregunto a Arla.

–Deberás esforzarte mucho más de lo normal.

–Y yo que creía que la vida en la Alhambra iba a ser un sueño.

Hoy ni siquiera me tranquiliza contemplar la fachada de Comares, revestida de colores, que lleva a la zona privada, de palacio. Ni siquiera calman mi ansiedad los trinos de los pájaros que parecen contar, todos a la vez, lo que ha ocurrido en la Alhambra. ¡Es tan fuerte mi deseo de ser sultana!

–Esta fuente es muy parecida a la de mi sueño.

–¿A la del sueño que tuviste el día de tu boda con Hernando?

–Era una fuente parecida, sólo que estaba junto a un ciprés y no en el centro de un patio –comento a mi Arlaja.

Espero a Mulay en nuestros aposentos. Quiero contarle esa similitud que he descubierto entre sus oraciones y las nuestras y prometerle que me ganaré el cariño de los suyos. Cuando por fin aparece, casi a media noche, está deprimido y sólo quiere dormir.

–Mañana me cuentas, Isabel. Mañana tendremos tiempo, Soraya.

Desde que Aixa se marchó hay más tranquilidad pero dudo que deje de intrigar. Los criados se limitan a ser correctos conmigo, pero me apena que me critiquen a mis espaldas y continúo con mi empresa de ganármelos poco a poco.

Adoro pasear por los patios y jardines llevando a mi hijo recién nacido en brazos. Como Mulay está siempre ocupado, mi fiel Arla me explica muchas cosas de la vida, la política, la filosofía y la religión en al-Andalus.

–El sultán es tan importante como el sol y, a su alrededor, gira todo.

Por una parte me siento orgullosa de que el hombre al que amo sea el centro del universo, pero me cuesta trabajo imaginarlo así. En la intimidad me he acostumbrado a llamarlo con apelativos cariñosos. Y a él le gustan estos apodos, aunque a veces me advierte.

–A mí ninguna mujer me ha llamado así en la vida ¿No te estaré consintiendo demasiado?

Entonces, me río, le beso en la cara, le doy mordisquitos.

Otra cosa que me gusta hacer, cuando sólo me ve el guardia que vigila la fachada de Comares es recorrer el camino destinado a Mulay, que siempre es el mismo, un trayecto sólo para él. Cuando sale de su palacio, siempre lo hace por la puerta de la izquierda y a continuación por la de la derecha, como si fuera el sol que nace al alba y se esconde en el crepúsculo. Este camino juega con las luces y las sombras, de tal manera que, cuando llego al Patio de la Alberca, estoy tan deslumbrada que la belleza de esta parte del palacio siempre me coge desprevenida.

Mi lugar favorito es el que llaman *dar-Aisha*, significa casa de Aixa. Tengo la esperanza de que un día, este lugar sea conocido como «casa de Soraya» pero es que por mucho que lucho y lo intento, el recuerdo y la presencia de Aixa late por todas partes.

–Al patio de los leones, ¿no podríamos llamarlo casa de Mulay y Soraya?

El sultán se enfada.

–¡Déjame de estupideces, necesito trabajar y no ser importunado con niñerías! ¡Nunca dejarás de creerte el centro del mundo!

La Alhambra es fascinante a todas las horas del día. No me canso de contemplarla. Ya sé lo que significan muchas de las inscripciones de la pared. A ojos de cualquier cristiano parecen simples dibujos, adornos, pero en realidad son cantos de alabanza a Alá, al sultán o a la propia belleza de la Alhambra.

Todo está lleno de símbolos, es un lugar para sabios y místicos, donde quien nada sabe, como es mi caso, se queda igualmente eclipsado por tanta hermosura. Me sorprende que detrás de una humilde puerta aparezca una estancia de lujo y fantasía, y esa inclinación a crear espacios que invitan a la intimidad y al amor, aunque también a la traición.

Toda esta maravilla la enturbian, constantemente, las noticias de la guerra, los odios y las rencillas. La Alhambra no es del todo ese lugar de ensoñación que yo pensaba.

Hace dos noches, mientras paseaba por el patio de los Arrayanes esperando a Mulay, escuché un grito intenso. Un hombre cayó a unos metros de mí, con una daga atravesándole el corazón, creí morir del terror que me invadió. ¡Quizás venía a matarme enviado por Aixa! Ya me advirtió Mulay que no debía pasear sola.

Efectivamente, las intrigas han conquistado la Alhambra. El ambiente es más tenso desde el repudio de Aixa. Los partidarios de Mulay odian a los de Aixa. Y, además, está el Zagal, hermano de Mulay Hacen, un ser intrigante y ambicioso que aparece de vez en cuando recordándonos a todos que él también existe y tiene derechos. Cuando lo veo, tan alto, mucho más que Mulay, y se sienta junto a él en Comares, siento una enorme intranquilidad. ¿Y si fuera capaz de sacar un puñal y asesinarlo? Cuando le comento al emir que me da miedo su hermano y que tenga precaución, se limita a decirme: «A él sí que no lo puedo repudiar». Y es cierto.

Las derrotas frente a Castilla se suceden. La artillería de la reina católica es muy potente, y nuestras armas no pueden hacer nada contra esa técnica tan sofisticada. Los cañones de Isabel arrasan fortalezas que antes eran inexpugnables como Cambil y Alhabar. Alhama ha sido imposible de recuperar por ahora.

–Cuando pienso que Cambil y Alhabar ya están en manos cristianas, creo que no tenemos nada que hacer, que todo está perdido, que el horóscopo se cumplirá durante mi propio mandato, incluso antes del supuesto reinado de Boabdil, y yo seré eternamente señalado y vilipendiado como el mal monarca que no supo defender el reino de Granada, perdiéndolo para siempre, entregándolo a la fe católica.

–No, Mulay, hay que continuar luchando, tú sabes hacerlo y lo conseguirás –trato de animar al rey, que a veces se siente completamente hundido, aunque siempre saca fuerzas de donde no las hay.

–Ni siquiera contamos con refuerzos de África, las naves castellanas patrullan por todo el Mediterráneo y no las podemos combatir. Nos quedamos solos, Soraya. ¿Qué harás cuando te encuentres con tu reina católica, me protegerás o me abandonarás a mi suerte?

–¿Cómo puedes pensar que te abandonaré? Eres lo que más quiero en el mundo y toda mi existencia. Tus problemas son los míos. Tus alegrías, las mías. La reina católica se compadecerá de nosotros, comprenderá nuestro amor, nos ayudará.

–Fuera de estos muros de la Alhambra es difícil llegar a comprender muchas cosas. Si al menos pudiéramos reconquistar Alhama, pero los cristianos la tienen protegida por todos los flancos. ¡Ay de mi hermosa Alhama! He hecho algunas cosas muy mal, Soraya. La toma de Zahara fue demasiado cruel, y no me lo perdono.

El sol cada día es más cálido, confío que con el aroma a azahar de los naranjos, el ánimo del sultán mejore. La mayoría me ve como a una extraña, pero sólo por amar a Mulay yo me siento hace mucho tiempo parte de este pueblo, y la idea de que los castellanos puedan con nosotros y definitivamente nos conquisten, me aterra. ¿Cómo hacer comprender a esta gente enigmática que la amo, que soy parte de ellos? Hace pocos días, el esclavo que prueba mi comida murió. El veneno del guiso iba destinado a mí. Luego supe que Aixa estaba detrás de todo.

Cuando me ven tan joven y hermosa, el pueblo no cree que ame a su emir, sólo piensa que soy una ambiciosa que lo ha embrujado y lo utilizo a mi antojo. Odian el repudio a Aixa y creen que se ha realizado por mi culpa, para ellos es una deshonra que por amor a una infiel, Mulay haya llegado a esos extremos y eso me hace sentir triste, sola e impotente. ¡En tierra de nadie! ¡Eternamente perdida!

–Aunque nunca hubieras aparecido en mi vida, habría repudiado a Aixa, me lo prometí a mí mismo cuando entregó el cuerpo de Adina a los cuervos y buitres, sin permitir mi deseo de enterrarla en la Rauda Real. Día a día ha ido ganándose mi odio. Difamándome, poniendo en contra mía al consejo y al pueblo, burlándose de mis aficiones por la música y el arte. Se lo ha ganado a pulso y no me arrepiento, mi nueva vida contigo es mucho más dulce, tú eres la mujer con quien siempre soñé, y la que mejor me comprende aunque a veces me enfaden tus niñerías y tus celos. Tu cara y tu cuerpo tienen las proporciones de una hurí del paraíso, tuyo es mi corazón y, si quisieras, todo lo que poseo.

–He pensado ir a rezar a la Mezquita de la Alhambra, quiero mezclarme con sus habitantes, resultar más accesible.

–Te lo prohíbo, Soraya, cualquier exaltado podría matarte. ¿Has olvidado al hombre que murió a pocos pasos de ti? Tenía la intención de asesinarte.

–¿Y si vamos juntos?

–Es mejor no provocar ninguna situación conflictiva.

–Algo hay que hacer para que los ánimos se tranquilicen y tus vasallos me acepten. Es terrible vivir así. En Martos todo el mundo me quería.

–Voy a contratar una compañía de magos que entretengan al pueblo y lo alejen de las preocupaciones. Actuarán en los lugares más transitados de Granada. Será un regalo a mis súbditos, hace tiempo que no los obsequio.

–Y a la Alhambra, ¿vendrán?

–También subirán a la Alhambra. Y para festejar la primavera, tú serás la reina de los tradicionales torneos que tienen lugar en Bab Rambla. Te vestirás elegantemente y te adornarás con flores, como manda la tradición. Llevarás a nuestro hijo en brazos y, lo que es más importante, abjurarás de la religión católica en público, para abrazar el islam. La ceremonia se realizará sobre un pabellón que erigiremos en el centro de Bab Rambla, fastuosamente adornado con luminarias y tapices. Quemaremos esencias y ámbar. Yo contemplaré el protocolo sentado en mi trono, junto a mis cortesanos. Tras la oración comunitaria y las invocaciones y lecturas del Corán nos amenizarán los flautistas. Y se repartirán tortas hechas con harina de flor, alfeñiques, hechura de zanahorias con pasas y calabacín frito y otras delicias.

–Haré gustosa este sacrificio ante tus súbditos si favorece la paz del reino y tu buen nombre.

–También he pensado –Mulay fija en mí su penetrante mirada– separar a Boabdil de su madre y traerlo junto a nosotros. Será aprovechando la confusión que los magos provoquen en la ciudad.

TREINTA Y DOS

El agua de la tina estaba helada. Aixa la prefería así, bien fría. La ayudaba a mantenerse aún más despierta. Desde que llegó a su palacio de Dar al Horra las visitas no cesaban. Tampoco las misivas y los correos. Eran muchos sus partidarios y vivía para intrigar contra el sultán y Soraya.

–¡Estos magos que inundan de repente la ciudad van a acabar con mi paciencia! –protestaba. Bajo su ventana, un prestidigitador lanzaba al aire bolas de colores mientras su compañero tocaba una alegre flauta.

–Ordénales que se marchen, ¡que se marchen de una vez!

–Pero señora, es un admirador vuestro, trata de haceros feliz por un rato y distraeros de vuestras preocupaciones.

–Precisamente, lo que menos necesito es distracción. Debo mantener la cabeza fría a toda costa. Cuando pienso que Boabdil está vivo de milagro, que lo he salvado al obligarlo a colgarse de esta ventana, con cuerdas, hasta que los guardias de Mulay se marcharan convencidos de que no se encontraba aquí. ¡Venían a apresarlo y, probablemente, acabar con su vida o encerrarlo en la mazmorra más oscura de la Alhambra! ¿Tú puedes imaginar lo que una madre siente viendo a su hijo pender de unas finas cuerdas, a muchos metros sobre el suelo? Si se hubiera caído, habría muerto con toda seguridad, estrellado contra el empedrado.

–No era su destino morir así, y lo sabes, Aixa.

–Sharra, no creo en oráculos ni en destinos, no me confundas con el necio del emir. Tengo miedo de las traiciones que puedan estar tramando esas culebras de Mulay y la cautiva.

–No desesperes, en la Alhambra cuentas con muchos servidores que te son fieles y acudirán para advertirte de todo lo que ocurra. ¡Los criados detestan a Soraya!

–Gracias a que me avisaron he podido salvar la vida de mi hijo. Mulay pretendía raptarlo, todos estos magos y tirititeros sólo tenían la misión de crear confusión para facilitar el oscuro plan de ese indeseable. ¡Nunca os dais cuenta de nada, torpes! Mulay Hacen sólo pretendía que en Granada reinara la diversión para secuestrar a Boabdil.

–Madre, no sufras más, me he salvado por ahora y tengo fuerzas para luchar a tu lado contra mi malvado padre, antes de que consiga acabar con nosotros. Seguro que la cristiana lo convenció para apresarme, ella le ha embrujado, le tiene dominado, todos lo dicen en la Alhambra. Ahora, escuchemos lo que Ali Sand viene a contarnos. Acaba de llegar con noticias importantes.

–El rey ha organizado una enorme fiesta en honor a su hijo con la infiel, Nasr ben Ali –cuenta el viejo sirviente apenas sin resuello.

–¡Maldito sea! Jamás organizó nada semejante para nuestro hijo Boabdil.

–Esta mañana he escuchado que pretende nombrarlo su sucesor.

–No lo conseguirá, ni por encima de mi cadáver, el príncipe heredero es Boabdil, mi hijo Boabdil.

–Señora, esta misma mañana el sultán lo hablaba con Soraya, la indeseable infiel, los escuchaba mientras retiraba las flores marchitas de las habitaciones donde duermen. Las cambio varias veces al día, con esa excusa entro en sus aposentos.

–La poderosa estirpe de los Abencerrajes me ayudará a destituir a Mulay Hacen. Juro por Alá, que nadie robará los derechos dinásticos del príncipe Boabdil. Hoy mismo planearé con los Abencerrajes la manera de arrebatar el trono a ese tirano. ¡Tengo el convencimiento de que toda Granada nos apoyará!

La tarde cae sobre la Alhambra tiñendo de rosa el agua de las fuentes. El emir, nuestro hijo y yo paseamos, dejándonos llevar por la belleza de la puesta de sol y por el amor inmenso que nos tenemos. Es una suerte que nos llevemos tan bien. Hace días que no tenemos ocasión de estar juntos.

–¡Mi señor!

El fiel Abú entra sin resuello y se tira a los pies del sultán.

–Aixa planea destituiros del trono para poner al príncipe Boabdil, lo va a hacer con la ayuda de los poderosos Abencerrajes, lo he escuchado hace un rato mientras podaba el jardín en Dar al Horra.

Mulay ríe, sarcástico.

–Esa mujer está cavando su propia tumba, los zegríes y mi hermano Zagal acudirán en mi ayuda en todo momento. Si quiere pelea, la tendrá.

–Debéis encerrar a Aixa para que no continúe conspirando ¡Es lo más inteligente!

–La voy a encerrar en la casa de la Vega, que los guardias vayan a buscarla esta misma noche, será su peor castigo. Una patrulla de centinelas deben vigilar que no escape ni tenga contactos con nadie. Boabdil, Yusuf y mi hija vendrán a la Alhambra. Aquí los educaré en el amor a su padre y les arrancaré, como sea, el odio que su madre les ha inculcado hacia mí.

Tras estas palabras, un veloz caballo parte desde la Alhambra hacia Dar al Horra. Sabemos que los espías están por todas partes. Los traidores se camuflan tan bien que es imposible averiguar quiénes son.

–El emir planea secuestraros esta noche y recluiros en la Vega ¡escapad de inmediato mi señora!

Aixa no era ninguna ingenua y siempre tenía preparadas sus bolsas de cuero con un poco de ropa y los objetos personales justos, para ella y sus tres hijos. Antes o después llegaría el momento de escapar a toda prisa. Estaba claro que las intrigas, las traiciones y los juegos de poder formaban parte del día a día entre la Alhambra y Daralhorra.

Pagó con varias monedas de oro al mensajero que la había advertido del tremendo peligro que corrían y partió, humildemente vestida y montada en un borriquillo, hacia una de las casas más grandiosas de Granada, la de la familia de los Abencerrajes, sus aliados y amigos. Su hijo Boabdil la seguía, sumiso, obediente y noble, aunque la sangre le hervía de indignación por el trato que le infligía su propio padre. Yusuf y Aixa, orgullosos y respetados por el pueblo de Granada, cerraban la comitiva.

Boabdil estaba de acuerdo con las decisiones de su madre. Nunca creyó que las cosas llegaran hasta el punto de verse colgando, a más de diez metros de altura, en un intento desesperado de ocultarse para que los guardias de su padre no lo arrestaran y lo llevaran prisionero. Los rápidos reflejos de su madre, su valentía y brillantes ideas, le habían salvado la vida. Pobre madre, repudiada. ¡Qué injusticia!

La infancia de Boabdil transcurrió entre una madre ambiciosa y un padre despiadado que sólo atendía a sus caprichos. Después de analizar la situación política, el joven príncipe había llegado al convencimiento de que la derrota almohade en la batalla de las Navas de Tolosa, había marcado el principio del fin de al-Andalus en la Península y el avance imparable de los cristianos. ¡Era tan obvio! ¿Cómo es posible que ni su padre ni su madre quisieran admitirlo? Se comportaban de una manera tan orgullosa y petulante, del todo ciegos a la realidad, ¡como verdaderos suicidas! ¿Acaso la caída de Sevilla a manos cristianas no era otra señal evidente de que Alá ha perdido definitivamente estas hermosas tierras? Aun así, decidió luchar.

Aixa no quería ni oír hablar de ese tema y, cada vez que Boabdil lo sacaba a colación, su madre lo llamaba cobarde y lo insultaba de todas las maneras posibles.

Instalados en la lujosa mansión de los Abencerrajes, Aixa y el jefe del clan planeaban día y noche cómo Boabdil se alzaría contra Mulay Hacen.

–Estoy dispuesto, amigos, nada me detendrá –la joven voz de Boabdil resonó en la sala y todos se sintieron orgullosos de él.

Verme colgando de la torre para huir de mi padre ha marcado un antes y un después en mi corazón. ¡Pasé pánico! Definitivamente, me he arrancado hasta la última brizna del cariño natural que un hijo siente hacia un padre. He visto con toda claridad las oscuras intenciones de Abu-I-Hasan Ali y me consta que a un hombre que puede ser así de despiadado con su propio hijo por amor a una infiel, no le tiembla el pulso para llevar a su pueblo por los peores caminos, sin compasión.

–¡Quién sabe si la cautiva lo convencerá para que entregue el reino de Granada a Castilla! A veces pienso –Aixa adoptó un lúgubre tono de voz– que es una enviada de la reina católica. Finge amar al sultán pero, en realidad, su objetivo consiste en conducirlo a la total perdición, arrancándole el reino de Granada sin que se dé ni cuenta. Por eso, hermanos, ha llegado el momento de la guerra civil, pero una guerra civil que debe ser breve, que no nos impida continuar luchando contra Castilla, que no merme nuestras fuerzas –explicaba Aixa con determinación.

–Cuenta con nosotros, sabes de sobra que lucharemos a tu lado, estamos deseando vengarnos de Mulay Hacen por la cruel matanza de nuestros hermanos. Todavía me parece ver el río de sangre que surcaba el noble suelo de mármol de la Alhambra y siento escalofríos, no sé cómo pude escapar de aquella cruenta masacre. El jefe abencerraje y Aixa levantaron sus copas. Los siguió Boabdil.

–¡Muerte a Mulay Hacen!

–¡Muerte! –contestaron al unísono los casi cien granadinos contrarios al sultán, que se reunían en aquella lujosa estancia de paredes doradas.

En la Alhambra, Nasr y yo jugamos a leer un volumen manuscrito de páginas delicadas como la seda. Mulay desapareció por la mañana y no lo hemos vuelto a ver, algo que suele ocurrir a menudo últimamente. Está tan empeñado en recuperar Alhama y otros puestos que pretende trasladarse al castillo de Mondújar, dejando temporalmente la Alhambra. No viene mal alejarse de este nido de intrigas y venganzas por una temporada. Todo sea por el bien del reino de Granada.

–¿Quieres que vayamos paseando al huerto de los alarifes para coger flores y frutas? –le pregunto a Nasr –. Allí nos encontraremos con tu padre.

–¡En borriquito, en borriquito! –pide mi retoño haciendo palmas.

Nos montamos en un pollino cada uno y atravesamos lentamente el barranco que separa la Alhambra de ese lugar increíble que es el Generalife. Hermosa palabra que significa jardín del arquitecto. Me gusta contemplar a mi hijo, tan apuesto como su padre y tan justo como su abuelo, el alcaide de Martos.

–¿Una carrera?

–¡Sí, sí, carrera, carrera!

Lo dejo ganar y hago como que es un gran campeón, me reconfortan sus risas. El Generalife es el paraíso del agua. Un jardín lleno de fuentes, cada una con su murmullo. Es imposible que en este mundo exista un lugar más placentero. Nasr ben Ali y yo nos bañamos en las acequias. El agua es fría incluso en verano. Baja directamente de la sierra. Cuando las cosas no van bien, el Generalife me reconforta. Está hecho para el placer. Incluso, un atardecer, sorprendí a Nura besándose con Rashid, ocultos entre dos almendros pero no he dicho nada. También mi amor con el sultán está, de alguna manera, prohibido.

Desde el Generalife la Alhambra parece lejana. Sentada en mis escabeles, junto a la galería, observo la que fue mi primera morada en la Alhambra, esa torre me trae terribles recuerdos. ¡Qué bella habría sido si me hubieran permitido salir de allí! No he vuelto a pisarla, aunque conforme pasa el tiempo voy olvidando la sensación de cautiverio y la Torre me parece como el cofre perfecto para ocultar de las miradas el tesoro más preciado.

Mulay Hacen interrumpe mis pensamientos. Con el murmullo de las fuentes no he escuchado sus pasos. Se sienta a mi lado para contemplar el atardecer sobre la ciudad de Granada. La nieve de la sierra es ahora violeta.

–¿Estás orgulloso de tu reino? –pregunto.

–Mucho, por eso, para continuar luchando, debo ir a Mondújar, cerca de la costa.

–No nos dejes en la Alhambra... ¡Llévanos contigo, emir! Será una experiencia nueva y permaneceremos unidos. Podremos colaborar en lo que sea necesario.

–¿Colaborar tú, eres capaz de resistir la sangre y la violencia, el dolor en su estado más puro?

–Lo voy a intentar. Arlaja nos acompañará también.

–Entonces partimos juntos pero guarda el más absoluto secreto. Si Aixa se entera de que dejamos la Alhambra, no tardará en hacerse con ella y sentar a mi hijo Boabdil en el trono.

El Zagal, hermano de Mulay, viene con nosotros a Mondújar. Es fiero y despiadado, pero al menos contesta si me dirijo a él, me respeta y parece tener cariño a su sobrino. El viaje hacia este lugar cercano a la costa me resulta muy agradable. Palmeras y exuberantes plantas crecen a un lado y a otro del camino. Norias, riachuelos y huertos regados por generosas acequias, reconfortan nuestra vista. Cuando paramos en alguna venta a descansar nos sirven jugosos higos, caquis maduros, muy dulces, que se deshacen en la boca y un fruto muy típico de esta zona, del que no recuerdo su nombre, de carne deliciosa salpicada por huesos negros como el azabache.

–Guárdame en este saquito todos los huesos de esta fruta, no los tires –me advierte Arlaja.

–¿Pero para qué los quieres? –pregunta Nasr con su curiosidad infantil.

–Haz lo que te dice, Arla ha sido como una madre para mí y también lo es para ti, todos sus deseos son órdenes.

–Mamá, ¿dónde está tu verdadera madre, y tu padre, por qué tienes dos nombres? ¿Por qué a veces te llamas Isabel y otras Soraya?

Las preguntas infantiles de mi hijo me enternecen y me traen, con toda su intensidad, el recuerdo de mi villa de Martos, de mi bondadoso padre leyendo junto a la chimenea, de mi idolatrada madre. Todos están en el cielo. Desde allí me ven, por eso debo honrarlos siempre.

–¿Y por qué tienes dos nombres? –insiste.

–Tengo dos nombres porque soy… –no sé continuar y me quedo callada–. Cuando crezcas podré explicártelo. ¡No es fácil!

La charla con Nasr me trae a la mente el día que me convertí al islam. Lo que nadie sabe, excepto Mulay, es que la cruz de mi madre vuelve a colgar de mi cuello, disimulada entre dos trozos de tela perfectamente cosidos. Cuando me siento mal, que es a menudo, me voy hacia el *mihrab*, allí me arrodillo. Pero no rezo a Alá, sino a mi Dios, a mi Virgen, a Santa Marta, acariciando mi cruz y rogando al cielo que me perdone. Continúo sintiéndome perdida e impotente.

Mulay no imagina que mi interés por marcharme de Granada y estar en Mondújar junto a él también se debe a que, hace pocos días, alguien me hizo llegar una misiva. ¡Era de la reina católica, me proponía rescatarme a cambio de mi colaboración para acabar con Mulay Hacen! La misiva venía escondida entre los pliegues del mantel sobre el que trajeron mi almuerzo.

Ni siquiera contesté, la hice una bola y me fui, temblando, al Generalife. Allí ahogué la carta en la escalera de agua, uno de mis lugares favoritos, y no saqué la mano del canal hasta que no quedó ni un trozo de papel, porque hasta el más pequeño lo deshizo la corriente.

Sí, saben dónde estoy, por eso me marcho a Mondújar, aterrorizada de que me localicen y presionen en contra de mis deseos.

Por un momento, al recibir la carta, tuve tentaciones de pedir audiencia a la reina católica y contarle mi historia. Pero mi fiel Arlaja, la única que conoce este episodio, me convenció de que no era buena idea.

–¡No confíes, Isabel, puede tratarse de una farsa, de una artimaña de Aixa, de una traición!

–Estoy segura de que la reina Isabel comprenderá mi historia, entenderá que amo a Mulay Hacen, entenderá que me haya convertido al islam.

–¡No seas ingenua! Nadie entenderá nada y, lo peor, puede que ni siquiera la reina Isabel esté detrás, y sólo sea una trampa de Aixa. No olvides que Aixa hará siempre todo lo posible por perjudicarte ¡Te odia! Y cuando Aixa odia, es a muerte.

Treinta y tres

–Qué reino tan bello el de Granada, ¡está lleno de contrastes!

–Alá ha sido generoso con estas tierras, y nuestro deber es defenderlas del ejército de la cruz –contesta Mulay Hacen.

La vida en Mondújar resulta liberadora. El paisaje que nos rodea es distinto al de la Vega y al de la Alhambra, exuberante y colorido. Frente a frente, el azul del mar y el blanco de la nieve. En medio, dulces colinas verdes salpicadas de almendros.

El castillo de Mondújar necesita un buen arreglo. Si no hubiera guerra emprendería espectaculares reformas. A nuestra llegada, encontramos a una cuadrilla de alarifes acondicionando el mihrab y tapando algunos agujeros de las paredes. El clima es dulce y los campesinos tienen trucos que me resultan cautivadores y demuestran un gran talento y amor por la agricultura. Para que no se congelen los cítricos, plantan delante olivos, que protegen a los frágiles naranjos y a los limoneros de las heladas y el viento, actuando como barreras contra el frío.

El castillo es incómodo, a veces nos falta agua y el jardín está destrozado, aunque no tiene precio poder sentirme libre de las presiones de la Alhambra, y más tranquila lejos de Aixa e incluso de la Reina Isabel, a quien temo también.

Cuando llegan los hombres de la lucha, este lugar es de muerte y desolación, y mi hijo lo mira todo con ojos espantados.

–Es bueno, que se curta en el dolor –dice siempre Mulay– pero yo no estoy de acuerdo. Quiero que Nasr ben Ali sea sultán, pero de la paz y la bondad, no de la violencia y el terror. ¡Qué poco me conocen quienes tanto me odian!

Pasa el tiempo y el horror en Mondújar empieza a pesar. Aumentan los heridos e incluso pasamos hambre. A duras penas podemos alimentarnos. La propia Arlaja va cada mañana a un delicioso río cercano, rodeado de sauces y eucaliptos. Nasr se vuelve loco tratando de ayudarla a capturar un mújol, anguilas o sábalos, que luegos freímos en abundante aceite de oliva. Los médicos me recomiendan que mi hijo coma pescado. Por eso yo guardo mi ración para él y me conformo con unas frutas. No echo de menos las comodidades de la Alhambra pero estoy preocupada de la vida asalvajada que mi hijo lleva aquí. Sus instructores están en Granada y Nasr no estudia, sólo quiere estar con los soldados, con su padre y pescar y juguetear. ¡Quiero que mi hijo sea culto, refinado e instruido!

–Deja a tu hermano Zagal y al ejército luchando aquí y volvamos nosotros a Granada –suplico una mañana.

El sultán está de un humor terrible.

–¡No puedo, Soraya, mil veces te lo he dicho! –me grita delante de los soldados–. Te lo advertí, debo estar aquí, junto a mis hombres. ¡Vuelve tú a la Alhambra con Arlaja y nuestro hijo!

–No soportaría la inquietud y el sufrimiento de estar tan lejos de ti.

–Pues entonces, ¡déjame tranquilo y no me molestes! Limítate a tus obligaciones. ¡Tú te empeñaste en venir!

–No paro de trabajar, de lavar trapos, desinfectar vendas, curar enfermos, ¡no puedo más!

–¡Resiste! En el Generalife te dije que esto no iba a ser un viaje de placer y aun así quisiste venir. Debemos reclutar mujeres de los alrededores que ayuden, Arlaja y tú os encargaréis de ellas. ¡Os necesitamos! Los cristianos aguantan bien los asedios, pero sé que está cerca el momento en que podamos acabar con ellos. ¡Sé que está cerca, debe estar cerca!

Dejo a Mulay gritando y me voy con Arlaja, que prepara ungüentos con hierbas para curar a los soldados de las heridas recibidas en combate.

–Abú Dimar acaba de morir –me dice nada más verme.

Una fina lluvia baña los campos de Mondújar y también mi corazón, en esta mañana que me resulta interminable y donde no veo ninguna salida ante el terrorífico asedio castellano.

–Madre, pan –me pide Nasr. Le doy unos bollitos algo duros. A veces ni siquiera contamos con pan tierno.

Me siento inquieta, como si algo terrible estuviera a punto de ocurrir. Algunos amaneceres, Arlaja se resiente de dolores en el corazón y en la cabeza, pero es de tanto trabajo como tenemos, de la dura vida que llevamos en Mondújar, de la escasez de alimentos. La sola idea de que pueda perder a Arlaja inesperadamente, me hace llorar por las noches. ¿Qué haría sin ella?

–Mi vida en Castilla habría sido más fácil –gimoteo una vez más.

–¿Junto a un marido al que no amabas?

–Quizás era cuestión de aprender a quererlo.

–Eso es imposible para ti. Hernando no te provocaba ninguna emoción. Sé sincera, Isabel, ¡Hernando te aburría!

Mulay es un fiero guerrero, inteligente y ágil, pero se queja de que a veces le falla la vista. Todo lo vence con su orgullo sin límites y su portentoso ingenio. Cuando estoy con él, me siento más protegida que si durmiera al lado del más fuerte y joven de los soldados. En mis oraciones pido que los cristianos no nos conquisten. Pido, de una vez, que todo termine. Pido la paz.

Nasr es el único que parece ajeno a todo en este castillo lleno de pasadizos y mazmorras y me recuerda a mí misma, de niña, en Martos.

–Mi propio hijo Boabdil… –al sultán de la Alhambra le falta el aliento. Algo muy grave está ocurriendo.

–Mi propio hijo Boabdil. ¡Se ha alzado contra mí! ¡Ha ocupado la Alhambra, me declara la guerra! Aprovechando mi ausencia ha tomado Granada con la ayuda de los Abencerrajes.

Mulay se sienta, derrotado. La noticia no me sorprende, hace días que esperamos que ocurra algo fatal, desde que Arla y yo vimos dos cuervos negros atacando una blanca y delicada paloma.

–Algo muy terrible va a pasar pronto –susurró Arlaja encogiéndome el corazón con sus palabras.

Trato de consolar a Mulay, pero nada puede animarlo.

–¡Cómo se le ocurre a Aixa, cómo se le ocurre! Siempre quiere salirse con la suya, ésto jamás habría sido idea de Boabdil. ¡Sólo su madre es capaz de llegar tan lejos!

–Lo mejor que le puede pasar a Castilla en este momento es que luchemos entre nosotros. Si nos debilitamos con guerras internas todo les será más fácil –Arla mueve las cuentas de su rosario mientras habla–. Mantened la calma, señor.

–Decidme, ¿qué solución debo adoptar? Estoy agotado de tanto luchar. ¡Ya no soy tan joven! Las fuerzas me fallan. ¡Estoy indignado con la arpía de Aixa!

Mulay deambula como un loco por nuestra destartalada alcoba.

Su rostro muestra huellas de cansancio. Tropieza con un brasero y, a continuación, con la alfombra.

–No consiento ceder el trono a Boabdil, ni a Aixa, ni a los Abencerrajes. Más que por mi persona tengo que luchar por tus intereses, por los de nuestro hijo, por los súbditos que nos son fieles, por el reino de Granada. Boabdil me ordena que permanezcamos recluidos en Mondújar. ¡No puedo creerlo! Mi propio hijo dándome órdenes, ¡amenazándome! Continuaré mi guerra contra los castellanos desde aquí, a mi manera, cosechando todos los éxitos que pueda.

–Está claro que, por el momento, ir a la Alhambra es jugarnos la vida. Quizás nunca deberíamos haber venido a Mondújar –digo apesadumbrada.

–¡Por supuesto que hemos hecho bien en venir, el pueblo de Granada nos lo agradecerá! Soraya, ¡deja de meterte en asuntos que no entiendes! ¡Todos mis problemas son por tu culpa!

La frontera recibe nuestros constantes ataques. Dos victorias casi seguidas en campo abierto aumentan la moral de los soldados y, sobre todo, de Abu-I-Hasan Ali y su fiero hermano. El rey Católico sufre un importante revés cuando trata de atacar Loja. Además, el Zagal aniquila a todo un ejército que operaba en la difícil zona de la Axarquía malagueña.

«Aislamos y emboscamos todos los destacamentos» –cuenta el Zagal en la improvisada fiesta que montamos para celebrar el éxito de estas campañas. Los soldados vitorean a Mulay y a su hermano, felices de esta victoria que nos da esperanzas y ánimos para continuar.

Me retiro pronto con Arla para que los hombres se diviertan solos. Han llegado bailarinas de los alrededores pero ni siquiera siento celos, segura de que Mulay no se fijará en ninguna de ellas.

Estoy tan cansada que apenas tengo fuerzas de ponerme la saya de dormir. Lo hago despacio, suelto mi pelo, menos suave que de costumbre. Como si no tuviéramos suficientes problemas con Castilla, padre e hijo se enfrentan por el trono de Granada. Una verdadera desgracia que, me temo, no traerá nada bueno.

El dulce sabor de la victoria sobre los cristianos no me hace tan feliz como a Mulay y al Zagal, ¡tengo la intuición de que es pasajero! Lo que a Arlaja y a mí nos preocupa terriblemente es el enfrentamiento entre Mulay Hacen y su hijo. Arlaja se encerró ayer, durante horas en su habitación, y salió melancólica y hundida.

–Prepárate a sufrir –dijo antes de adentrarse, bajo la luna, en el abandonado jardín del castillo.

–¿De nada te sirve conocer las victorias que tu padre y tu tío han conseguido en Loja y en la Axarquía?

Boabdil escuchaba a su enojada madre, con una mueca de cansancio.

–Estamos en la Alhambra, reinamos en Granada, ¿qué más quieres, madre?

–Tu popularidad, que el pueblo te apoye, que tengas el aprecio de todos, que no digan que eres cobarde ni vago.

Boabdil sostenía entre los dedos una pluma de pavo real. Los leones de la fuente expulsaban agua por sus bocas, indiferentes y sabios, con ellos no van los problemas del mundo.

–Tu suegro, Aliatar, propone que conquistes Cabra, Montilla y Lucena. Aliatar tiene una gran experiencia como alcalde fronterizo de Loja, tu éxito está asegurado, y tu fama también.

–De acuerdo, madre, ganas como siempre. Atacaré, aunque creo que lo más inteligente es reforzar nuestra situación en la Alhambra. ¿No has pensado que mi padre y el Zagal pueden volver en cualquier momento?

–¡Déjate de pasividad y demuestra al pueblo tu arrojo contra los cristianos! Vigilando la Alhambra, me quedo yo.

–Hay rumores de que Aixa y Aliatar van a atacar Lucena –nos cuenta uno de nuestros confidentes–. Moraima no para de llorar desde que se enteró, teme por la vida de su anciano padre, Aliatar, y por la de su gentil esposo, Boabdil.

–¿Quién es Moraima? ¿Acaso Boabdil se ha casado?

–Sí, mi señor, la ceremonia fue sencilla y tuvo lugar en la Alhambra, al día siguiente de tomar Boabdil el trono. Moraima, la hija del alcalde de Loja es bella, joven y buena y cuentan que, a pesar de ser su padre uno de los hombres más ricos del reino, la educación de Moraima ha sido tan austera que incluso tuvo que pedir joyas prestadas, a las esposas de los Abencerrajes, para la ceremonia de su matrimonio con tu hijo Boabdil.

Mulay está apesadumbrado por la noticia del enlace.

–Es normal que se haya casado, Boabdil ya es todo un hombre –digo tratando de ahuyentar el dolor del sultán.

–Y Aliatar un gran guerrero, en quien siempre he confiado. Ha tenido buen gusto Boabdil, como hija de Aliatar, Moraima debe ser una de las jóvenes más virtuosas del reino. Lo que me mata es la ambición de Aixa. Seguro que ha propiciado que ese matrimonio se consume cuanto antes, para darnos un golpe bajo a ti y a mí.

La inquietud y la tensión se palpan hoy en el ambiente. La boda de Boabdil ha afectado profundamente el ánimo del sultán. Pero la vida sigue. Mulay Hacen y su hermano continúan con sus planes de incesantes e imprevistos ataques a la frontera. Apenas pueden hacer nada más, porque aquí en Mondújar no contamos con un gran ejército, sólo tenemos un grupo de soldados, muy fieros y con muchas ganas de luchar, pero sin apenas recursos.

El 1 Abril de 1483, un mensajero llega a galope tendido al castillo de Mondújar y entra gritando:

–¡Guerra, guerra, Aixa y Aliatar han levantado el estandarte de guerra, en la Puerta Monaita, los nobles de la ciudad los apoyan!

Lo que tanto temíamos ha ocurrido. Al día siguiente, otro mensajero vuelve con más noticias.

–Al salir por la Puerta de Elvira, el caballo de Boabdil se espantó, su lanza de combate cayó al suelo, quebrándose. Mal presagio, intuimos todos los presentes.

–Madre, ¿no deberíamos volver al campamento en espera de mejores augurios? –preguntó Boabdil.

Aixa quedó pensativa durante un rato, luego decidió continuar con el plan de asedio.

Informaciones contradictorias no paran de llegar a Mondújar, cada mensajero da una versión distinta de lo que ha ocurrido.

–Boabdil y Aliatar partieron a la guerra. El noble Aliatar, tan curtido en mil peripecias, no pudo imaginar que cabalgaba hacia su propia muerte. Dicen que Boabdil había consultado a los astrólogos, que no auguraron nada bueno, pero fue Aixa quien dio la orden de ir a luchar. Todo iba bien en Lucena hasta que apareció un contingente de castellanos que los apalearon por todos los flancos. «Cuida bien de mi hija Moraima», pidió Aliatar a Boabdil antes de morir. Una furiosa daga cristiana se había hundido en su noble pecho y la vida lo abandonó.

–¿Qué más dijo mi buen amigo Aliatar a Boabdil? –pregunta Mulay al mensajero.

–No dejes de luchar, nunca te rindas, debes hacerlo por Granada.

Cuentan que con lágrimas en los ojos, Boabdil fue testigo de la muerte de ese hombre admirable que era su suegro. Estaba tan desolado que no tuvo reflejos para escapar del cristiano que lo capturó, llevándolo ante el rey Fernando *El Católico*. En Granada se lamenta la muerte de Aliatar y el pueblo está asustado por el destino de Boabdil. El apodo de *Zogoibi* –desventurado– se extiende por la población. Cuando Aixa escucha *Zogoibi*, la sangre y la indignación la comen por dentro. En Granada se cree que Boabdil ha muerto luchando con todas sus fuerzas.

Mulay, Arla, el Zagal y los hombres más cercanos al sultán, escuchamos el relato del mensajero, que pide agua para poder continuar hablando.

–Mi hijo no es desventurado, mi hijo no está muerto, conseguirá el poder y la gloria –dicen que Aixa repetía una y otra vez, hablando consigo misma, mientras abandonaba la Alhambra, seguida de sus hijas, para refugiarse de nuevo con los Abencerrajes.

Un espeso silencio envuelve el castillo de Mondújar.

–La Alhambra está sin rey. Tanto si Boabdil ha muerto como si está prisionero, ¡volvemos inmediatamente a Granada, preparadlo todo! –ordena Abu-I-Hasan Ali–. Necesito recuperar mi trono y que el reino vuelva a la normalidad, bajo mi mandato.

El Zagal y el resto de los hombres dan la razón al sultán.

–¡A Granada, sin demora, a la Alhambra! –grita Mulay Hacen.

Los hombres lo vitorean, incluido el Zagal mientras yo asisto, asombrada, a todos estos cambios, sin atreverme a intervenir.

–Los mismos nobles que se unieron a Boabdil alzarán ahora sus pendones por ti, emir, no te confíes –advierte Arla.

–Lo sé, y todos tendrán su merecido cuando llegue el momento. Ahora los necesitamos.

Mulay Hacen ya no sabe en quién confiar. Yo, tampoco. ¿Existirán traiciones tan grandes en Castilla? Padre no habría dudado en morir por lealtad a los reyes católicos. Mulay está dispuesto a acabar con Aixa y con su propio hijo, si es necesario, para devolver el orden al reino de Granada.

La llegada es apoteósica. El pueblo aclama a Abu-I-Hasan Ali, triunfador por las calles de Granada. Con Boabdil prisionero de los castellanos, lo reclaman como legítimo rey. Nuestro pequeño ejército, que camina vitoreado tras nosotros, ha aniquilado a un gran número de cristianos y apresado a más de quinientos. La idea de que pueda conocer a alguno de ellos me inquieta desde que partimos de Mondújar. Arlaja parece leerme el pensamiento y comienza a mirarlos, uno a uno. Están desolados, magullados, tristes.

–¡Don Pedro! –escucho gritar a Arlaja.

Entre los cautivos, Arlaja encuentra a don Pedro Mencía, el noble que la compró y de cuya casa partió para venir a cuidarme a Martos; el hombre con quien compartió dulces noches de amor y que permitió a Arlaja continuar practicando el islam entre los muros de su casa, y perfeccionar sus recetas.

–Mi hermosa Arlaja –susurra a duras penas don Pedro.

El castellano tiene una enorme herida en la sien que le cubre con sangre parte del rostro. Su mano derecha está destrozada.

–Quizás también me he roto el hombro –murmura– el dolor es terrible.

–Di al emir que me deje curar las heridas de este hombre –me suplica Arlaja–. No es un cautivo cualquiera, me cuidó en su casa de Jaén donde viví cómodamente hasta que el señor de Solís vino a buscarme para que te salvara la vida.

–Mi padre hablaba de ti en su diario, eres tal y como él te describía. Tú me regalaste a Arlaja y te estoy eternamente agradecida –cojo las manos de don Pedro, es mi manera de indicarle que no tiene nada que temer.

–¡Tú aquí! La hija de mi gran amigo el alcaide de Martos, desde que te capturaron el día de tu boda hay cientos de rumores sobre ti. Y ahora resulta que es cierto, que eres la esposa del rey. Isabel ¿puedes ayudarme? ¡Líbrame del cautiverio!

–Claro que sí –le prometo–. Pero no me llames Isabel –digo bajito–. Ahora me llamo Soraya y no soy su esposa. ¡Ojalá lo sea algún día! Los asuntos de Estado no nos permiten hacer la vida normal con la que tanto sueño.

–Precioso nombre. Soraya significa lucero de la mañana. Tu aspecto corresponde con las descripciones que me han hecho de tu belleza.

Arla ya ha limpiado las heridas de don Pedro. Van juntos, hablando del pasado, de su vida común en Jaén. Arlaja ha recostado a su amigo sobre unos cojines que amortiguan el traqueteo del carro.

Mulay Hacen , encabezando la comitiva, está radiante por su triunfo.

La vida me parece un complicado teatro donde nunca se sabe qué va a ocurrir, y todo te coge por sorpresa.

–Mi bella Arlaja, ¡qué milagro ha sido volverte a ver!

–Alá tenía que permitir nuestro reencuentro.

–Te eché mucho de menos, más de una vez tuve la tentación de ir a buscarte al castillo de mi buen amigo de Solís. Pero con mi esposa de nuevo en casa, pensé que serías desgraciada.

–Fui muy feliz cuidando a Isabel, ahora es como una hija para mí.

–La niña ha crecido y tú y yo nos hemos reencontrado –dice don Pedro mientras acaricia la cara de Arla, con su mano perfectamente vendada. No he dejado de pensar en ti, sabia Arlaja.

–¿Y qué fue de Magdalena, vuestra esposa?

–Primero se fue a la Corte, con la reina Isabel. Como sabes nos llevábamos tan mal que decidimos vivir cada uno en un lugar. Si existiera el repudio como en al-Andalus, la habría repudiado. ¡Era malvada! Murió hace tres meses y me dejó tranquilo para siempre.

–El emir repudió a Aixa.

–Lo sé. La noticia ha volado hasta Castilla.

–¿Qué va a pasar, señor de Mencía?

–El sultán ha organizado muy bien esta batalla y nos ha tomado por sorpresa, si no, jamás nos habría vencido, contamos con una artillería potente que vosotros no tenéis y vuestras guerras internas os están debilitando cada día más. No hay posibilidad de que el reino de Granada resista por mucho tiempo.

–¿Y qué será de nosotros?

–No debes preocuparte, cuidaré de ti, mi querida amiga. Si es necesario, nos marcharemos de este país, a la Toscana o a Chipre, donde tengo posesiones. ¿Encontraste a tu marido?

–Sí, pero cansado de esperar, se casó con una mujer mucho más joven. Me ofreció vivir con ellos y no acepté. El emir me hizo de su consejo y preferí quedarme en la Alhambra, estar cerca de Isabel, participar en los asuntos de Estado.

–¿Me perdonas si te digo que me alegro de que Almuet se casara de nuevo? Eso me permite pedirte ahora en matrimonio, ¿te casarías conmigo, Arlaja? Miles de veces he acariciado la idea de tenerte como esposa. La vida sería mucho más dulce contigo a mi lado, y si la religión es un problema me convierto al islam, ya sabes que he estudiado y vivido lo suficiente como para no ser un fanático. Para mí, todos los hombres y mujeres de la tierra son iguales, todas las religiones me merecen respeto. De hecho, acuérdate cómo me criticaban en Jaén por mis costumbres y hábitos morunos.

–Lo recuerdo perfectamente, ¡cuántas habladurías! –Arlaja respiró hondo, el corazón parecía que se le iba a salir de la emoción.

–¿Quieres ser mi esposa? Llevas toda tu vida cuidando de los demás, ya es hora de que alguien se ocupe de ti, y quiero hacerlo yo.

–Si mi rey me lo permite, acepto ser tu esposa –dice Arlaja emocionada–. Mañana, una vez que haya tomado posesión de la Alhambra, se lo consultaré.

–No puedo esperar. Mulay Hacen te debe mucho, más de lo que tú a él.

–¡No digáis eso de mi señor, el sultán!

–Avanza con tu caballo y pide permiso al rey. Solicita que deseas esposarte con Don Pedro de Mencía.

Arlaja viene hacia mí, tiene las mejillas sonrosadas. Ha elegido un caballo del mismo tono profundo de sus ojos.

–Isabel, no te imaginas…

Cuando Arla quiere decirme algo importante, olvida que me llamo Soraya y, como siempre, me dice Isabel.

–¡Don Pedro me ha pedido que me case con él y he dicho que si mi rey me lo permite, acepto!

–Es un hombre muy atractivo y culto.

–Y lo que es más importante para mí, muy bondadoso.

–Al final te casas antes que yo, Arlaja –digo besándola sinceramente.

¡Ya entramos en la ciudad palatina! La Alhambra se vuelca con su rey: «¡Mulay vencedor, guerrero, valiente!» le gritan mientras lo conducen a la sala de la Baraka, para que sus vasallos le rindan pleitesía.

–Baraka, qué hermosa palabra. Significa bendición –comenta don Pedro.

–Ojalá que la bendición de Alá haya llegado por fin a nuestras vidas –le responde Arla mientras todos contemplamos a Abu-I-Hasan Ali sentado en el trono y envuelto en un halo de arrasadora majestad.

Como todos los presentes, nos lavamos las manos en los aguamaniles instalados en los extremos de esta imponente sala. Son de oro macizo y contienen agua perfumada con azahar. En nuestros corazones se instala la esperanza de la paz.

Treinta y cuatro

–Bienvenida, fortuna –susurra Arla mientras las mujeres la peinan y yo la miro con un nudo en la garganta.

Su pelo oscuro cae como una cascada de rizos sobre su espalda, roza unas rodillas que aún son delicadas, acaricia una cintura que, en unas horas, será ceñida por las manos de don Pedro. El peine de marfil se desliza, cada vez más fácilmente, entre los cabellos gruesos. Se lo regalé la mañana que pude volver a comer, después de la larga enfermedad sin nombre conocido que me tuvo postrada meses en cama, y de la que sólo ella supo curarme cuando yo aún era una niña ingenua que sólo quería reír y pasarlo bien en mi castillo de Martos.

–Qué bonito peine ser –comentó Arlaja con su forma de hablar chapurreada de aquella época.

–¿Te gusta? –pregunté bajito.

Era mi peine favorito, perteneció a mi madre, como todo.

–Ser bonito.

–Arla –dije algo indecisa. Por primera vez me dirigía a ella con un diminutivo, hasta entonces la había llamado ama Arlaja, tal y como padre me indicó–. Arla, te regalo el peine, ¡me has devuelto la vida!

–¡Y tú bautizarme con un nuevo nombre!

–No, Arla, es tu nombre, sólo que abreviado, ¡para que suene más cariñoso!

Ella con su peine entre las manos y yo con mi cuenco de hierbas humeantes, reímos y reímos. El castillo de Martos se inundó de nuestras carcajadas contagiosas. La mañana era soleada y los olivos lanzaban destellos de plata bajo el sol. ¡Estaba definitivamente curada!

–Si yo ser Arla, tú ser Isa, pero Isa no ser para ti. Yo llamar siempre Isabel. Suena más elegante y melodioso.

Hay una calma especial en la Alhambra. Los ruiseñores hacen fiestas en el cielo azul. No tienen miedo cuando me acerco a observarlos. Si Arlaja va hacia la ventana, se le suben a los hombros y a la cabeza, picoteándola a modo de besos.

–¿Te acuerdas de la mañana que te regalé este peine? –pregunto a Arlaja.

–Cómo no. Esa misma noche, cuando tú ya estabas dormida, me peiné durante mucho tiempo. Encendí unas velas y la cera derretida formó armoniosas manchas sobre el candelabro. Entonces supe que mi estancia entre vosotros iba a ser buena, a pesar de mi nostalgia por Granada.

Arla ha tenido el peine, toda la noche, envuelto en seda blanca junto a dos ramitas de romero.

–Así me traerás más suerte. Aunque sé que no la necesito, dijo en voz alta mientras lo envolvía–. Todo lo convierte en talismán.

–El día de mi boda, en Martos, yo no tenía ninguna gana de casarme ¡Sin embargo, tú lo estás deseando ahora!

–Mira mi pelo, Isabel, ya no es del todo oscuro, como antes.

Me hago mayor, tengo cabellos blancos, deseo pasar lo que me queda de vida junto a don Pedro.

–Te casas, Arlaja, y sin embargo yo… ¿Me lo pedirá Mulay?

Quiero ser su esposa, necesito tener mi lugar, algunos me miran como si fuera una ramera ¡No lo soporto, es injusto! Hago esfuerzos y esfuerzos por gustar pero, a mis espaldas, me desprecian, se ríen de mí y están convencidos de que el sultán nunca legitimará nuestra relación.

–Es duro para ti, lo sé. Es muy duro.

–¿Qué piensas ahora, qué se te está ocurriendo? –pero Arla parece no escuchar.

–Bienvenida, fortuna –vuelve a decir entornando los ojos. Y esta vez parece tan ausente que no me atrevo a sacarla de su ensimismamiento.

En las manos sujeta las rosas blancas que va a prender en el interior de su falda de novia. Es mejor dejar a Arlaja sola, con su felicidad y el placer que le proporcionan los cuidados de las mujeres que la engalanan. ¡Se lo merece! La beso suavemente y salgo de su estancia. Atravieso el patio de Los Leones. Qué enigmáticas esculturas. ¿Cuál será el nombre del artista que las esculpió? Imponen tal respeto que apenas nadie osa tocarlas. Una leyenda asegura que sólo las almas puras pueden hacerlo. Si has mentido, robado, injuriado o cometido una injusticia, la piedra te fulminará. Por eso sólo se acercan los pájaros.

La música anuncia que la ceremonia de boda comienza. Sola, en medio de la muchedumbre, contemplo extasiada a mi amiga sobre su trono, rodeada de gritos y exclamaciones. La depositan en la sala de la Baraka. Busco a Mulay, pero no lo veo.

«Este lugar está orientado hacia la felicidad». Es lo que reza la inscripción de la puerta, recuerdo que Arla me comentó en una ocasión señalando un texto.

Ni siquiera estoy casada con el emir, pienso todo el tiempo, atormentándome, mientras escucho cómo Arlaja y don Pedro se prometen entrega, amor, respeto, amistad.

Nunca me lo va a pedir. No le importo lo suficiente. Soy una más. Ni siquiera está aquí, acompañándome durante la boda de la que ha sido como una madre para mí. Arlaja adorna su pequeña cabeza con la tiara que Hernando me regaló y que perteneció a

Munya, la poeta favorita de Mulay. Hoy he querido que la luzca. ¡Cuántos recuerdos inundan mi mente! Me compadezco de mí misma mientras las piedras destellean sobre mi amiga, envolviéndola en un aura como las vírgenes de los cuadros.

–Omnipotente emir de Granada, ¿dónde estarás?

La gente me mira, curiosa. Como siempre, cuchichean. No me respetan jamás.

–El sultán siempre la deja sola –oigo decir.

–Soy Isabel de Solís, mi padre alcaide de Martos, mi madre duquesa de Fontes. No voy a permitir que esta gente me insulte. No voy a permitir… –me repito a mí misma.

Tocan mi mano. Discretamente. Es Mulay. No me sirve de nada que toque mi mano. Los votos han terminado y yo los he escuchado sin él a mi lado, envuelta en los cuchicheos hirientes de quienes me odian a muerte, atrapada en mis pensamientos desoladores.

–Soy Isabel de Solís, mi padre alcaide de Martos, mi madre duquesa de Fontes –vuelvo a repetirme cogiendo fuerzas para no llorar.

El emir vuelve a rozarme, tan discretamente, que ni lo siento.

¡Tantos misterios, tantos disimulos, llevo años encerrada, oculta para que nadie conozca nuestro amor! He accedido a todo y he aceptado situaciones humillantes ¡No puedo más! Es la primera vez que en una ceremonia estamos juntos, como una pareja normal. ¿Tiene que seguir disimulando, eternamente? ¡Qué hastío!

Ojalá Mulay Hacen fuera como don Pedro, tan natural y consecuente que no ha tardado ni un día en pedir a Arlaja en matrimonio. ¿Para qué negar y negar lo obvio una y otra vez, por qué esa cobardía a la hora de demostrar que me ama? La vida es demasiado corta. Pasa, fugaz, y yo llevo años oculta, no he podido gozar de los amigos del sultán, ni de sus fiestas. Primero oculta en la Vega, luego en la torre que han empezado a llamar de «La Cautiva»; ahora en la Alhambra, donde hay tantas zonas prohibidas, a las que no puedo acceder, donde los guardias me impiden el paso, con sus lanzas cruzadas y una mirada que me resulta burlona.

Una anciana se acerca a mí, atreviéndose a coger mi cara entre sus manos. ¿Me atacará? No, parece traer buenas intenciones y me tranquilizo, aunque con esta gente nunca se sabe. ¡A veces creo que llevan la traición en la sangre!

–En las bodas es bueno llorar –susurra en mi idioma.

Sin poder resistir más, las lágrimas empiezan a rodar por mis mejillas. Algunos invitados se conmueven y me compadecen, como esta anciana que ha adivinado mi desesperación interior.

Otros, por supuesto, se alegran de mi infelicidad. De la desdicha de la amante castellana de Abu-I-Hasan Ali, y tratan por todos los medios de que sus comentarios lleguen a mis oídos.

–Mientras otros cautivos están trabajando duro para nosotros, esta infiel se da la gran vida junto al sultán. Ni siquiera la ha instalado en el harén, ha tenido el descaro de llevarla a Palacio –dice una vocecita femenina más bien chillona. Por el tono, debe corresponder a una mujer fea, bajita y con poco gusto para vestir.

–Pero dicen que la ama de verdad y que sólo ella le da fuerzas para continuar luchando por Granada –contesta un hombre, que por su voz, parece mayor y de carácter sosegado. Despierta mi simpatía.

–Yo he escuchado que ella sigue rezando a su Dios en nuestra ciudad –apunta una mujer de voz grave.

–Esta Soraya es su gran apoyo, lo sé de buena tinta –insiste el anciano–. Se ha convertido al islam, yo mismo asistí a la ceremonia en Bab Rambla, y estudia el Corán a diario ¿qué más queréis?

Mulay, inquieto, coge mi brazo.

–Estos son el tipo de comentarios que escucho a diario.

Los esposos están felices. Arlaja me abraza y se escucha un suave ¡oh!, porque Arlaja es cariñosa y expresiva mostrándome su afecto. Son muchos los que aún no conocen el lazo que nos une. Arlaja es una autoridad para ellos, una maga, una sabia, una mujer que ha arriesgado su vida por su pueblo. Roza la categoría de santa. Y si Arlaja, en público, abraza con verdadero afecto a la amante cristiana del emir muchos se replantearán su relación conmigo. ¡Espero! Anhelo el cariño de sus súbditos.

–¡Gracias, Arlaja, tú nunca me decepcionas! –le comento al oído–. ¿Cómo es posible que Mulay no se compadezca de mi situación?

–Gracias a don Pedro de Mencía, que ordenó a su esclava Arlaja marchar a casa del alcaide de Solís, para salvar a su hija de una terrible enfermedad, hoy soy el hombre más feliz del mundo. Esa niña tan enferma es mi querida Soraya.

El emir habla con firmeza ante un expectante auditorio.

–Soraya es la fuerza que me anima y la luz que guía mi vida para seguir en guerra contra los cristianos. Soraya es madre de mi hijo Nasr ben Ali. Todos debéis saber que Soraya ha dejado atrás su mundo de cristiana y quiere el bien de nuestro pueblo tanto como yo, tanto como vosotros. Muy pronto, Soraya se convertirá en mi esposa y en vuestra reina y vendréis de nuevo aquí, para celebrarlo junto a nosotros.

Los invitados callan y yo bajo la cabeza ante mi sultán, en señal de sumisión. ¿Es cierto lo que he escuchado? Mulay da una palmada y la música empieza a sonar tanto como las campanas de mi corazón.

–¡Que continúe la fiesta, disfrutad, nos esperan días muy duros hasta la victoria final!

Está exultante, tanto, que incluso baila. Me arrepiento de mis pensamientos de antes, de haberlo criticado. La inestabilidad me mata. En realidad, debo ser agradecida, Dios me ha concedido muchas cosas. He encontrado el amor junto a un hombre diferente y mi hijo simboliza el futuro del reino para los súbditos que nos apoyan, para quienes siguen junto a Mulay y no se han puesto de parte de Aixa. Mi hijo será el sultán de este reino donde quiero morir cuando Dios decida que ha llegado mi hora. Mi hijo será un gran monarca, justo y honrado, que luchará por la paz entre los pueblos.

La imagen de Nasr ben Ali sentado en el lugar que hoy ocupa Mulay se me viene a la cabeza mientras Arla y don Pedro, el sultán y yo, comentamos las anécdotas de la boda, bebiendo vino junto al estanque donde bañan sus ramas los melancólicos sauces.

–La Alhambra es tal y como tantas veces la describía Arlaja –se me ocurre decir.

La recién casada entorna los ojos. ¡Es un gesto tan característico de mi Arla! Creo que es consciente de que entornar los ojos la favorece, por eso lo hace a menudo.

–El paraíso en la tierra –añade don Pedro, abrazando a su esposa.

Nos envuelve un intenso olor a azahar, arrayanes, lilas, dama de noche. Son los olores de la Alhambra.

–Todos en Martos estábamos enamorados de lo que Arla contaba de Granada y de la Alhambra. Incluso los criados.

Ni siquiera los surtidores quieren enturbiar la paz de esta alberca que nos devuelve nuestro reflejo como un espejo perfecto. Arla vuelve a emplear el tono enigmático tan característico de su personalidad.

–Si los Católicos entraran aquí, vaciarían este hermoso estanque, lo utilizarían para quién sabe qué prosaica labor, entonces, la magia de este lugar del que disfrutamos ahora desaparecería para siempre.

–Cálmate –la interrumpe el sultán–. Eso no puede ocurrir, nadie puede atentar contra el corazón de la Alhambra, contra el corazón de nuestro mundo. Soy el sultán y hasta las estrellas me temen. Soy el señor del Universo, el mensajero de Alá. Nada ni nadie acabará con mi poder.

–¿Seguiré teniendo fuerzas para darte más hijos?

Mulay se ha vestido especialmente elegante esta mañana. Con una marlota de un rosa tan pálido que parece blanco, cerrada con botones de cerámica vidriada. Se ha teñido el cabello con alheña y lo deja caer, coquetamente, hacia el lado derecho, tal y como a mí me gusta. Ultimamente apenas usa turbante. Lo sustituye por una toca más ligera, el *tailasán*, que le favorece mucho. Está eufórico. Nuestra hija ha nacido sana y fuerte, se parece a mí, con su preciosa cabecita de pelusa dorada.

–Tengo una hija rubia como el sol– va contando a todo aquel con quien se cruza. –¡Rubia como el sol y blanca como la leche!

Me divierte que esté tan orgulloso de nuestra pequeña.

–Tendré que ordenar que mi comida la cocinen en vasijas de hierro, como antes.

–¿Qué quieres decir? No entiendo ni una palabra.

–Sí, cuando en mi búsqueda desesperada del amor tenía varias amantes en un mismo día. Un dicho popular afirma que la comida que se cocina en recipientes de hierro aumenta el vigor sexual.

–No creo que necesites nada de eso, Mulay. ¡Tienes más energía que yo!

El sultán acaricia mi pelo.

–Lo que verdaderamente necesito –su voz suena grave y sincera– es que Aixa deje de conspirar contra nosotros y expulsar de una vez a los cristianos. Al menos, salvar el reino de Granada.

Durante semanas nos da la sensación de que no hay guerra, ni castellanos, de que no tenemos enemigos, de que Aixa ha decidido rendirse y reconocer a Mulay como rey, de que el pueblo es feliz y el reino de Granada libre de asechanzas, intrigas y peligros. Nuestro hijo es un príncipe y nuestra pequeña, una belleza sonriente que no molesta ni siquiera durante la noche.

–¿Tú nunca me traicionarás?– me pregunta Mulay una mañana mientras juguetea con los deditos de la niña.

–Nunca –respondo besando sus mejillas. Me gusta cómo se hunden mis labios en su piel. Mulay se pone serio y en sus ojos aparece el misterio insondable de los desiertos de sus antepasados. Los vencejos cruzan el aire y el cielo es azul.

–Soraya, deseo casarme contigo, ¿lo deseas tú o prefieres ser libre para cuando los católicos entren y nos arrasen?

Tantas veces deseando escuchar estas palabras, y ahora, me quedo sin habla.

–Casarme contigo y poder llamarte, por fin, mi esposo, es lo que más deseo. Alá bendecirá nuestra unión y nos regalará el triunfo sobre Castilla. Será el presente de Dios por hacer las cosas con rectitud y transparencia. Mulay, escucha estas sabias palabras de Aristóteles: *La excelencia no debe ser un acto, sino un hábito.*

–¿Lees a los clásicos?

–Tu biblioteca está llena de sus obras traducidas al árabe. Ellos ya lo sabían todo y me resulta fascinante.

Abro los ojos. Muy temprano. ¡Hoy es el día de mi boda y estoy en la Alhambra! Mi valiente gallo *Nicolás*, ¿qué habrá sido de tu soberbio plumaje, de tu pico poderoso? Cantaste para una boda que jamás llegó a celebrarse.

Ahora entiendo plenamente el milagro de mi vida, comprendo con total claridad que no era posible mi matrimonio con Hernando, porque es Mulay Hacen el hombre al que yo esperaba y al que iba a amar por siempre. Mi destino. Y, contra el destino, no se lucha.

Arla entra en mi alcoba. He dormido sola, como una tradicional soltera, en una estancia pequeña que se abre directamente a un jardín lleno de frondosos magnolios y arrullado por una fuentecita cantarina. Antes de dormir, un grupo de poetas acudió para recitarme hermosos versos de amor, que me hicieron el sueño más dulce y me introdujeron en la felicidad de un día de boda. He querido dormir sola, aunque me he sentido algo extraña sin Mulay a mi lado. Convicciones, ¡qué más dan! Lo importante es ser feliz.

Mi amiga me pellizca el pie, como cuando era pequeña. Y me entrega un pequeño vaso vidriado envuelto en seda.

–¿Qué esencia traes, Arlaja?

–Un aceite mágico que te hará permanecer siempre joven y bella. Hacía tiempo que no lo conseguía, porque hay que extraerlo directamente de un árbol del suroeste de Marruecos. Un árbol único en el mundo. Este aceite se llama argán, y hoy te masajearemos con él para que tu esposo, cuando te acaricie después de la boda, sienta que está tocando la piel de una diosa. Las manos sabias de las mujeres marroquíes se encargan de machacar semillas de las que sale un aceite al que llaman oro del desierto. Para conseguir esta cantidad que traigo han sido necesarios siete días de trabajo, desde el amanecer hasta la caída de la tarde.

–¡Estoy deseando probarlo, Arlaja!

–Llamaré a las sirvientas, hay que aplicarlo un buen rato antes del baño. En todo el cuerpo, incluido el pelo y las uñas. ¿Y sabes? Uno de los platos del banquete que celebraremos hoy, estará aliñado con este aceite que aporta un toque de sabor único.

–¡Me va a encantar!

Mi amiga da dos palmadas y aparecen Faaria, Abia, Eshe y Duha, ataviadas con impecables albornoces de algodón. Traen un lienzo de lino para ponerlo sobre mi lecho. Me dejo hacer por sus manos expertas. Para acompañar el trabajo, Arla tañe su laúd.

> *Me concediste un amor que antes me negabas, y me lo diste a manos llenas... es el amor como un huésped que hizo alto en mi espíritu: mi carne es su alimento; mi sangre, su bebida.*

Cuando termina el masaje, las criadas se marchan. La esencia debe penetrar en mi piel antes de pasar al baño.

–Aún no me has contado cómo fue tu noche de bodas...

Arlaja sonríe, relajada y feliz.

–¿Sabes? Pedro es un hombre maravilloso que cumple, a pie juntillas, lo que aconseja el gran Ibn al–Jatib: *causas de amor y de dicha son que el hombre satisfaga la necesidad de la mujer más que la suya.*

Arlaja y yo reímos.

–¿Mulay también lo hace?– me pregunta, picarona.

–¡Calla, Arlaja, me da vergüenza hablar de esas cosas, incluso contigo!

– No has perdido tu pudor castellano.

–¡He perdido bastante!, pero no me arrepiento.

Al baño me acompañan mis damas favoritas, Sura y Faaria. Y, por supuesto, mi Arlaja. Entre juegos y bromas dejamos pasar el tiempo mientras comemos tiernas habitas con huevos y zumo de limón con hierbabuena y azúcar de la caña dulce que se cultiva en Salobreña. Sura y Faaria sacan sus pipas de barro para fumar hachís.

–No fuméis aquí. A ese olor no acabo de acostumbrarme y me marea...

Una vez en mi estancia sonrío al descubrir mi vestido de novia en el arcón, inmaculado y perfectamente cosido tras los desperfectos que sufrió el día que me raptaron.

Lo he guardado junto a mí todos estos años. Ha estado en la Vega, en la torre que han bautizado «de la cautiva», y ahora, en el corazón de la Alhambra. ¡Qué pena no poder lucirlo! Lucirlo me traería demasiados recuerdos del pasado, me impediría entrar limpia en mi nueva vida de casada. Además, el pueblo quiere verme arreglada a la manera granadina, lo contrario sería una provocación.

Los vestidos que me cubren son de ensueño. Bordados como el firmamento en una noche de verano. Un fino velo cae sobre mi cara y una delicada corona de oro, último regalo de Mulay, adorna mi cabeza. Llevo chapines de seda y cristal.

–¡Arlaja, por favor, pide a las mujeres que terminen! Llevan arreglándome tanto tiempo que se me hace interminable –protesto.

–Deja que todo discurra conforme a la tradición.

No cesan los cantos, los elogios, los aceites, las flores. Este ritual de belleza me impacienta demasiado. Quiero casarme antes de que ocurra algo que vuelva a impedirlo. La maestría del dibujo de *henna* que me hacen en las manos es digno de una reina.

–¿Será hoy el día más feliz de mi vida? –vuelvo a preguntarme una vez acomodada en un lujoso palanquín que portan cuatro hombres. ¡Entre ellos el gigantón negro que me impidió escapar a caballo en la casa de la Vega! Nos hemos convertido casi en amigos, ¿quién lo iba a decir? Si me lo cruzo, una pequeña sonrisa se dibuja en mi cara.

Los invitados dan palmas y bailan, parecen felices. ¿Será fingida toda esta alegría? Tengo miedo y ansiedad. Miedo a que aparezca Aixa con sus aliados, miedo de que haya una conspiración, miedo de que alguien nos traicione, miedo de que ocurra algo malo que impida este matrimonio tan anhelado por mí desde el momento que Mulay me hizo suya, bajo el agua, en aquella inolvidable y ya lejana noche de verano.

Las mujeres me regalan corales, símbolo de la pasión amorosa; turquesas, de la lealtad; cuarzos, del entendimiento. Todas dan palmas y bailan. Las felicitaciones llueven sobre Mulay. El sultán está radiante. Los hombres mecen mi palanquín bajo la espectacular cúpula coloreada del Salón de Comares. Es majestuosa, más de ocho mil piezas ensambladas para recordar las tiendas de los beduinos instaladas en el desierto, en torno a la jaima del sultán y bajo el espectacular firmamento, cuajado de estrellas.

–Estoy seguro de que es la más bella de todo el islam. Puedes ver perfectamente los siete cielos que atravesó el profeta en su viaje desde la Meca a Jerusalén, en un extraño y misterioso caballo que tenía cara de mujer. También están representados los árboles del paraíso, que hunden sus raíces en la palabra de Dios, dijo Mulay una vez, orgulloso.

Mi paseo en palanquín prosigue. Me llevan ahora a la zona del Partal. Contemplo, desde las alturas, las escenas de caza pintadas en las paredes, que reflejan la vida en la corte. Llegamos a la Sala de los Reyes, abierta al patio de Los Leones. Allí me espera el emir. Nuestra boda se va a celebrar bajo las diez figuras de los sultanes nazaríes que han vivido aquí antes de nosotros.

Los votos matrimoniales me suenan a música celestial. Prometo todo: honrar a mi marido y a sus antepasados, inculcar a mis hijos el amor por el islam, acompañar al rey de la Alhambra en lo bueno y en lo malo. Ser la compañera, la amiga, hacerlo feliz ¡Es todo lo que yo deseo en este mundo! Por fin, me levantan ¡Soy una mujer casada y puedo pisar el suelo! ¡Qué emoción! Grupos de bailarines venidos de todos los puntos del reino danzan a la manera derviche.

–Ya eres mi legítima esposa.

–No puedo creerlo ¡Estoy orgullosa!

–Y advierte cómo te admira la gente, Soraya.

Mulay trata de hacerme sentir segura, intenta que me convenza de que lo que ocurre es real. ¿Y si abro los ojos y todo ha sido un sueño y continúo siendo una niña en mi castillo de Martos? ¿Y si abro los ojos y en realidad con quién estoy casada es con Hernando y no con el poderoso emir de Granada?

–Si pudiera, te llevaría a hacer un largo viaje por la tierra de nuestros antepasados. Pero no podemos abandonar la Alhambra en este momento tan complicado.

–Claro que no podemos, querido esposo, viajaremos cuando todo esté en paz, cuando hayas vencido a Boabdil y a los cristianos. Habrá tiempo para todo, para todo lo que nos haga felices.

Enormes hojas de morera llenas de frutas y rocas de miel, que se han convertido en las delicias del momento y no faltan en ninguna de las fiestas de postín que se celebran en Granada. Carne de choto y carnero condimentada con cominos y acompañada de higos, bandejas de pichones, sikbay tibio de atún en escabeche con ensalada de naranjas, cebolleta y aceitunas, estofado de morcillo de vaca con manzanas y berenjenas al azafrán, finas frituras que se deshacen en la boca, sopas ligeras pero reconfortantes, enormes cuencos de cerámica rebosantes de frutos secos, panales de abeja, guisos hechos en parrilladas, asados, vinos de Granada, Málaga y Almería, mostos, jugos, diferentes tipos de vinagre para aliñar las frescas ensaladas de cuscús… ¡es un banquete fabuloso! Los pavos reales se pasean entre los invitados abriendo sus hermosas colas. Cuando levantan el vuelo llevan pegados en sus patas los pétalos de rosas y las hierbas de la Alpujarra que forman una exquisita alfombra sobre el suelo, y que exhalan su delicioso perfume para disfrute de todos.

Los criados queman ámbar y un grupo de faquires de Samarkanda pide permiso para entonar sus cantos y danzas tradicionales, capaces de llevar al público, al total paroxismo.

También ha venido a nuestra boda un conocido santón de Vélez Málaga, Said Wansarisi, un sufista con un gran número de seguidores que ha sido invitado para que cante la buena nueva de mi boda con el sultán y convenza a todos los suyos de mis virtudes morales. A su rábita acuden, en busca de consejo espiritual, gentes de la Axarquía malagueña, mujeres y hombres de Archidona, comerciantes de Almería… personas de todo tipo y rango social que sienten la necesidad de ser guiadas por un hombre santo como él. Y hacen cola para escuchar sus palabras, con una paciencia que no emplearían en otras situaciones de la vida. Y le traen lujosos regalos que el santón reparte entre los más necesitados, remediando muchas situaciones de pobreza y miseria.

Esta boda es digna de una reina. Incluso han instalado un horologio que, al marcar las horas, desprende una piedrecita con un poema. Algunos son divertidos y todo el mundo ríe con ellos. Otros cantan al amor y, también, a lo efímero de la juventud y de la vida, recordándonos que nuestro paso por este mundo es breve y debemos vivir bajo los preceptos de Alá. Sí, soy la sultana de Granada. ¡La única sultana de Granada! ¿Me volveré engreída? Me aparto un poco de los invitados para ir a ver a mi pequeña. Su nodriza la entretiene en un asiento especial de madera, hecho a su medida y con ruedas, con el que la transporta más fácilmente, porque ya pesa.

–Mamá, mamá, me dice cuando me ve.

Es preciosa, pero no se parece a mí y su llegada al mundo nos ha cogido casi de sorpresa. La beso en la cara y camino hacia una fuente resguardada por un ciprés. Me siento a esperar a Mulay. Empieza a correr una brisa fresca y me protejo con un chal, tan delicado, que parece la caricia de un hada. ¡Estoy viviendo exactamente lo que ocurrió en mi sueño!

La vida parece sonreírnos pero Arla dice que no debemos relajarnos, que hay señales en el aire que sólo hablan de traición. De madrugada, un mensajero interrumpe nuestra dulce noche de bodas.

–¡Boabdil no ha muerto, lo han capturado los castellanos para utilizarlo contra nosotros!

–Me lo temía– Mi esposo salta, casi desnudo, de la cama–. Dime más –ordena al mensajero.

–Le han devuelto la libertad con la condición de que se declare súbdito de Castilla y tribute doce mil doblas de oro anuales. Ha prometido arrebataros el trono, con la ayuda de los católicos.

–¡Maldito! –grita Mulay blandiendo su espada hacia el mensajero.

–¡No lo mates, por favor! –exclamo aterrorizada.

El mensajero, arrodillado, espera que el sultán cumpla su voluntad.

–Aquí matamos a los portadores de malas noticias –ruge Mulay.

–¡Cada uno de tus hombres es un tesoro! –mi voz suena tan firme como lo exigen la sensatez y la piedad ¡Déjalo marchar!

El criado sale de rodillas, sin darnos la espalda, como forma de agradecimiento.

–¿Este es mi regalo de bodas? ¿No tenemos bastante con las noticias de Boabdil, también ibas a matar a un hombre inocente en mi presencia sólo porque trata de informarte de lo que ocurre para tu beneficio?

–Está bien, Soraya.

–¡No, Mulay! Igual que ya no me amas de esa manera burda de los comienzos, de la manera como aman los hombres que sólo frecuentan a mujeres de mala vida, ahora que has aprendido a amarme como yo deseo también tienes que moldear tu fiereza y emplearla sólo con Aixa, Boabdil y el enemigo.

Mulay reflexiona y repite en voz alta.

–Cada hombre es un tesoro. Llevas razón.

El sultán abandona la estancia y saca a todos de sus aposentos para convocar un consejo. Es media noche. Arlaja y don Pedro también son avisados.

–Continúa durmiendo, que todavía estás en edad de dormir –dice Mulay besándome. Cierra la puerta después de sortear como puede los libros tirados por el suelo que entorpecen su salida. Enciendo una bujía. Una vez más, me resigno.

–¡Qué mala suerte, en plena noche de bodas! Al menos, ya estamos casados. ¿Habrá llegado nuestro enlace a oídos de Aixa?

Mulay vuelve cuando ya ha amanecido.

–Efectivamente, el rey católico ha dejado libre a mi hijo Boabdil para que continúe atacándome, lo que hará de maravilla bajo las órdenes de su madre.

El sultán está hundido.

–Hubiera preferido que Boabdil muriera –comento con pesadumbre. ¡Los acontecimientos ya me obligan, incluso, a tener malos pensamientos en contra de mi religión católica que exige perdonar al enemigo! Boabdil nos hostigará junto a su terrible e infatigable madre. Por un momento imagino a mi hijo Nasr ben Ali y a su padre enfrentándose con el odio que lo hacen Boabdil y Mulay y siento un estremecimiento en el corazón. Peor que una guerra es que un padre y un hijo se conviertan en terrible enemigos.

Treinta y cinco

–El rey Fernando, como señor natural mío, me ayudará a recuperar el trono a cambio de catorce mil ducados y siete mil cautivos –explicaba Boabdil a su madre, con los ojos bajos por la humillación.

–¿No te da vergüenza ser súbdito del rey cristiano y deberle vasallaje? ¡Más que inútil! ¿Cómo has accedido a tanta humillación, a caer tan bajo? Lucho como una fiera, desde hace años, contra tu padre Mulay y su indigna concubina; contra su hermano el Zagal, mi cuñado; lucho contra todo y contra todos para que tú, mi hijo Boabdil, te conviertas en rey de Granada, ¡y me haces ésto!

Boabdil, apesadumbrado, no despegaba los ojos del suelo. Pedía al cielo una respuesta brillante con la que justificarse, una idea magnífica, pero nada acudía a su mente, salvo las agrias palabras de su madre que taladraban sus oídos. Temblaba de pies a cabeza.

Le ocurría desde niño, la autora de sus días le provocaba más temor que un ejército castellano atacando sin piedad. Aixa siempre había sido dura pero, con los años, su ansia de poder y de venganza por la boda de su esposo con Soraya la estaba deshumanizando.

–No tienes cualidades, ni astucia, ni dotes. ¡Pobre hombre!

Aixa golpeaba el suelo con su bastón. Se había desplazado desde Dar-al Horra a la alcazaba de Almería. Allí fue donde el rey católico soltó a Boabdil tras su cautiverio. Según lo pactado, debía anunciar a todos las nuevas condiciones.

–Lo veo claro. Tú, mi amado hijo Boabdil, por quien tanto estoy luchando desde que eras niño. Tú, mi idolatrado hijo Boabdil, pasarás a la historia como el último sultán de Granada. Como un sultán débil, que directamente regaló nuestro reino a los católicos. ¡Lo regaló sin luchar!

Un alarido profundo surcó el cielo. Aixa gritaba, apoyada en el muro de la alcazaba. Parecía una anciana loca. Los pájaros, asustados por el escándalo, echaron a volar.

–Encontraremos una solución, madre. La encontraremos juntos, poco a poco. Debéis calmaros.

–Fernando, ese repugnante católico, ¡señor natural tuyo y, por tanto, de todos nosotros!

Abén, el jefe abencerraje que últimamente no se separaba de Aixa, acudió para intentar tranquilizarla. Su rostro parecía más anguloso todavía, y los ojos negros más saltones que nunca. Aixa tenía la mirada ida, parecía haber perdido la razón y no hacía caso de nadie. Se acercó a su hijo. Boabdil mantuvo la compostura aunque sintió un ligero tirón en el cuello, de la tensión. El aliento ardiente de su madre casi lo asfixiaba.

–Acuérdate de mis palabras hasta el día de tu muerte.

–Madre, me siento débil, por favor, moderaos.

–Antes que verte como súbdito de los Reyes Católicos, antes de verte arrodillándote ante ellos como un perro, antes de verte entregándoles nuestro reino, preferiría verte muerto. ¡Muerto pero con honor!

El día en Almería era extrañamente nublado. El cielo estaba rojizo y empezó a llover barro sobre los montes desérticos donde los cactus, pitas y palmeras formaban un jardín de una extraña pero sublime belleza.

–Madre, entremos o nos vamos a poner perdidos.

Aixa no hizo caso. Extendió los brazos y volvió su cara al cielo, mientras Boabdil se resguardaba.

–Este barro que viene de los desiertos de nuestros antepasados. Este barro que cruza el mar para acudir hasta donde estamos. ¡Que este barro nos dé la fuerza para acabar con tanta humillación! –gritó como llevada por los demonios y por el orgullo de su casta.

Boabdil, indeciso, no sabía cómo actuar. ¿Qué problema había en servir al rey católico si eso implicaba recuperar el trono de Granada? El barro manchaba la ropa parda y usada de su madre. Aixa ofrecía una imagen dramática.

–Madre, en Almería contamos con muchos partidarios, ¡nos ayudarán, conseguiremos vencer! Sólo simularemos rendir vasallaje. Sólo será una farsa.

–Yo, venceré, Boabdil. Yo, venceré. ¡No te atrevas a dar ni un paso sin mí o todo estará perdido! Tú te vendes a esos católicos por nada. Tú lo ves todo bien. Tú, hijo mío, tú, Boabdil, no pareces nacido de mis entrañas. Y sólo pareces hijo de tu padre en lo malo, porque ni siquiera has heredado su furia para combatir. ¡Ni su valentía y arrojo!

–¿Qué problema hay, madre, en rendir vasallaje a los católicos, con tal de que sea yo quien ocupe el trono de Granada?

–No ves problema ninguno, ¿verdad, Boabdil? –Aixa se mostró, de repente, tan fría como el hielo. Antes que rendir vasallaje a esos perros que quieren arrebatarnos todo, preferiría ver en el trono a tu padre Mulay. ¡Incluso al bastardo de su hijo con esa impía! Cualquier cosa antes que a los católicos.

–Creía que me amabas, madre. Veo que sólo te importa el poder.

–¡Cualquier cosa antes que entregar el reino a los católicos!

La Alhambra despierta al buen tiempo. Han nacido perfumados jacintos, lucrecias y campanillas de colores. Las flores anuncian que se acerca mi cumpleaños. En el ambiente hay un nerviosismo contenido.

–Madre, quiero jugar con Arlaja.

–Pero hijo, ahora no puede ser, Arlaja está con tu padre, en el consejo.

Me reconforta el cariño que mi pequeño siente por Arlaja.

–Madre, quiero jugar contigo a dibujar el castillo de Martos.

–Eso me parece bien. Ve a por tu cuaderno.

Aunque estamos a mediados de marzo durante la noche ha helado un poco. Cuando desperté, Mulay ya se había levantado. Cada día madruga más. Apenas duerme. Teme que algo va a ocurrir.

–¡Isabel!

La voz de Arlaja me sobresalta. Mi amiga llega, sin resuello, pálida, casi desencajada. Trae a mi hijo Nasr de la mano.

–Soraya, ¡vamos! Tenemos que marcharnos.

–Pero, ¿adónde?

Un grupo de soldados se acerca, armados hasta los dientes. Mi marido está en el centro, no lo han atado pero amenazan con hacerlo si no les obedecemos. Corro hacia él, desesperada. Los soldados no se inmutan pero están dispuestos a ponerse violentos, en caso de que no acatemos sus órdenes.

–Nos llevan de aquí, haz lo que te dicen, ¡coge a los niños! Cruzo el salón de Embajadores, lleno de extraños. Mi pequeña Marien está con su nodriza.

–Madre –dice al verme.

–Nos vamos a un viaje muy bonito –trato de explicarle.

Cruzo el patio de los Leones con mi hija en brazos y la nodriza detrás.

–Señora, he cogido unas cuantas cosas que necesitarán, lo he metido todo aquí–. Minah me acerca un zurrón–. Cuando me entere dónde los llevan intentaré ir con vos para continuar cuidando de los niños.

–Gracias, Minah.

–¡Señora!

Me giro hacia mi fiel Minah. Siento un enorme desgarro al separarme de ella. Ha criado a mi primogénito y ahora a mi hija Marien.

–Señora, pase lo que pase –la voz de Minah se quiebra.

–Dime, fiel Minah.

–Pase lo que pase, vuestro hijo Nasr ben Ali será siempre el sultán, en mi corazón.

Los leones de la fuente expulsan agua por sus bocas.

–Con ellos no van los problemas de este mundo –dice siempre Arlaja.

–Son los guardianes eternos de la Alhambra –suele comentar mi marido.

–¿Dónde nos lleváis? –pregunta Mulay. Nasr ben Ali ya se ha cogido de su mano, no es consciente de lo que ocurre, ¡tan pequeño aún!

–Exijo que Arlaja y don Pedro de Mencía vengan con nosotros.

Me siento desamparada. Nos acompañan más de cincuenta soldados. Nadie nos da explicaciones de ningún tipo.

–He averiguado que nos llevan a la Alpujarra –murmura Arlaja a mi oído.

Nos han metido en una especie de carruaje cerrado, sin apenas ventilación, como el que se utiliza para llevar a los reos a ajusticiar.

La madera huele agria, como a terror. Disimulamos. Nadie quiere perder los nervios.

–Madre. No veo nada, quiero saber lo que hay fuera, ¿puedo sentarme con el cochero arriba?

–No. Eres el futuro sultán de Granada, tienes que comportarte dignamente y, mientras seas pequeño, hacer lo que tus padres te digamos.

–La Alpujarra. ¡Esa tierra misteriosa de la que todos hablan!

–No te inquietes, es un sitio agradable desde el que se divisa el mar y, en los días luminosos, la costa de Marruecos –Mulay quiere aparentar despreocupación.

Nos instalan en una fortaleza medio destruida por los ataques cristianos. Los muros están marcados por señales de artillería. Se nota que ha habido un ataque no hace mucho. Mulay pasa los días pensativo y taciturno. La que antes era mi reina ahora es mi enemiga, y quien antes era mi enemigo es ahora mi rey y mi esposo. Qué extraña es la vida

Marien me tira del pelo y pregunta por su nodriza.

–¿Dónde está Minah? ¡Quiero verla!

–Muy pronto vendrá.

–¡Pero yo quiero volver a la Alhambra con mis vestidos y juguetes! –protesta enfadada. Es muy coqueta.

Tenemos poca comida y el ambiente resulta hosco. Los soldados no bajan la guardia ni de día ni de noche.

Don Pedro de Mencía trata de calmar a mi marido, que a veces se deja llevar por los nervios.

–No podemos hacer más de lo que estamos haciendo. Mulay, no pierdas la serenidad.

–¿Qué hago aquí encerrado por Aixa y Boabdil? Quiero luchar por mi pueblo, restablecer el orden en el reino de Granada. ¿Mi hijo no se da cuenta de que encerrándome él también pierde?

Arlaja, sobre la mesa de madera junto a la chimenea, ha abierto su libro de hechizos. Junto a ella pone un cuenco de cristal lleno de agua con romero y un puñado de arena blanca.

–Necesito que os acerquéis. Poneos a mi alrededor.

Los niños ya están en la cama. En el cielo hay luna llena.

–Los augurios indican que… –Arla habla despacio y con su tono esotérico; está muy concentrada– Boabdil no actúa bajo su voluntad, está sirviendo a alguien más poderoso que él.

–A Aixa, como siempre –comento.

–No, porque veo una cruz y biblias. Hay un águila. No es a Aixa a quien sirve Boabdil, sino al rey católico. ¡A Fernando! –La voz de Arlaja suena como una sentencia–. Es lo que me temía. Nos han recluido aquí por orden de Isabel y Fernando, no tanto por deseo de Boabdil y Aixa. Ahora les rendimos vasallaje, estamos bajo su poder.

–¡Es el principio del fin! –exclama don Pedro.

–¡Tan pronto se ha rendido el cobarde de Boabdil! –grita Mulay Hacen–. No merece ser llamado hijo de Aixa ¡No merece ser llamado hijo mío!

Mulay se vuelve hacia mí. Toma mis manos entre las suyas.

–Pensé que podría darte una vida más feliz, querida Soraya. Te estoy dando la peor vida que existe.

Se abre el jubón y pide agua. Está agitado. Descubre su cabeza. Hace tiempo que no tiñe su cabello, ni se lo perfuma. Tampoco utiliza joyas, sólo un anillo de oro que lo obligo a llevar como símbolo de nuestra unión.

–Mi felicidad es estar junto a ti, donde tú estés –trato de tranquilizarlo.

Mulay me acaricia la cara.

–Qué amor tan profundo y qué buena eres conmigo.

–Soy tu esposa, tu amiga y compañera en lo bueno y en lo malo.

–Te casas conmigo cuando los cristianos nos pisan los talones. ¡Ay, mi Soraya! Tantos siglos de esplendor y poder y te unes a mí cuando al-Andalus está llegando a su fin.

Mulay bebe agua de un botijo de barro.

–Mi pequeña niña, inocente, ingenua, no eres lista, Soraya, no deberías haberte casado conmigo. De un momento a otro será Isabel la reina de todas estas tierras. Te despreciará por ser mi esposa, te relegará, quizás te encierre. Si al menos no te hubieras casado conmigo…

–Reflexiona, Mulay –interrumpe el señor de Mencía–. Para los católicos esta unión no tiene validez. No estáis casados por la iglesia católica.

–¡Basta ya! –exclamo–. No tengo miedo. Mi marido es un guerrero inteligente y fiero que acabará con los católicos y traerá felicidad a su pueblo. Mulay, yo no quiero otra cosa que ser tu esposa, fue muy duro esperar. ¡Dejaos de política y de horrendas suposiciones!

Mi marido, el poderoso Abu-I-Hasan Ali pondrá orden y saldrá vencedor, como siempre hace.

Casi amanece cuando nos dirigimos a descansar. Los vaticinios de Arlaja pesan demasiado sobre nosotros. La incertidumbre y la amargura no permiten a Mulay, ni siquiera, entrar en nuestro lecho. Da vueltas por el humilde aposento de paredes desnudas que ocupamos.

–Me siento como una fiera enjaulada. Tengo tanto que hacer por mi pueblo. Si me lo permitieran…

Fuera de estos muros, la guerra civil entre Mulay Hacen y su hijo causa estragos en el reino. Los partidarios de uno y de otro se retan a muerte. Hay duelos privados por las noches. Rencillas que no tienen su origen en la política, sino en conflictos personales, se resuelven en nombre de Mulay, de Boabdil o de Aixa. La sangre mancha, a diario, las aguas del río Darro. Los asesinatos se suceden en la Medina. Sólo en la Alhambra parece existir cierta calma, al menos, aparentemente. Cientos de soldados del ejército católico la custodian mientras Boabdil, cada día, acude a sentarse en el Salón del Trono.

Aixa ni siquiera sale de sus aposentos. Le repugna cruzarse con una guardia que no es la suya. Tampoco desea ser testigo de cómo cofres y arcones repletos de monedas de oro, de plata y de joyas, parten cada día, desde la Alhambra hacia las insaciables manos de los Reyes Católicos.

Y, por supuesto, maldice las constantes reuniones que Boabdil mantiene con Fernando e Isabel.

–Insensato o traidor, estúpido o ingenuo, ¿qué clase de hijo tengo? –pregunta a sus amigos Abencerrajes.

Mulay sufre intensamente.

–Necesito ponerme en contacto con Aixa. Dudo que prefiera ser vasalla de los católicos antes que unirse a mí y luchar juntos como una verdadera familia.

Septiembre nos sorprende con una tremenda noticia: los castellanos han recuperado Zahara.

Recuerdo cómo sonó la palabra «Zahara» en mis oídos, la primera vez que la escuché. La noche que Mulay decidió dar el golpe de mano en Zahara me acababan de coger cautiva, estábamos en el jardín de la almunia de la Vega donde me amó por primera vez. También viene a mi mente, con toda claridad, cuando Taher me enseñaba el jardín y, como un volcán en erupción, Mulay llegó pidiendo a su jefe de jardineros que le buscara la granada más grande del reino.

–Ese estúpido rey católico –se burlaba–. Me ha mandado una misiva donde afirma que, muy pronto arrancará, uno a uno, los granos de mi Granada.

Paso los días pensativa. Efectivamente, Isabel y Fernando están arrancando, uno a uno, los granos de nuestra Granada. Ya hemos perdido Lopera, con grandes daños. Los meses pasan y seguimos recluidos. Reflexiono tratando de aportar alguna idea brillante, de encontrar la manera de ganar esta guerra cruel e interminable. Pobre de mí. ¡Estamos es una situación de total inferioridad!

Han sido años de campañas continuas, la conquista de Álora dejó limpio el camino hacia Málaga. Luego cayeron Setenil, Benamejí, Coín, Cártama y Ronda, con su bella serranía. Cada derrota, Mulay la siente como una puñalada en su orgullo y en su corazón.

–Es imposible luchar contra un ejército tan grande y poderoso. Sus cañones son mortíferos –trato de hacerle ver.

Mi segundo hijo varón, Saad ben Ali, nace en medio de la total desolación. Mulay cada día está más cansado y más triste. Las noticias que llegan desde Granada son siempre las mismas. Las luchas internas no cesan y el vasallaje a los cristianos está acabando con las arcas del reino. Incluso el harén ha sido vendido, poco a poco. Las mujeres han sido despojadas de sus vestidos, sus joyas y sus perfumes.

Algunas son enviadas a los campamentos católicos, para calmar el ansia de mujeres de los soldados castellanos. La reina católica está tan orgullosa de su ejército que, de vez en cuando, les permite este tipo de esparcimiento. Tras disfrutar de ellas, los castellanos se burlan de las moras.

–¡Bailad, bailad en nombre de Dios!

La organización de los castellanos choca frontalmente con el caos de al-Andalus. El Zagal, hermano de Mulay, cegado por la ambición, también le disputa el trono a Boabdil. Mulay, con toda la sensatez del mundo, envía misivas a su familia a través de los soldados que soborna a diario.

–¡Rescatadnos de la Alpujarra! –les pide–. Coseguiremos un potente ejército. He avisado a nuestros hermanos y prometen acudir del otro lado del Mediterráneo para ayudarnos. ¡Debemos unirnos, somos una familia y rezamos a Alá!

Aixa recibe las cartas y las rompe con furia. Sin embargo, se sincera con su hijo.

–Tu padre lleva razón. Debemos unirnos, le repite cada día.

–No madre, aún no.

–¡Eres un vendido y un traidor! ¡Prefieres a tu amigo católico!

Mulay Hacen tose constantente y asegura que siente fuertes dolores en el corazón. Por la noche está pálido y de mal humor.

–Sólo es cansancio –se justifica–. Desesperación de estar encerrado, de que no me permitan luchar, impotencia de ver cómo mi reino se desmorona mientras permanezco en este valle solitario, sin empuñar armas contra los católicos.

Empiezo a dejar de lado mi afán de que Nasr ben Ali llegue a sultán.

–Olvídate, Isabel –me repite Arlaja cada vez que saco el tema a colación–. No es su destino. Ninguno de tus hijos será sultán.

–¿Para qué seguir resistiendo entonces? Mi marido cada vez es más mayor. Quiero disfrutar de él ¡Hay tantas cosas que no hemos hecho y necesito guardar en mi corazón para alimentarme de su recuerdo! Aquí ni siquiera nos permiten pasear juntos, la vida pasa. Quiero ser libre junto a los seres que amo. Mi esposo, junto a la chimenea, parece un niño desolado. Me echo a sus pies. Se emociona.

–¿Qué te pasa ahora, nunca puedes estar quieta ni callada?

–Nunca pararás de darme órdenes, ¿verdad sultán? –Mulay acaricia mi pelo, complaciente.

–Ya no eres una niña, Soraya. El tiempo ha pasado muy rápido, pero sigues siendo la más bella.

–Te suplico, mi señor, que lo dejemos todo y nos marchemos, que cambies el poder por una vida feliz junto a nuestros hijos y nuestros leales amigos, Pedro de Mencía y Arlaja.

–¿Una vida tranquila mientras mi pueblo se hunde, mientras mi hijo Boabdil refuerza esa amistad suicida con Fernando el Católico? Soraya, te suplico, no me pidas eso.

–Has luchado mucho, mi amor. ¿No estás cansado?

–Estoy agotado, Soraya, verdaderamente agotado, pero debo sacar fuerzas de donde sea. ¡Debo conseguir unir a mi familia para luchar contra los Reyes Católicos en el nombre de Alá!

Me parece increíble que Mulay sea el mismo hombre del que hablaban las cartas que la reina Isabel se cruzaba con mi padre. Un sultán mujeriego, caprichoso y enamoradizo, que se desinteresaba del gobierno por divertirse.

–Siempre te he obedecido. Durante años estuve encerrada, sufrí en silencio cuando mirabas a otro lado fingiendo no conocerme. Me atormenté cuando aseguraste a Aixa que incluso había muerto de unas fiebres muy altas.

–¿Todo eso sabes? Eres una verdadera espía.

–Eso y muchas más cosas que guardé bajo siete llaves de dolor en mi corazón y jamás te he contado. Por eso merezco que me concedas lo que pido. Es sencillo. Quiero despertarme a tu lado sin prisas, dormir sin temores, jugar con nuestros hijos, que les cuentes historias y les hables de la grandeza de al-Andalus. Dejar de ser la esposa del sultán para convertirnos, simplemente, en una familia.

–No hables en pasado, Soraya. Ante mí, jamás hables de al-Andalus en pasado.

–¡Reacciona, esposo! Todas las señales confirman que el final está muy cerca.

Cada vez que veo llegar a un mensajero tengo la sensación de que no puedo más, de que no resisto más, ¡quiero irme lejos junto a mi familia! Pero Mulay, orgulloso como el sol, no cederá hasta que parezca que la decisión la ha tomado él.

–Es cuestión de paciencia, Arlaja. El sultán acaricia la idea de abandonar igual que yo, aunque no quiera reconocerlo.

Pasan los días, monótonos. Un muro del castillo estuvo a punto de caer sobre nuestros hijos Nasr y Marien, que brincaban aprovechando el buen tiempo. Les he enseñado los juegos de mi infancia junto a los niños campesinos de Martos. Habían elegido el escondite. Dios no quiso que murieran aplastados por las piedras.

–Si prometo abandonar la lucha y me someto a la voluntad de Boabdil y su amigo cristiano, al menos viviremos en un lugar acorde con nuestro rango. Un lugar que no esté en ruinas, donde no corramos peligro y donde contemos con alimentos y criados –comenta Mulay una noche durante nuestra humilde cena.

–¡Mira mis manos ásperas de tanto lavar! Mi piel ha perdido tersura. En este sitio inhóspito los niños corren riesgos. ¡No merecemos continuar habitando aquí!

–No veo salida, amada Soraya. Llevabas razón aunque me negara a reconocerlo. Me cuesta. Por mucho que los acontecimientos me superen soy responsable de mi pueblo. Así lo siento. Pero Granada está perdida y soy consciente de cómo la vida me abandona. Poco a poco.

Han pasado dos días desde que mi marido habló así, pero no acaba de dar la orden de marcharnos.

–Todo está arreglado –me anuncia una mañana lluviosa.

–Por fin te decides. ¡Es lo mejor que podemos hacer! Has luchado mucho, te has dejado la vida por todos, nos merecemos un descanso.

–Partiremos mañana mismo, al amanecer. Boabdil ha dispuesto, previo acuerdo con el rey católico, que nos instalemos en Almuñécar.

–¿Es bonito Almuñécar?

–Te encantará. Hay mar y callecitas como las del Albaicín.

–¿Y cipreses?

Mulay pone cara de asombro.

–¿Por qué te gustan tanto los cipreses?

–Granada está llena de cipreses. Mirar esos árboles me regala una extraña paz dentro de mi corazón.

–También hay cipreses, Soraya, pero no tantos como en Granada. Almuñécar tiene otro clima. Está lleno de palmeras y flores exuberantes.

Antes de amanecer, ya vamos en nuestro carro. Vestidos con ropa humilde y parduzca. Muy usada. Aixa nos la hizo llegar junto a mi nodriza Minah, que nos abraza y nos besa. Incluido al sultán.

–Ahora que somos una familia pobre que baja a la costa a vender sus naranjas estamos perdiendo el protocolo –bromea Mulay.

Reímos por no llorar. El viaje se hace largo. Nos apartamos del camino cada instante, porque al desvencijado carruaje que hemos conseguido para viajar a la costa le fallan las ruedas y las mulas que lo guían son viejas. No tienen fuerzas.

Minah prepara una merienda sobre la hierba mientras los demás nos refrescamos con agua de azahar.

–Mi señor –susurra al sultán–. Tengo una sorpresa para mi rey.

Mulay se deja mimar por la nodriza, que vierte líquido en su copa.

–Probadlo –sugiere.

–¿No querrás envenenarme?

–¡Mulay! –le regaño–. Ya estamos libres de insidias y traiciones.

–Es un vino exquisito. Lo cogí de vuestra bodega, en la Alhambra. Pensé que os agradaría volver a beberlo antes de que se lo acabara ese horrible rey Fernando.

Embriagados por el vino y el calor, nos tumbamos bajo un enorme magnolio.

–¿Recuerdas, Soraya, cuando fuimos por primera vez tú y yo a los baños de la Alhambra?

–Yo era plenamente consciente de que mi vida daba un vuelco.

–Un vuelco más, Soraya. ¡Vas a contar muchas historias a tus nietos!

Recreo la escena, abandonándome al sopor del vino.

–Los baños tienen el poder de detener el tiempo y hacernos creer que la vida sólo puede depararnos cosas buenas. La luz, al traspasar el agua, formaba una multitud de arco iris. ¡Cuánta magia!

–Debemos sentirnos felices del amor que nos une y de que nuestros sentidos hayan podido disfrutar de las maravillas de la Alhambra, de sus patios perfumados, de sus jardines y de la ciudad de Granada, a pesar de los problemas, de las tragedias, de las intrigas, de las traiciones.

Mulay juega con una brizna de hierba. ¡Antes sólo jugaba con su espada!

–Vamos a empezar esta nueva vida en Almuñécar con alegría, dando gracias de haber podido disfrutar de las noches de verano en el Generalife, de los baños que nos predisponían al amor.

–Cuando era niño estaba convencido de que mi poder sería omnipotente y eterno. El pueblo me amaría fervientemente, bajo mi mandato expulsaría a los cristianos y agrandaría nuestro reino en nombre de Alá. En los baños, mi madre me decía que todos los arcos iris que se formaban en el suelo y en las alturas, eran en mi honor. La manera como Dios saludaba a su mensajero en la tierra. Esos sueños de la niñez que jamás se cumplen, esas imposibles utopías.

Los niños juegan con la nodriza. No la dejan descansar. Saad ben Ali está en su cunita.

–Te equivocas, Mulay, algunos sueños se cumplen –contesto masajeando su espalda–. ¿Sabes lo que yo soñaba desde muy joven, por culpa de las historias de nuestra querida Arlaja? Soñaba con algo que se ha cumplido, con vivir en la Alhambra y ser la esposa de alguien tan mágico como el sultán.

–¿Te ha merecido la pena?

–Claro que sí. He vivido experiencias inolvidables.

–El primer día que nos bañamos juntos en la Alhambra no querías salir del agua caliente. Tuve que obligarte a pasar a la fría.

–No podía imaginarme que hubiera que experimentar tantos cambios de temperatura. Estaba tan a gusto cerca de ti, escuchando el rumor del agua.

–De niño pedía a los criados que no se movieran ni para coger un tarro de aceites o de perfume. Que no se movieran para no interrumpir el discurso del agua. Y recuerdo un día que a una de las criadas recién llegadas se le cayó una orza de barro llena de un bálsamo que me enviaron expresamente desde la lejana Aleppo. La orza se estrelló contra el suelo. Jamás olvidaré el eco, el sonido del barro en esa gruta milagrosa, donde entrabas dolorido y cansado y salías rejuvenecido, optimista, pensando que cualquier problema puede tener solución.

–Cuéntame más cosas, Mulay.

Arlaja y don Pedro se han acercado.

–Mis queridos amigos. Cuando era joven y bajaba a los baños de la Alhambra, a veces junto a mis amigos y consejeros y a veces completamente solo, solía contemplar los dos leones de piedra que custodiaban la entrada. Me identificaba con ellos, me hacían sentir lleno de fuerza y poder, me hacían creer que mi palabra era capaz de mover el firmamento según mis deseos.

Don Pedro interviene, sabio.

–Más tarde la vida avanza, los problemas llegan y no te das cuenta de que es posible que hayan venido porque tú los has llamado, porque les has tendido un puente de plata para que, veloces, acudan a cumplir su misión de hacerte la vida imposible.

–¿Creéis? Nunca he preguntado algo así a nadie. ¿Creéis que me he dedicado a llamar a los problemas, a servírmelos a mí mismo en bandeja? Mi corazón, nunca he podido dejar de escucharlo.

–Basta ya de reflexiones que no llevan a ningún sitio. El viaje debe continuar –advierte don Pedro.

Nadie que nos viera podría sospechar que el rey de Granada abandona su reino para vivir con su familia en el anonimato. El señor de Mencía nos infunde ánimos.

–Si nos cansamos de Almuñécar, nos vamos todos a mis posesiones de Toscana.

–¿Toscana? Me encantaría ir allí –responde Arla emocionada–. Tienen una historia muy rica.

A Mulay le cuesta trabajo arrancarse del alma el oficio de rey, la responsabilidad de luchar por los suyos hasta el final de sus días.

–El amor debe vencer a la guerra. Sólo el amor es triunfador, dijo Jesucristo. Por ti y por nuestros hijos abandono aquello para lo que me educaron y por lo que he luchado toda mi vida, el trono de Granada.

–La absoluta felicidad te sonreirá a cambio –digo cariñosa–. No vas a echar nada de menos, ni siquiera tu Salón del Trono, tu Generalife o tu querido Patio de Los Leones. Un patio que cantará el poder y grandeza de al-Andalus, por los siglos de los siglos.

Mulay asiente.

–En mi corazón guardo desde la flor más delicada a la fuente más cantarina de mi amada Alhambra.

El día es bellísimo pero nuestro corazón está inquieto, ya sólo ansiamos que el viaje acabe, instalarnos, descansar.

–Mira el mar, Soraya, ¿ves qué bello es? Pues más bella que el mar y todas sus perlas y corales eres tú, Soraya de mi corazón.

Ya estamos, por fin, en Almuñécar. Me gusta este pequeño pueblo encalado de calles empinadas. Es una ciudad alegre y con un clima excelente donde nadie me conoce. Nadie me acusa de concubina. Nadie me critica. Voy al mercado con las criadas para entretenerme, regateo para divertirme o regalo propinas si el mercader me agrada.

–La gente de aquí es distinta a la de Granada.

–Es por el mar –asegura Mulay.

El sultán aprende a relajarse. Disfruta con los pequeños detalles de la vida. Don Pedro le está enseñando a pescar y sus carcajadas se escuchan por toda la playa.

–Te extraña verme reír, ¿verdad Soraya? Lo hago tan pocas veces...

Mulay pasa largas horas con sus hijos, que lo adoran. No sabemos en qué materias los instruye, porque tienen un pacto de silencio. Nasr ben Ali se está haciendo un hombrecito responsable y muy juicioso. ¡Ha salido a su abuelo Sancho porque yo, sin duda, siempre he sido una loca y de Mulay mejor no hablar!

Parecemos una pandilla de jovencitos con muchas ganas de disfrutar. Nuestra vida gira en torno a los deseos de Mulay, que en ocasiones todavía se siente deprimido, ausente. Es un hombre valiente y con una admirable entereza. También bondadoso.

–No hay nadie como tú, Mulay ¡Eres el más grande! –le digo siempre que puedo.

–Cuando pienso en Aixa y en mi hijo Boabdil… –comienza a hablar a mitad de una comida. Tratamos de tranquilizarlo, a veces, sin éxito.

–Todo ha sido fruto de una miserable conjunción de acontecimientos –trata de razonar don Pedro.

–En el corazón del pueblo, el monarca continúas siendo tú –añado.

–Qué sabrás tú de estas cosas. ¡Cállate de una vez! –me grita Mulay–. A menudo la paga conmigo. Luego se arrepiente, me llama y hago como que no ha ocurrido nada, como que no me han dolido sus malos modos. No te enojes, mi amor –le hago prometer–. Simplemente, disfruta.

Poco a poco, nuevos habitantes de la Alhambra llegan junto a nosotros. Don Mohamed aparece con *Ipek* en una cesta y *Jacobo*, junto a él.

–Estaban a punto de sacrificarlos –me confiesa.

–Don Mohamed, ¡qué feliz soy de que os hagáis cargo de la educación de mis hijos!

–No sé si este clima de mar convendrá a mi reúma –se queja–. Ya no soy el jovencito de antes.

Aixa envió a Mulay un carro lleno de libros. «Prefiero sacarlos de la Alhambra. Temo a los católicos», estaba escrito en la nota que el portador nos entregó.

Los amigos y confidentes del sultán acuden a vernos.

–Os prohibo que le habléis de la Alhambra o de Granada –les dice Arlaja–. Se entristece demasiado.

Ya apenas nombramos a Aixa, pero sabemos que sufre tanto como nosotros por la inminente pérdida de Granada a manos cristianas.

–Destrozarán todo, los campos y las mezquitas, la Alhambra y los jardines –suele decir Arlaja cuando Mulay no está presente.

Un mensajero llega con noticias de guerra.

–¿Una refriega contra los cristianos? ¿Dónde?

–Aquí al lado, en Salobreña.

Mulay se ciñe la espada y monta, gallardo, en su caballo. Don Pedro lo acompaña.

–Dale un beso a tu padre. Me traerá suerte en la batalla –le dice a Nasr antes de partir.

Nasr ben Ali junta su dulce mejilla con la de Mulay, el enorme parecido entre ambos me enternece. Cuando Mulay no esté conmigo, mirar a Nasr será mi consuelo.

–¿Vas a ser igual de valiente que yo?

El niño asiente moviendo la cabeza.

–No te inquietes, volverán sanos y salvos –trata de tranquilizarme Arlaja.

Mulay envía noticias a diario. «Estamos a punto de derrotarlos», dicen sus notas.

Al salir el sol, Arlaja hace conjuros con las conchas que encuentra en la playa.

–Este hechizo es infalible –asegura soplando sobre un grupo de piedras y conchas que ha rodeado de flores blancas–. Y ahora, Isabel, tú y yo debemos bañarnos en agua de mar para proteger a nuestros hombres en la batalla.

–¿En agua de mar, Arlaja?

–Sí, te va a gustar.

–¡Me da miedo!

–¡Asma, Jalik! Vigilad por si alguien se acerca. No tengas miedo, Isabel, el mar es una gran alberca salada.

Poco a poco entramos en el agua, riendo sin parar.

–En breve, nuestro maridos volverán con excelentes noticias.

–Lo sé, Arlaja, estoy aprendiendo a traducir las señales de tus hechizos. Si se levanta polvo blanco, los augurios son buenos...

Me dejo mecer por el agua.

–Deberíamos bañarnos a diario. ¡Es muy placentero!

Mis hijos juegan en la orilla. Un pez salta cerca de mí, grito asustada. ¡Jamás vi un pez tan grande!

–Ahí llegan nuestros hidalgos caballeros.

–¿Son ellos, estás segura?

–¡Hemos ganado! –escuchamos a lo lejos.

Mulay baja del caballo y entra en el agua.

–Los vencimos.

–¡No hay nada imposible para ti!

–Mulay ha sido el mejor guerrero. Las cabezas cristianas rodaban por los suelos bajo su espada. Los soldados lo vitoreaban –asegura don Pedro.

Nos hemos reunido en el palomar de nuestra finca para hablar de la batalla y rendirnos a los placeres de la comida, la bebida y la compañía. Nuestra casa de Almuñécar no es, ni mucho menos, tan lujosa cono el palacete de la Vega donde estuve por primera vez, ni está labrada como mi segunda morada, aquella torre solitaria en la Alhambra, misteriosa, eternamente cerrada, con sus bellas inscripciones en la paredes, ¡un verdadero libro abierto! pero tiene unas características tan agradables para la vida cotidiana... me agrada especialmente el palomar, desde donde puedo contemplar el mar. Y también el pabellón destinado al recreo y la conversación, provisto de asientos y diseñado de manera que podemos ver a quienes se acercan sin que ellos puedan vernos ni escucharnos a nosotros. La finca tiene pozo, alberca y una acequia que riega los jardines, rodeada de arriates de plantas verdes, lavandas, hierbabuenas, arrayanes y albahacas. En el jardín hay arriates de flores de colores muy intensos, que crecen alegres gracias al clima benigno de la costa de Granada. En la Alhambra es posible que se helaran. A la casa se accede por un paseo cubierto de parras cargadas de uvas. A Nasr le encanta esta fruta e intuyo que va a disfrutar del vino tanto como su padre. Mis hijos son felices en la costa. Hoy, todos vestimos de lino blanco. ¡Es un tejido tan agradable! Ordeno que sirvan el almuerzo. Nuestras cocineras no son tan sofisticadas como las de la Alhambra y comemos, prácticamente, lo mismo que las clases populares: carne desmenuzada en sopas, cuscus, guisos con especias, ensaladas regadas con aceite de oliva... Mulay está moderando su predilección por el vino –sólo lo prueba los días de fiesta– y las criadas le elaboran exquisitos jugos de frutas.

–¿Y qué habéis hecho vosotras en nuestra ausencia?– pregunta Don Pedro.

–Rezar por vuestro regreso, bañarnos en agua salada y trucos que propiciaran la victoria.

–También hemos visitado el zoco y a las familias campesinas que viven del cultivo de la morera y la cría y manufactura de capullos de seda. Incluso, hemos traído algunos capullos para que los niños observen su transformación en mariposas. Y Arlaja ha comprado almendras de una calidad exquisita y ha conocido a Giovanni y Franco, unos sofisticados y elegantes mercaderes italianos que vienen cada año hasta Almuñécar, para transportar nuestras almendras y nuestros higos hasta Flandes e Inglaterra, desde el puerto de Málaga.

–Me agradaría conocerlos e invitarlos a cenar– comenta Mulay. Estas exportaciones son un orgullo para nuestro Reino. Y ahora que lo mencionas, también quisiera que visitáramos el puerto de Málaga, uno de nuestros bastiones económicos. Málaga es la segunda ciudad más poblada después de la capital del reino nazarí. Desde su puerto parten el azafrán, las pasas, el azúcar y los frutos secos, las sedas manufacturadas en la Alpujarra, en Comares y Ronda. La cerámica dorada, que tan exquisitamente trabajan los malagueños. Nosotros la llamamos malicha y es vendida en Palermo, Egipto y Chipre.

–Es cierto, en mi casa de Chipre tengo bellos vasos y vajillas de esta cerámica que adorna las mansiones de las clases sociales más elevadas – comenta Don Pedro.

–Mi señor– dice Arlaja. He descubierto, en el pueblo, una tiendecita ilícita de vino.

–¿No me digas?

–El dueño me ha dicho que nos proporcionará vino siempre que deseemos.

–No habrás desvelado quiénes somos…

–Claro que no, mi señor, pero este mismo hombre me ha comentado que esta tarde se va a celebrar una fiesta, a la caída de la tarde. Una fiesta que durante algunos años no ha sido vista con buenos ojos por las autoridades religiosas.

–¡Vaya con mis súbditos! Parece que les gusta divertirse…

–¡Pero no es nada malo! Y vos habéis asistido a estas mismas celebraciones, bien camuflado para que nadie adivinara que sois el sultán… adivinad de qué fiesta se trata.

–No lo sé, Arlaja…

–La batalla de flores, mi sultán.

–¡La batalla de flores!– exclamo, entusiasmada. Se celebró una batalla de flores un día de mayo, cuando yo estaba cautiva en la torre de la Alhambra. Ese día, mi sultán, lloré algunas de las lágrimas más amargas de mi vida. Bajo mi torre, hombres y mujeres se lanzaban manojos de flores, los proyectiles eran margaritas, rosas y todo tipo de flores, pero también agua perfumada, pequeñas naranjas y limones. Ese día, ni Arlaja ni tú acudisteis a visitarme… y luego supe que el sultán y Aixa habían participado junto a sus súbditos, acompañados de sus hijos mientras yo, completamente sola y abandonada, con toda mi belleza, mi juventud y necesidad de divertirme y pasarlo bien, permanecía oculta y privada de todo excepto de mis lágrimas, mi soledad y mi tristeza. Había un gran ruido y alboroto. Todos hacían sonar silbatos y reían y reían, sin parar. Antes de la fiesta vi pasar a los hombres encargados de perfumar las calles de la Alhambra. Incluso, pude ver pegada a las celosías, que también perfumaban la puerta de mi desolado palacio. Recuerdo que, del sufrimiento, me salió incluso una herida en el labio. Una herida que me dolía y que tardó en curarse… y que se ha reproducido más adelante, en los momentos duros. Habían pasado muy pocos días desde que me caí por las escaleras de aquella torre que aún me causa tormento, y perdí a nuestro primer hijo…

–Acudiremos, Soraya. No te entristezcas. Acudiremos a esa fiesta, esta misma tarde. Perdóname por los innumerables momentos de dolor y soledad que te he causado. Hoy acudiremos a esa fiesta juntos, como una familia unida y feliz.

Me he levantado temprano. Tras una semana de lluvias, ayer volvió a salir el sol. Arla y yo queremos prepararlo todo para una pequeña excursión. También vendrá don Mohamed, que nos dará unas lecciones de historia.

Beso a Mulay antes de abandonar nuestro lecho. ¿Cómo puede ser aún tan atractivo? Mi marido abre los ojos.

–¿Qué haces tan temprano? –pregunta despistado.

–¿No te acuerdas? Nos vamos de excursión, ¡no tardes perezoso!

Todos estamos listos y entusiasmados. Hemos preparado cestas con comida, agua en tinajas, dulces envueltos en fino papel, pero falta Mulay.

–¿Todavía no ha salido de la alcoba, ni siquiera ha desayunado?

–No, madre. Vamos a avisarlo tú y yo.

–¿Dónde está el rey de mi corazón? –digo con cierta inquietud.

Mi hijo mayor me pisa los talones.

–Despierta, amor, que nos vamos de paseo. Mulay...

Nasr se echa sobre su padre, pero Mulay no contesta. Me acerco a él. No reacciona ¡Mulay! Lo llamo, pero no contesta.

Mi esposo ha muerto mientras dormía. Sobre los cojines de plumas hay un papel, algo que no consiguió terminar de escribir pero que le hizo abandonar la vida sonriendo:

«Tú has sido la perla de mi existencia, el tesoro de mi corazón, mi dulce Isabel de Solís. Mi Soraya».

Treinta y seis

La villa italiana de don Pedro está rodeada de naranjos, limoneros y cipreses. Su arquitectura nada tiene que ver con al-Andalus, es más cercana a la austeridad de Castilla. Una arquitectura sensata que te lleva a la razón y no a fantasear, como nos ocurría a todos los habitantes de la Alhambra, ¡ese edificio embrujado nos hacía perder la noción de la realidad!

Incluso Arlaja ha abandonado su costumbre de hacer hechizos y conjuros y se dedica a cuidar del huerto y preparar deliciosas compotas. ¡Pero qué privilegio haber conocido La Alhambra! Desde aquí la recordamos aún más exótica y misteriosa.

Arlaja ha colocado, sobre la chimenea, la pintura que le regaló Serafín, el cristiano. En el lugar más importante de la casa, hacia el que se dirigen todas las miradas y donde nos reunimos por las noches alrededor del fuego.

–Será como tener un trocito de la Alhambra aquí dentro.

Arlaja y yo decidimos sustituir un cuadro llamado *Tránsito de la Virgen* de Andrea Mantegna, un artista excepcional según don Pedro, por nuestro cuadrito de la Alhambra.

–Arlaja, esta pintura no es muy buena –protestó don Pedro, que tiene impresionantes obras de los artistas más grandes de Europa adornando toda su casona.

–Don Pedro, es que esa pintura de los últimos días de la Virgen nos da mucha pena y preferimos contemplar la Alhambra –comento suplicante.

Y es cierto, la escena de Mantegna me recuerda a mi madre, me recuerda a Mulay, me siento triste al mirarla.

–Llevaremos este cuadro de tu admirado amigo Andrea Mantegna a la escalera, ¿te parece bien, esposo?

–¡Qué voy a decir! Sólo deseo vuestra felicidad.

El momento de colocar el cuadrito de la Alhambra estuvo revestido de solemnidad. Todos asistimos, expectantes. Don Pedro lo llevó a enmarcar y parecía más lujoso. Las mujeres no pudimos contener las lágrimas.

–Nuestro paraíso perdido, ¡la Alhambra! Nuestra tierra añorada ¡Granada!

Don Pedro trata de explicarme la historia de la Toscana. Me ocurre igual que con don Mohamed. Si tengo un mal día, me siento triste o nostálgica, no consigo atender. Al menos aquí puedo salir al jardín y disfrutar de los naranjos cargados de frutos, de los cipreses cimbreantes. ¡Don Mohamed me daba clases en aquella torre de la Alhambra donde no habríamos necesitado libros porque las paredes llenas de versos eran pura poesía!

Aquel lugar bautizado «Torre de la Cautiva», que me parecía tan odioso y donde tantas horas de soledad y desesperación pasé, lo añoro ahora. Porque allí venía Mulay a dormir conmigo siempre que no estaba luchando por el futuro de su reino.

Mi Granada, mi Alhambra, me gusta evadirme hacia ese mundo tan amado. Entretenerme con el recuerdo de Mulay Hacen.

–¡Cuántas cosas me quedaron por hacer junto a ti! –susurro al viento. Y me parece que la brisa toca mi cara, acariciándome como lo hacían los labios de seda de Mulay–. ¡Ojalá hubiéramos tenido más tiempo!

Cuando el sultán murió, don Pedro y veinte hombres fieles, entre amigos y vasallos, lo llevaron a la cima más alta de la Sierra del Sol. Un pico que yo he bautizado con el nombre de Mulay Hacen, como se lo hice saber a la reina católica, a la que pedí como señal de respeto al sultán de Granada, que mantuviera ese nombre generación tras generación.

«Así lo haré, Isabel», me escribió en su misiva, una vez instalada en la Alhambra junto a Fernando y con la bandera de Castilla ondeando en la torre más alta. También había colocado una virgencita en la puerta de la entrada al palacio. ¿Qué más cambios habrá hecho?

–Gracias, señora, por concederme esta petición –le contesté sinceramente agradecida–. Siempre defendí vuestra magnanimidad.

Me reconforta que la reina me haya respetado. Me reconforta saber que las generaciones futuras, aunque sean de cristianos, pronuncien el nombre de mi esposo cada vez que hablen de ese pico que se recorta contra el cielo azul. La reina podría haberse negado y haber bautizado ese lugar con el nombre de un santo, pero no lo hizo. Mulay, ojalá los hijos de tus hijos, y así sucesivamente, sepan valorar todo lo que amaste Granada y lo mucho que luchaste por ella.

Unos años después, cuando Isabel la Católica estaba entregada en cuerpo y alma a evangelizar las Indias, volví a escribirle.

Mi reina, debo confesaros...

Y sin demora, la reina de Castilla y de Ultramar contestó:

> Isabel, ni mucho menos me enoja que pusieras al cuello del sultán Mulay Hacen la cruz que te regalé por tu boda. De hecho, lo considero un honor y una promesa de paz entre los pueblos. Ahora que hemos descubierto un nuevo mundo, mi mente ha evolucionado aún más. Todos los seres de la Tierra somos criaturas de Dios.

Los vencedores deberán tener piedad con los vencidos y los fuertes con los débiles. Entiendo lo que te ocurrió porque Granada me ha enamorado. También he dado orden de que me sepulten en esta tierra bendecida por Dios con tantos dones. No dejo de ponerme en el lugar de Mulay Hacen y de Boabdil. Aixa fue una mujer valiente y luchadora. Debió ser durísimo perder la guerra por Granada.

El camino hacia las cumbres de la Sierra del Sol fue difícil pero los fieles amigos de mi marido, fuertes y valientes como él, consiguieron llegar a todo lo alto. Mis hijos y yo nos quedamos en Almuñécar, con el corazón encogido por la ausencia de Mulay, una ausencia que esta vez sería definitiva. ¿Cómo afrontarlo?

En mi alma ha quedado grabada la silueta de ese pico tan bello y tan amado por mi esposo. A pesar del calor abrasador del verano, mantiene unas preciosas manchitas de la blanca nieve que tanto le gustaba. En invierno se cubre por completo de un manto que él solía comparar con la más bella de las joyas.

–Ahí me gustaría descansar cuando muera –dijo la mañana que yo dejaba el palacete de la Vega para trasladarme a la Alhambra.

Cuando decidí enterrarlo en ese punto luminoso de la Sierra del Sol me sentí muy tranquila, porque ese enterramiento me parece el más lujoso. Digno del sultán.

–Desde aquí, amor, siempre serás dueño de tu reino, podrás mirar la Alhambra, vigilarás todo aquello que tanto has amado.

Desde tu querida Granada hasta la ciudad de la Alhambra, desde la intrincada Alpujarra a la dulce vega o al azul del mar de Almuñécar, donde tan felices hemos sido, aunque por tan poco tiempo.

Arlaja me ayudó. Vestimos su cuerpo frío con sus mejores galas. No quise separarlo de su espada pero puse en su mano un rosario musulmán y, sin que nadie me viera, colgué de su cuello la austera cruz que la reina Isabel me regaló, con motivo de mi boda.

–Para que desde tu tumba no odies a nadie y sólo desees el bien de Granada, y para que tanto el Dios musulmán como el Dios de los cristianos te acojan y bendigan en sus reinos –recé hacia mis adentros.

Sin Mulay, nuestra vida en el reino de Granada perdió su sentido. Todo fue precipitado y convulso. Don Pedro quería, a toda costa, que nos marcháramos.

–No tenemos ninguna salida, debemos escapar de aquí antes de que se extienda la noticia de que el sultán ha muerto. Ni podemos rendir vasallaje a Boabdil ni a la reina católica. Debemos partir hacia mis posesiones de Toscana, donde seremos libres. ¡Cuánto antes!

Los niños lloran cuando don Pedro habla así.

–¿Y padre? –preguntan, una y otra vez–. ¡Quiero estar con él! –exclama Nasr.

El señor de Mencía, el hombre más sensato que he conocido jamás, trata de que razone, porque tampoco quiero dejar Granada.

–Cuando Aixa se entere de que el emir ha muerto, mandará a buscarte para matarte junto a tus hijos o para hacerte una esclava. Nadie te ayudará. Para la reina católica ya no tienes valor. Sabe que te has convertido al islam, que has amado a Mulay, que incluso has preferido el bien y esplendor de al-Andalus, en contra de Castilla. Ya no es un asunto importante para ella tenerte bajo su protección y, aunque por el cariño y respeto que sentía por tu padre lo deseara, el rey Fernando le pondría problemas. Tú y tus hijos seréis rechazados, infelices. Y yo seré juzgado por traición y, probablemente, ajusticiado.

Entiendo perfectamente los razonamientos de mi amigo. Pero todo parece tan tranquilo en este rincón de Almuñécar desde donde puedo contemplar el pico de Mulay Hacen.

–Isabel, los Reyes Católicos están a las puertas de Granada. Desde la Sierra del Sol hemos visto su campamento, es enorme como una ciudad, lo han llamado Santa Fe, no hay escapatoria, queda muy poco para que se adueñen de Granada. Lo mejor para que no se derrame más sangre es que Aixa se rinda y Boabdil entregue la ciudad, pacíficamente. Nadie volverá a llevar en Granada el título de sultán o de sultana. Ni Aixa ni tú, ni tus hijos ni los suyos. Si de verdad quieres a tus pequeños hay que llevárselos ya de este mundo que se ha desmoronado para siempre. Aunque algunos, como tú, se resistan a admitirlo.

–Es la mejor solución, mi señora, marcharnos es la mejor solución –dice mi fiel nodriza Minah.

–Lo sé, lo sé, pero me cuesta alejarme de Granada.

–Quizás podamos volver, cuando todo se calme –apunta Rukam, una de las cocineras.

Marchamos, en carros y caballos, con todos los enseres que hemos podido recopilar, camino de la costa de Almería. Transcurren los pueblecitos de nombres evocadores. Lugares que me habría gustado visitar junto a Mulay. La Cala Honda, la Torre Nueva, La Rábita, Melicena, Berja, Dalías… las torres de vigía se suceden sobre los cerros que se asoman al mar. Muchos de ellos, aún exhiben los estandartes rojos del reino nazarita. Otros, los han bajado.

–Asistimos al final de una época –sentencia don Mohamed.

El mar está bravo, revuelto. Parece demostrar su furia por la manera en que se están desarrollando los acontecimientos.

–Nunca he sido nadie, Arla –me quejo–. Mulay se marcha cuando empezábamos, por fin, a ser felices y yo, a sentirme segura y libre, convertida en su legítima esposa.

Hacemos noche en pleno campo. Extendemos unas mantas y lonas, improvisadamente, sobre la hierba.

–Arlaja, ven conmigo o moriré de pena ¡Echo de menos a Mulay!

Mi querida Arla me abraza.

–¡Haz un conjuro para que mi pesar sea más llevadero!

–Tus hijos son, a partir de ahora, la mayor alegría de tu vida –dice Arlaja poniendo en mi mano un trocito de piedra ágata verde. –Te ayudará.

Ipek viaja en su cesta. Mi hija Marien se ha convertido en su cuidadora y mi gatita la recibe con maullidos y caricias.

Jacobo y don Mohamed son tan inseparables que mi maestro apoya la cabeza en su lomo para dormir. Me enternecen estas imágenes que me regalan mis seres queridos. ¡Sólo falta Mulay! ¿Cómo es posible que haya muerto? Atrás también quedaron *Alhazán* y *Doménico*.

–¡Mi señora!

Nadima quiere hablarme. Está angustiada. No sabe cómo empezar.

–¿Qué te ocurre? Nadima, no temas. ¡Cuéntamelo!

–No quiero separarme de mi marido ni de mis hijos –confiesa–. Mi marido es jardinero en Dar al-Horra y mis hijos aún muy jóvenes. ¿Me permitís, señora, que os abandone para volver a Granada? El secreto de vuestra partida a la Toscana morirá conmigo. ¡Mis labios están sellados!

–Nadina, te dejaremos partir cuando lleguemos a Almería, antes de zarpar en barco, si la sultana te lo permite –advierte don Pedro.

–Claro que te lo permito, fiel Nadima.

–Mi señora –dice besándome las manos–. Siempre supe que vuestro corazón era de oro.

–Aunque quizás seas de más utilidad a tu familia al otro lado de este mar. Recuerda que tu marido informaba a Mulay de los pasos de Aixa –dice repentinamente Arlaja.

–Sabes que siempre te he escuchado y te he considerado la mujer más sabia de Granada, Arlaja, pero ahora no te entiendo. ¿Crees que Aixa tendrá en cuenta la traición de mi marido?

Ya estamos en Almería. La imponente alcazaba domina la ciudad. Una nave majestuosa nos llevará hacia una nueva vida, pero es un momento dramático. Tal y como me ha aconsejado don Pedro, tomo la palabra. El fuerte viento me obliga a juntar a todos alrededor mía.

–Mis queridos y fieles sirvientes. Como esposa del sultán y madre de sus hijos no os exijo que nos acompañéis en este viaje. Habéis sido fieles y obedientes pero ahora os doy la libertad. Quien desee acompañarnos hasta las lejanas tierras de la Toscana, será bien recibido. Quien desee marcharse siempre tendrá un hueco en nuestros corazones y allí donde estemos lo recordaremos con gratitud y cariño.

Tengo un nudo en la garganta. Los niños lloran, no saben lo que ocurre. Les da miedo el mar embravecido y las oscuras nubes que se forman sobre nosotros.

–Mis queridos amigos, amáis Granada tanto como yo. Pero nuestro reino está a punto de caer en manos castellanas y todo va a cambiar. Los que dejáis familia, quizás podéis serles de más ayuda allí a donde nos dirigimos. Vuestros maridos e hijos serán siempre bien recibidos en las posesiones de don Pedro y será para nosotros una gran tranquilidad estar rodeados de los nuestros. Pero, es vuestra decisión, mientras embarcamos podéis pensarlo. Yo también dejo muchos sueños atrás y, lo más importante, dejo a mi esposo muerto en el lugar donde él deseó descansar eternamente.

Trato de hacer oídos sordos a los sollozos pero mi corazón está roto. El recuerdo de Mulay, la sensación de que quizás debería permanecer en la tierra donde reposa, me atormenta.

–Eres responsable de la felicidad de tus hijos. Si te quedas, los condenarás a una vida indigna –vuelve a decir don Pedro.

Realmente tengo miedo de la furia de Aixa. Recuerdo cuando me escupió en el rostro, sin miramientos, y la fiereza de su mirada. ¡No quiero que descargue su ira contra mis pequeños!

–En el tiempo que medie hasta que la reina católica consiga Granada, Aixa nos hará prisioneros o nos matará. Isabel, se tarda muy poco tiempo en acabar con la vida de una persona. ¡Mi intuición grita que nos marchemos todos y cuánto antes! –grita Arlaja.

–¡Vamos, Minah!, sube a los niños a la nave.

Nasr no se ha separado de mi mano. Parece haber comprendido, en su mente infantil, que no volverá a ver a su padre.

–¡Izad velas! –ordena don Pedro.

–¡Me quedo si prometéis traer a mi marido y a mis hijos junto a mí! –suplica Laila.

–No tengáis miedo. En mis posesiones no vais a temer nada, no habrá enemigos, os dedicaréis a las mismas tareas que habéis hecho hasta ahora: cocinar, limpiar, cuidar a los niños... Tendréis un salario, libertad, trataré de que todos seamos felices.

–Me voy con vosotros –se decide, por fin, Nadima.

–Yo, me quedo, vuelvo con los míos, ¡os deseo lo mejor! Que Alá os acompañe –exclama la joven Aamaal, mientras el viento de la costa le arranca su pañuelo dejando descubierto su melancólico rostro–. Espero haberos servido bien. Al principio, señora, os odiaba porque erais cristiana pero pronto empecé a quereros. ¿Me perdonáis?

–Te perdono. Te llevaré en mi corazón, como a todo nuestro pueblo.

En momentos extremos todo el mundo se sincera. Con escasas palabras esta joven criada, prácticamente analfabeta, ha descrito lo que simboliza para mí una pesada carga y lo que ha constituido un sufrimiento constante. ¡No haber sido amada ni comprendida por los vasallos de mi marido! ¡Haber sido acusada de las desgracias del reino! ¡Ser consciente de que para muchos he sido una vulgar ramera! Apenas nadie supo comprender cuánto amé el reino que ahora dejamos. Nadie quiso ver que adoré a mi esposo por encima de todo.

–También me quedo, ¡pase lo que pase!, que Alá sea con vosotros.

Abbud baja precipitadamente del barco. Pero antes, se inclina hacia mí.

–Tengo a mi madre enferma y si tiene que morir, estaré con ella.

–Márchate sin temor, Abbud.

–¡Perdonadme, señora, también fui injustamente cruel con vos! ¿Puedo besar vuestra mano?

Abbud se echa a mis pies. Lo dejo hacer, sé que ese gesto lo consuela.

–No hay más tiempo, ¡partimos! –grita don Pedro.

Abbud salta de la nave.

–¡Que Dios esté con nosotros, que nos ilumine allí donde vayamos!

Excepto el señor de Mencía y su tripulación, todos lloramos. Don Mohamed acaricia a *Jacobo,* que no parece tener miedo del mar. ¡Es tan leal mi *Jacobo*! La gatita *Ipek* maúlla y Marien la calma.

–Tenemos el viento perfecto para navegar. Un viento potente, la suerte parece acompañarnos.

Las gotas de agua me están empapando. Trato de localizar el pico donde descansa mi marido para despedirme una vez más.

–Ya no puedes verlo, Isabel –trata de consolarme Arlaja.

Siento en el viento la presencia de Mulay. Recuerdo sus caricias, sus palabras, las promesas que no cumplió. «Vendrás conmigo a Almería, es lo más parecido al desierto de mis antepasados y no está lejos», me prometió el día de nuestra boda. Pero nunca fuimos a Almería. «Y cuando todo se calme, te llevaré a la bella Damasco. Recorreremos Palmira, la ciudad de la reina Zenobia. Sus puestas de sol son inolvidables». Jamás conocí Damasco. Nos han quedado tantas cosas por hacer... siempre has estado lejos y ocupado, apenas he podido disfrutar de ti. Cuando te pedí que nos marcháramos a Almuñécar estaba convencida de que había llegado la hora de ser felices, de experimentar el amor de forma real y verdadera. No quería encontrarme, cuando tú faltaras, con la sensación de que nada fue como debería haber sido.

La nave es confortable y muy lujosa. La bodega, repleta de alimentos. Mis cocineras no tienen que afanarse con los fogones. La tripulación de don Pedro se encarga de todo. Hablan una lengua parecida al castellano, pero más melodiosa.

¡El italiano parece música! Los criados no dan crédito. Por primera vez están sin hacer nada. Me viene bien, porque entretienen a los niños y el ambiente cada vez es más relajado. Tras la melancolía de los primeros momentos se va imponiendo la necesidad de vivir. Ha salido el sol y los días son claros. Don Mohamed cuenta historias fascinantes para que el tiempo se haga más ligero. Oramos cinco veces al día, en el punto de la embarcación donde nos indica don Pedro, tras consultar su brújula.

Además de orar a Alá, junto a todos, yo invoco a mi Dios. Por las noches, enseño plegarias a mis hijos.

–Rezaremos juntos, como el abuelo Sancho y yo siempre hacíamos.

Una mañana, al despertar, descubrimos que hemos anclado en el pequeño puerto de una ciudad que me recuerda al Albaicín, porque se escalona en la ladera de una montaña. Don Pedro y Arlaja han bajado para comprar telas y todo lo necesario para confeccionarnos nuevos trajes.

–¡Escuchad todos! Llegamos a un país que no es musulmán –don Pedro carraspeó–. Cuando desembarquemos debéis poner de vuestra parte para adaptaros a esta nueva tierra. Sólo en la intimidad de mi casa podréis vestir a la manera andalusí o como deseéis. Mis amigos son artistas y escritores, personas de mente libre como yo. No os darán problemas.

Poco a poco voy notando cómo la preocupación por las luchas de Granada empieza a quedar atrás. Desde este nuevo y hermoso país en el que estamos cómodamente instalados, lo veo todo desde otro punto de vista. Tal y como prometimos, don Pedro acogió al marido y a los hijos de Nadima. ¡Que emoción cuándo llegaron! Más adelante, la familia de Laila también llamó a nuestra puerta.

Nos contaron que fueron testigos de cómo la Reina de Castilla se apropió de Granada:

–Cuando entró en la Alhambra estaba admirada de tanta belleza. Colocó su pendón en la torre más alta mientras nosotros nos sentíamos extraños y desubicados. Dimos gracias a Alá cuando la reina ordenó que se respetara todo y a todos. Pero, a sus espaldas, los soldados y nobles nos maltrataban. ¡Desobedecían a su propia reina! –cuenta Jamid, con pesadumbre.

Por Jamid también nos enteramos de que Boabdil no resistió y entregó Granada, pacíficamente, a los Reyes Católicos. El principio del fin lo había marcado, mucho antes, el Tratado de Porcuna, por el que Boabdil se declaró vasallo de Castilla.

Tras la retirada de mi esposo, Boabdil luchó a muerte contra su tío el Zagal. También entregó Loja. Castilla lo obligaba a liberar cristianos y pagar altos tributos anuales. El pueblo empezó a resignarse. Los más avispados pusieron rumbo a las tierras de sus antepasados, con las llaves de sus casas granadinas colgadas del cuello, por si el rumbo de los acontecimientos cambiaba y podían volver a su tierra. Muchos, se convirtieron o pasaron a servir a los cristianos.

Para asegurarse de que Boabdil cumpliera el Tratado de Porcuna, Isabel y Fernando se llevaron a su hijo de dos años, Sid-Hamed. Marchó como rehén de los Reyes Católicos, junto a doce jóvenes de las más ilustres casas de Granada.

Trece niños formaban la comitiva. Entre ellos el «Infantico», como las crónicas castellanas denominaron al hijo de Moraima y Boabdil. Se los llevaron de noche, cuando todos dormían. El amanecer fue dramático. Los lamentos recorrieron las calles de la ciudad como si aquellos niños fueran hijos de todos los granadinos.

Boabdil y Moraima no resistieron que Sid-Hamed creciera entre gentes extrañas a sus costumbres y a su fe. Las demás familias los presionaban. Los Reyes Católicos impedían que los alimentos llegaran a la ciudad. Requisaron los animales para alimentar a los suyos.

–Nos mataban de hambre –relata Jamid.

El terror creció y los rumores aseguraban que el ejército de la reina Isabel era más numeroso que todos los habitantes de Granada juntos. Boabdil y los Reyes Católicos comenzaron a establecer las capitulaciones de entrega de la ciudad. Cuando iban a entrar en su fase culminante, Boabdil se encanalló. Los criados como yo, que jamás habíamos empuñado un arma, también formamos parte del ejército que organizó secretamente. «¡Hasta morir si es necesario!», gritó Boabdil antes de lanzarnos a la lucha.

Fue inútil. Boabdil «el Zogoibi» no quiso sacrificar más vidas ni luchar contra la voluntad de Dios. Los católicos avanzaron hacia nosotros como una nube de langosta. Antes de que nos alcanzaran, Fernando los detuvo. Habría sido una masacre innecesaria.

–Nos estáis matando de hambre, vuestro asedio provoca a mi pueblo agonía y sufrimiento. ¡No tenéis derecho! – gritó Boabdil al rey católico.

Luego supimos que la reina Isabel escribió a Aixa para que preparase la rendición de la ciudad.

> Empecinarse en resistir sólo traerá dolor y sufrimiento al pueblo. Si amáis Granada tanto como yo creo, Dios agradecerá que no inflijáis más penas a vuestros súbditos.

Unos días después, Aixa le respondió:

> Exijo que durante la entrega de llaves no se produzca sombra de sumisión ni vasallaje. Cuando Boabdil intente bajar el pie del estribo de su caballo, el rey Fernando debe frenar su ademán de pleitesía. Al menos, que nos vayamos con honor.

La entrega de Granada tuvo lugar el dos de enero de 1492, a orillas del río Genil.

Según lo convenido en las capitulaciones, la familia real se retiraría al señorío de las Alpujarras. La comitiva emprendió el camino muy de mañana. Todos lloraban, menos Aixa, que había ordenado desenterrar a sus antepasados de la Rauda Real para llevarlos con ellos.

–¿Y qué pasó con el Infantico y el resto de los niños secuestrados? –pregunto desolada por el relato.

–Los católicos prometieron entregar al Infantico ellos mismos, una vez que la familia real estuviera instalada en la Alpujarra. ¡No sabemos si han llegado a hacerlo! Tampoco si devolvieron a sus familias a los otros doce niños o si han crecido como castellanos. Lo que se extendió por toda la ciudad –continua relatando Jamid– es que Boabdil detuvo a su numeroso séquito en ese punto donde las colinas cierran Granada por el sur. El rey destronado volvió la cara·atrás. Allí quedaba Granada, allí quedaba la Alhambra, allí quedaba su hijo, entre los católicos. En la más alta torre ondeaba ya el pendón castellano.

La amargura inundaba el pecho de todos, pero muy especialmente el de los jóvenes padres, Moraima y Boabdil. Entonces, la voz seca de Aixa atravesó los sollozos como una espada: «Justa cosa es que el rey y los caballeros lloren como mujeres lo que no supieron defender como hombres».

Mis hijos vienen, todos juntos, cargados de flores para mí, bromeando y riendo entre ellos. Don Mohamed ha sido el responsable de que hablen a la manera granadina de su padre y entre don Pedro y yo les enseñamos un perfecto castellano.

–Dominando estas lenguas comprenderéis de dónde venís –les repito a menudo.

Cuando miro atrás, mi vida me parece una extraña historia. A los amigos artistas de don Pedro les fascina y algunos de ellos me han pedido si pueden utilizarla como argumento de sus libros o cuadros. Jamás me quito la cruz de mi madre, que me ha acompañado toda mi vida, ni de mi muñeca desaparecen las siete pulseras de oro que me regaló mi esposo el sultán para combatir el espíritu de Adina, aquel fantasma que nunca más volvió a atormentarme. De mi cuello, que ha perdido tersura, cuelga el adorno de estrellas que me recuerda que también me llamo Soraya. Mulay, con sus propias manos, lo puso alrededor de mi piel perfumada. «Soraya, lucero del alba. Estos brillantes son como las estrellas que lucían la noche que por primera vez te amé».

–¡Tenéis dos nombres, uno Isabel y otro Soraya! –se extrañaban los amigos de don Pedro al conocerme.

–¡Verdaderamente exótico! –comentaba el señor Mantegna, autor del cuadro de la Virgen agonizante que tanto me apenaba y que sustituimos por el de la Alhambra.

–Sois tan bella en vuestra madurez, quisiera que me permitierais pintaros. Una importante familia me ha encargado el cuadro de una Virgen y sois la modelo perfecta.

El retrato que me hizo Mantegna se exhibe en un palacio veneciano.

–¡Madre, tenemos que ir a verlo, cuentan que Venecia es una maravilla! –suplican mis hijos de vez en cuando.

Arla está viejecita y arrugada como una pasa. Don Pedro murió a los tres años de llegar a esta villa, tan hermosa y, de nuevo, nos quedamos solas. Pero las tornas han cambiado y ahora soy yo la que vivo en casa de Arlaja, única heredera de los muchos bienes de su marido.

Mis hijos bromean y, ahora que son mayores, cuestionan muchas de las cosas que les contamos de nuestra vida en el reino de Granada.

–¿Pulseras de oro para alejar un fantasma? ¡Madre, por favor!

Se llaman a sí mismos renacentistas, un movimiento cultural y artístico que se basa en la razón y en la vuelta a la Antigüedad Clásica. En Toscana todos son renacentistas excepto Arlaja y yo, que andamos medio ancladas en nuestro pasado andalusí.

No quise volver a casarme. Me rondaron muchos hombres, pero todos me provocaban la misma sensación de indiferencia de aquel noble castellano, Hernando, con quien habían concertado mi matrimonio. ¿Qué habrá sido de él?

Cuando cierro los ojos, por la noche, todavía creo ver el pico Mulay Hacen, recortado sobre un incomparable cielo azul y cubierto de un manto de espesa nieve. Cada noche, aunque el tiempo pase, antes de dormir imagino que Mulay me abraza y susurra mi nombre:

«Soraya...»

Y cada vez que miro los esbeltos cipreses de la Toscana me parecen escalas o estrechos senderos hacia el cielo. Me recuerdan aquellos otros que tanto amé, los de mi Granada. El día que muera, mi espíritu ascenderá por uno de ellos. Será entonces cuando me reuniré con él.

Índice